中学物理课堂教学

Zhongxue Wuli Ketang Jiaoxue

王运淼 魏华 杨清源 编著

中学物理教学系列丛书
丛书主编 陇功民

高等教育出版社·北京

内容简介

本书从教学实践出发,以提升中学物理教学质量为主旨,以提升中学生的物理学科核心素养为目的,主要阐释了如何展现物理课堂教学的魅力,其内容既有理论层面的解读,又有详实具体的案例分析。本书主要内容包括高中物理课程目标、高中物理课堂教学的科学性和艺术性,以及在物理教学中培养学生的自主学习能力。

本书是为首都师范大学物理系师范特色班的本科生编写的选修课教材。对于新入职的中学物理教师、中青年物理教师,本书也是一本非常有益的参考书。

图书在版编目(CIP)数据

中学物理课堂教学 / 王运淼,魏华,杨清源编著.
--北京:高等教育出版社,2016.9
(中学物理教学系列丛书/隗功民主编)
ISBN 978-7-04-045966-1

Ⅰ.①中… Ⅱ.①王… ②魏… ③杨… Ⅲ.①中学物理课-课堂教学-教学研究 Ⅳ.①G633.72

中国版本图书馆 CIP 数据核字(2016)第 176457 号

策划编辑 王 硕　责任编辑 张海雁　封面设计 张申申　版式设计 于 婕
插图绘制 杜晓丹　责任校对 高 歌　责任印制 耿 轩

出版发行	高等教育出版社	网　址	http://www.hep.edu.cn
社　址	北京市西城区德外大街 4 号		http://www.hep.com.cn
邮政编码	100120	网上订购	http://www.hepmall.com.cn
印　刷	廊坊市科通印业有限公司		http://www.hepmall.com
开　本	787mm×1092mm 1/16		http://www.hepmall.cn
印　张	12.5		
字　数	300 千字	版　次	2016 年 9 月第 1 版
购书热线	010-58581118	印　次	2016 年 9 月第 1 次印刷
咨询电话	400-810-0598	定　价	22.60 元

物 料 号 45966-00

丛书总序

自20世纪下半叶以来，世界范围内的科学教育改革浪潮不断涌现，各国都在研制和修订科学教育文件，引领本国的基础教育课程改革，以提高国民的科学素养，为科技进步和社会发展培养人才。但国内外的改革实践表明，计划的课程和实施的课程之间存在很大差异，虽然有众多因素影响课程实施，但其中最重要的决定性因素是教师。因此，许多国家向教师教育投入大量经费，各类师范院校也在改革教师教育的体制、内容和方式，以提高教师的专业水平和教育教学能力。

虽然教师的专业发展是一个长期的过程，但高等师范教育阶段是教师专业成长过程中的关键时期，物理教育专业课程的学习和实践奠定了物理教师终身发展的基础。首都师范大学为了解决目前普遍存在的师范教育和中学物理教学实践需求脱节的问题，针对物理师范生的需求设计了系列课程，聘请了北京市中学物理教学界名师，编写了《中学物理教材分析》《中学物理教学设计》《中学物理课堂教学》《中学物理实验研究》等系列教材。教材中凝聚了物理名师们的丰富经验和学术精华，具有鲜明的实践特色。这些内容正是教育家舒尔曼在1986年所提出的"学科教学知识"的结晶，是从事中学物理教学实践最重要的知识，也是师范生最欠缺的。

本系列教材目标明确，指向解决中学物理教学的实践问题，为师范生职前教育和入职教学之间建立了桥梁。系列教材涵盖了教材分析、教学设计、教学技能及实验研究等主题，抓住了中学物理教学实践的核心内容和师范生的薄弱环节，突出了物理教学的特色，体现了物理教师必备的核心素养，为中学物理教师专业发展奠定了基础，指明了未来的努力方向。

本系列教材内容丰富，除了荟萃诸多名师的自身实践和研究成果之外，还介绍了众多中学物理教学的优秀案例，有针对性地分析了一些在校师范生的典型习作，融生动性、实用性、深刻性和启发性于一体，符合师范生的认知特点和学习能力。不仅能帮助师范生、新教师跨越教育理论与教学实践之间的鸿沟，而且有助于在职教师的专业成长。

名师们长期工作在教学一线，积累了丰富的教学经验和研究成果，在此基础上亲自为师范生授课，编写讲义，历经五六年的教学实践，逐步完善为本系列教材，实属中学物理教师教育资源中的珍品。我长期从事物理教育研究和师范生的培养工作，深切体会到物理名师的言传身教对于师范生发展的重要价值。我国有大批的师范生，并非都有机会进入北京市物理名师的课堂。我相信本系列教材的出版对于培养优秀的中学物理教师，对于促进我国物理教育学科的发展均大有助益。

郭玉英

2015年11月于北京师范大学

前言

长期以来,职前教育与入职需要的衔接问题一直都是师范教育改革的重要问题,这个问题的实质就是理论学习与技能培训的关系问题。随着我国基础教育对教师专业发展的要求不断提高,加之教师来源的多元化等因素的影响,社会对于新入职教师的期望越来越高。这就需要新教师在职前教育阶段能够具备较好的师范技能,入职后能够尽快地承担起教书育人的工作。为推进物理师范教育改革,探索中学物理教师人才培养模式,首都师范大学物理系建立了物理师范特色实验班(简称特色班)。自2010年起,每年都通过笔试、说课、面试等环节层层选拔,从物理系本科生中挑选出十几名具有优秀中学物理教师潜质的师范生进行为期两年的特色培养。特色班成立的意义在于:一是以加强实践教学、提高教学技能为切入点和目标,探索物理师范教育人才培养模式的改革与创新之路;二是培养出一批具有优秀中学物理教师潜质的毕业生,为基础教育输送更多的人才。

特色班的课程有所创新,从教育类课程与学科专业课并行开设模式转向教育类课程集中学习模式,增设学科教育课程。其中体现师范教育特色的物理学科教育课程有:中学物理“教材分析”、中学物理“教学设计”、中学物理“课堂教学”和中学物理“听课与评课”等系列选修课。这些课程由中学特级教师或高级教师讲授,其内容来自一线教师的教学实践经验,从中学物理教学的基本内容和基本要求出发,采用阶段性目标管理方式,抓住教学中几个关键问题从操作层面上予以解决。如结合教材具体解决如何备课,如何上课,如何做实验,如何听课评课等。开设这类课程的目的,不仅是为了师范生能够顺利通过教师资格统一考试,而且更深一层的意义在于让师范生经过师范教育后能够获得扎实的理论基础和良好的专业技能,成为优秀中学物理教师的后备力量。

《中学物理教材分析》《中学物理教学设计》和《中学物理课堂教学》就是在首都师范大学物理系特色班授课讲义的基础上编写出来的选修课教材。作者从教学实践出发,以提升中学物理教学质量为主旨,以提升中学生的物理学科核心素养为目的,主要阐释了如何进行中学物理教材分析,如何进行中学物理教学设计,如何展现物理课堂教学的魅力,如何进行听课评课等。教材既有理论层面的解读,又有详实具体的案例分析,主要内容包括:如何进行教材体系和逻辑结构的分析,如何进行教材重点、难点分析,如何通过分析确定教学目标和教学要求;如何做好中学物理最常见的概念课、规律课、探究课、复习课等重要课型的教学设计;在中学物理课堂教学中如何体现课程目标,如何体现教学的科学性和艺术性,如何培养学生的自主学习能力;如何说课;如何听课评课等。对于新入职的中学物理教师,乃至有一定教学经验的中青年物理教师,本系列教材也是一套非常有益的参考书。

需要说明的是，我们长期从事中学物理一线教学、教研工作，近几年来才开始着手大学师范教育的理论研究和教学实践，因此，这套教材中肯定会有不妥或疏漏之处，诚挚地希望读者提出宝贵意见，共同探讨，以便不断改进。在此我们深致谢意。

作　者

2016年6月

目录

绪论

2004 年 6 月 10 日联合国全体会议作出决议,将 2005 年定为“世界物理年”。决议指出:物理学是认识自然界的基础,物理学是当今众多技术发展的基石,物理教育为培养人的发展提供了必要的科学基础。它高度评价了物理学在认识世界和改造世界以及提高人的科学素质等方面的基础作用。

1 物理教育的核心是科学教育

1.1 我国公民的科学素质现状

科学素质是公民素质的重要组成部分,是当代人在社会生活中参与科学活动的基本条件。公民具备基本科学素质,一般指了解必要的科学技术知识,掌握基本的科学方法,树立科学思想,崇尚科学精神,并具有一定的应用科学处理实际问题、参与公共事务的能力,即所谓的“四科两能力”。具体来说,科学素质包括掌握科学知识的多少、理解科学思想的深浅、运用科学方法的生熟、拥有科学精神的浓淡、解决科学问题能力的大小,综合表现为学习科学的欲望、尊重科学的态度、探索科学的行为和创新科学的成效。

科学素质调查是从美国开始的。1979 年,当时任美国伊利诺伊大学公众舆论研究所所长的米勒教授开始尝试在美国国家公众科学素质的连续调查中建立对美国成年人(18 ~ 69 岁)的科学素质评估体系。我国从 1992 年开始,通过抽样问卷的方法,几乎每隔两年都要进行一次国民科学素质调查。国内的科学素质调查基本上沿用米勒教授建立的科学素质评估体系,从科学素质调查的国际标准题库中选择试题,同时结合我国的实际情况,增加了一些更适应中国本土情况的试题,可以相对客观地反映我国成年人的科学素质状况。

公民的科学素质水平从三个方面进行测度:公民了解必要的科学知识,掌握基本的科学方法,崇尚科学精神的程度。一个被调查者只有同时通过以上三个方面的测试,才被认定为具备基本的科学素质。

根据《全民科学素质行动规划(2011—2015 年)》(征求意见稿)中的数据,到 2010 年,我国公民具备基本科学素质的比例达 3.27%,这个数字意味着,咱们国家每 100 人中,仅有 3 人具备基本科学素质。比例真的不高。不过,这个数字在 2007 年是 2.25%,在 2005 年是 1.6%,在 2003 年是 1.98%,在 2001 年是 1.4%,在 1996 年是 0.2%。与发达国家相比,中国公民的科学素质水平仍有很大差距。早在 1989 年,加拿大公众达到基本科学素质水平的比例就有 4% 了。1991 年,日本的比例为 3%,1992 年,欧共体的比例为 5%。而美国在 2000 年时,公众达到基本科学素养水平的比例已经高达 17%。2001 年,我国与欧盟 15 国、美国、日本进行比较时,在对科学知识的了解方面,瑞典排名第一,中国名列最后;在对科学方法的了解程度上,中国也几乎排名最后。

在“了解必要的科学知识”“掌握基本的科学方法”“崇尚科学精神的程度”这三个测量维度中，我国公民“了解必要的科学知识”与国外的差距较大。以9道国际通用的科学知识测试题的平均正确率来看，2008年美国的水平为64%，2010年中国的水平仅为41%。在“掌握基本的科学方法”上，我国公民的科学素养提升缓慢，2005年为7.4%，2007年为6.9%，2010年仅达到9.8%。这主要源于我们长期以来对科学方法和科学研究过程的教育重视不够。

对于“崇尚科学精神的程度”这个维度，国际上没有统一的题目和标准可供对比。历次调查都显示，中国公民不相信迷信的比例还是很高的，而且不同人群之间的差异很小。此外，中国公众对科技发展充满信心与期望。以2010年的调查为例，有84.5%的公民赞成“现代科学技术的发展将给我们的后代提供更多的发展机会”，而在欧盟，这一说法的赞成比例为75%。在对科学研究的支持态度方面，77%的公民赞成“尽管不能马上产生效益，但是基础科学的研究是必要的，政府应该支持”。

当今的中国非常重视公民科学素质的提高，采取了许多行之有效的举措。例如，在《北京市全民科学素质行动计划纲要实施方案（2011—2015）》中，为提高未成年人的科学素质，提出了以下需要重点开展的工作：

（1）在全市幼儿园开展学龄前科学启蒙教育。鼓励幼儿园、社区和家庭通过开展亲子活动，结合幼儿的特点，利用身边的事物与现象，激发幼儿的好奇心，启发幼儿的观察力、想象力和认识能力。

（2）注重培养中小学生对科学的兴趣和爱好。针对义务教育阶段的科学教育，推行启发式和探究式教学方法，把科学教育的目标渗透到中小学教育的各门课程和各个环节，特别要提高综合性科学课程，分科的物理、化学、生物和地理等科学课程，劳动技术课程，安全教育课程，综合实践活动课程，以及其他与科学相关的校本课程的教学效果，使中小学生在这一阶段初步形成科学素质。

（3）加强高中阶段的科学教育。要引导高中阶段学生树立终身学习的理念，初步掌握学习科学的基本方法，使他们能够结合科学课程进行自主探究学习，结合通用技术课程的学习尝试技术设计，并积极开展与科学相关的研究性学习、社区服务和其他社会实践，促进自身科学素质较义务教育阶段有较大提高。

（4）大力营造崇尚科学的校园文化氛围。进一步缩小城乡、区域和校际之间科学教育的差距，大力推动全市中小学“科技教育示范校”创建活动，使基础教育阶段科学教育均衡发展。

（5）形成学校（幼儿园）、家庭和社会相结合的综合教育体系。全面整合校外科学教育资源，建立校外科技活动场所与学校科学课程相衔接的有效机制。利用科技类博物馆、科研院所等科普基地和其他青少年科技教育基地的资源，为校外科学教育服务，促进首都地区的科研院所、教育基地向青少年开放。全市要建设青少年科技活动中心等专门的科普活动场所。要充分利用首都雄厚的科技专家资源、大众传媒资源等推进以未成年人为对象的科学传播。组织发挥中科院老科学家科普演讲团、北京老科技工作者总会等智力资源在全市中小学普遍开展科普讲座。

（6）组织和引导未成年人参与各类科普教育活动。精心举办北京市青少年科技创新大赛，进一步提高参与度，并在全国青少年科技创新大赛上继续保持领先水平，使之成为有国际影响力的知名品牌。实施青少年科技后备人才早期培养计划，青少年科技创新“雏鹰计划”“翱翔计划”，发挥北京金鹏科技团的示范引领作用，办好北京学生科技节、首都“挑战杯”等活动。积极组织和引导未成年人参与"北京科技周""全国科普日""社会科学普及周"等主题活动,以及其他的国际、国内或区域性的科普教育活动。

（7）积极创造条件,扩大科学教育的覆盖面。全面加强农村中小学生、残疾儿童少年、来京务工人员子女、社会弱势群体家庭子女、特殊家庭子女的科学教育。有针对性地为其提供更多参与科学教育、传播和普及活动的机会,保障未成年人中特殊群体的科学教育、传播和普及的权益。

1.2 物理教育必须担负起提高中学生科学素养的重任

科学的灵感并非神的启示,科学的内涵也并不简单地等同于我们的经验和感觉。科学的知识来自观察我们周围的世界,并用我们的头脑来理解和指导这样的观察。科学是建筑在证据和理性思维(逻辑思维)基础上的。科学的动力是人类的求知欲,对自然的好奇心。这些都是在科学教育中应注意调动和培养的。

科学教育不仅使人获得工作、生活所需要的知识和技能,更重要的是使人受到科学思想、科学精神、科学态度及科学方法的熏陶和培养,使人获得非生物本能的智慧,以及非与生俱来的灵魂。

由于物理学本身的特性,它对学生自然观、世界观、思维方式和思想方法的形成具有直接而重要的作用。所以,物理教育不能只停留在知识传授、定律应用这个层面,而是要通过它义不容辞地担负起提高学生科学素养的重任。

当前,这个重任的重要表现就是帮助那些只为考试而学而且只会考试的孩子们,着力引导学生拨开应试的迷雾。在《费曼物理学讲义》的结束语中,作者深情地说道:"我讲授的主要目的,不是为你们参加考试做准备,甚至不是为你们服务于工业或军事做准备,我最想做的是给出对于这个奇妙世界的一些欣赏,以及物理学家看待这个世界的方式,我相信这是现今时代里真正文化的主要部分。也许你们将不仅对这种文化有欣赏,甚至也可能会加入人类理智已经开始的这场伟大的探险中去。"

费曼说得非常好,想得也非常远。我们当前的中学物理教学现状,与这种大物理教育的理想相差甚远。为了我们的下一代,为了国家的未来,基础教育阶段的物理教学任重道远。

2 高中物理课程目标

在小学科学课程和初中物理课程的基础上,高中物理课程旨在进一步提高学生的科学素养,从知识与技能、过程与方法、情感态度与价值观三个方面培养学生,为学生终身发展、应对现代社会和未来发展的挑战奠定基础。

《普通高中物理课程标准(实验)》提出,高中物理课程的总目标为:

学习终身发展必备的物理基础知识和技能,了解这些知识与技能在生活、生产中的应用,关注科学技术的现状及发展趋势。

学习科学探究方法,发展自主学习能力,养成良好的思维习惯,能运用物理知识和科学探究方法解决一些问题。

发展好奇心与求知欲,发展科学探索兴趣,有坚持真理、勇于创新、实事求是的科学态度与科学精神,有振兴中华,将科学服务于人类的社会责任感。

了解科学与技术、经济和社会的互动作用,认识人与自然、社会的关系,有可持续发展意识和全球观念。

2.1 高中物理三维目标

每一项自然科学的重大发现、重大成果,不只是真理性的认识,不只是改变物质世界,同时它也改变着人们的自然观、世界观和思维观念。因此,科学的完整含义并不仅仅是知识,应该是科学知识、科学过程、科学文化三者的和谐统一。这就是科学本身的完整内涵。高中物理教学的三维培养目标——知识与技能、过程与方法、情感态度与价值观,就是科学的完整内涵在科学教育中的反映。

从知识与技能、过程与方法、情感态度与价值观这三维目标来看,高中物理教学的具体目标如下:

(1) 知识与技能

学习物理学的基础知识,了解物质结构、相互作用和运动的一些基本概念和规律,了解物理学的基本观点和思想。

认识实验在物理学中的地位和作用,掌握物理实验的一些基本技能,会使用基本的实验仪器,能独立完成一些物理实验。

初步了解物理学的发展历程,关注科学技术的主要成就和发展趋势以及物理学对经济、社会发展的影响。

关注物理学与其他学科之间的联系,知道一些与物理学相关的应用领域,能尝试运用有关的物理知识和技能解释一些自然现象和生活中的问题。

(2) 过程与方法

经历科学探究过程,认识科学探究的意义,尝试应用科学探究的方法研究物理问题,验证物理规律。

通过物理概念和规律的学习过程,了解物理学的研究方法,认识物理实验、物理模型和数学工具在物理学发展过程中的作用。

能计划并调控自己的学习过程,通过自己的努力能解决学习中遇到的一些物理问题,有一定的自主学习能力。

参加一些科学实践活动,尝试经过思考发表自己的见解,尝试运用物理原理和研究方法解决一些与生产和生活相关的实际问题。

具有一定的质疑能力,信息收集和处理能力,分析、解决问题能力和交流、合作能力。

(3) 情感态度与价值观

能领略自然界的奇妙与和谐,发展对科学的好奇心与求知欲,乐于探究自然界的奥秘,能体验探索自然规律的艰辛与喜悦。

有参与科技活动的热情,有将物理知识应用于生活和生产实践的意识,勇于探究与日常生活有关的物理学问题。

具有敢于坚持真理、勇于创新和实事求是的科学态度和科学精神,具有判断大众传媒有关信息是否科学的意识。

有主动与他人合作的精神,有将自己的见解与他人交流的愿望,敢于坚持正确观点,勇于修正错误,具有团队精神。

了解并体会物理学对经济、社会发展的贡献,关注并思考与物理学相关的热点问题,有可持续发展的意识,能在力所能及的范围内,为社会的可持续发展做出贡献。

关心国内、外科技发展现状与趋势,有振兴中华的使命感与责任感,有将科学服务于人类的意识。

以知识为线索展开教学,并不排斥对过程与方法、情感态度与价值观的重视。过程与方法、情感态度与价值观需要以知识为载体。尽管教学展开的线索是知识,但过程、情感目标融在知识之中。同一段教学中,三个维度的内容要有机地交织在一起,不存在哪个为主哪个为辅的问题。在高中物理教学过程中,只有正确地理解三维培养目标的关系才能在教学实践中有效地落实教学目标。对于知识与技能、过程与方法、情感态度与价值观这三个维度的培养目标之间的关系,应该是重视知识与技能,关注过程与方法,渗透情感态度与价值观。

2.2 高中物理学科核心素养

新一轮高中课程标准提出了核心素养的概念。所谓核心素养是学生在接受相应学段的教育过程中,逐步形成的适应个人终身发展和社会发展需要的必备品格和关键能力。核心素养是个体在解决复杂的现实问题过程中表现出来的综合性能力。核心素养不是简单的知识或技能,它是以学科知识技能为基础,整合了情感态度与价值观在内的,能够满足特定现实需求的综合性表现。

高中生核心素养共分 9 大素养,23 个基本要点,如下表所示:

核心素养	基本要点
1. 身心健康	1.1 体魄强健
	1.2 人格健全
	1.3 尊重生命
2. 学会学习	2.1 乐于学习
	2.2 善于学习
3. 实践创新	3.1 学以致用
	3.2 敢于创新
4. 公民道德	4.1 品德修养
	4.2 社会责任
	4.3 法治信仰
	4.4 生态意识
5. 国家认同	5.1 国家意识
	5.2 政治认同
	5.3 文化自信

续表

核心素养	基本要点
6. 国际理解	6.1 全球视野
	6.2 尊重差异
	6.3 合作共生
7. 人文底蕴	7.1 文化积淀
	7.2 人文情怀
8. 科学精神	8.1 追求真理
	8.2 实事求是
9. 审美情趣	9.1 感悟鉴赏
	9.2 表达创造

学科核心素养是核心素养在特定学科(或学习领域)的具体化,是学生学习一门学科(或特定学习领域)之后所形成的、具有学科特点的关键成就,是学科育人价值的集中体现。

学生在接受物理教育过程中逐步形成的适应个人终身发展和社会发展需要的必备品格和关键能力,学生通过物理学习内化的带有物理学科特性的品质,是学生物理核心素养的关键成分。物理学科核心素养主要由物理观念、科学思维、实验探究、科学态度与责任四个方面的要素构成。通过高中阶段的物理学习,学生的物理学科核心素养应发展到如下水平:

(1) 物理观念

形成经典物理的物质观、运动观、能量观、相互作用观等,能用其解释自然现象和解决实际问题;初步具有现代物理的物质观、运动观、能量观、相互作用观等,能用这些观念描述自然界的图景。

(2) 科学思维

具有构建理想模型的意识和能力;能正确使用物理思维方法,从定性和定量两个方面进行科学推理、找出规律、形成结论,并能解释自然现象和解决实际问题;具有使用科学证据的意识和评估科学证据的能力,能使用证据对研究的问题进行描述、解释和预测;具有批判思维的意识,能基于证据大胆质疑,从不同角度思考问题,追求科技创新。

(3) 实验探究

具有科学探究意识,能发现问题、提出合理猜测;具有设计实验探究方案和获取证据的能力,能正确实施探究方案,使用各种科技手段和方法收集信息;具有分析论证的能力,会使用各种方法和手段、处理信息,描述、解释实验探究结果和变化趋势;具有合作与交流的意愿与能力,能准确表达、评估和反思实验探究过程与结果。

(4) 科学态度与责任

能正确认识科学的本质;具有学习和研究物理的好奇心与求知欲,能主动与他人合作,尊重他人,能基于证据和逻辑发表自己的见解,实事求是,不迷信权威;在进行物理研究和物理成果应用时,能遵循普遍接受的道德规范;理解科学、技术、社会、环境的关系,热爱自然,珍惜生命,具有保护环境、节约资源、促进可持续发展的责任感。

高中物理学科核心素养应作为学生学习高中物理的结果来定位。高中物理学科教育留在学生身上最有价值的东西，应该是高中物理学科核心素养。

高中物理学科核心素养是物理知识和技能、过程与方法、情感态度和价值观的整合；是个体在面对复杂的、不确定的现实问题时，能够综合运用物理观念、物理思维模式和探究技能等发现问题、解决问题的综合品质；高中物理学科核心素养的提出和实践，已经蕴含了物理学习方式和教学模式的变革。

2.2.1 以物理观念统领物理教学

爱因斯坦指出："在建立一个物理学理论时，基本观念起了最主要的作用。物理书上充满了复杂的数学公式，但是所有的物理学理论都是起源于思维与观念，而不是公式。"由此可见，物理观念在物理学理论形成和发展中发挥着重要作用。以物理观念统领物理教学，可以帮助师生从纷杂的概念、规律、定理、公式中跳出来，站在更高的位置上，以知识和技能为基础，研究真实、典型的科学过程，客观全面地理解物理课程的教育价值。

下表所示的两例是教师在"动量"教学中导入环节所设计的问题，目的是引发学生深入思考，建立动量的概念。以此为例，说明什么是物理观念统领下的物理教学。

教学环节	例 1	例 2
导入环节	• 如果飞来一只足球你敢用头顶吗？ • 如果飞来一只铅球你敢用头顶吗？ • 如果飞来了一颗质量没有足球大的子弹你敢用头顶吗？ • 运动物体的作用效果与什么有关？	• 你能计算运动员击球所用的力和球的速度吗？ • 你能计算出炮弹出膛时所受的力和速度吗？ • 怎样计算火箭升空时受的力和速度？ • 能否用牛顿第二定律分析这些情况下物体的受力情况和速度变化？

在例 1 中，教师首先问学生：足球、铅球、子弹先后飞来，你敢用头顶吗？学生回答：敢顶足球，不敢顶铅球和子弹。教师接着问：为什么？学生回答：不敢顶质量大、速度快的物体。教师接着提出问题：运动物体的作用效果与什么有关？教师希望学生通过分析得出运动物体的作用效果与质量和速度因素有关，从而建立动量概念。

在例 2 中，教师带领学生回忆击球、炮弹出膛、火箭升空的情境，提出问题：怎样计算台球、炮弹、火箭受力和速度变化的情况？当学生充分思考并尝试用牛顿第二定律计算时，教师接着提出问题：能否用牛顿第二定律分析这些情况下物体受力情况和速度变化？当学生意识到用已有的知识无法解决问题时，教师指出：原则上，我们可以用牛顿定律解决所有力学问题，但是像碰撞、炮弹发射和爆炸、火箭升空这样受力情况比较复杂的实际问题，直接用牛顿定律解决就非常困难。需要引入新的概念。接着带领学生回顾历史上动量概念的建立过程，科学家的思考及所做的工作。教师希望学生在了解历史上科学家的思考过程的基础上，再通过分析、综合、对比、归纳等思维活动建立动量概念。

动量概念的建立，在物理学发展史上具有重要意义。上述两例虽然都是建立动量概念，但引发的思考却不一样。例 1 通过举例限定了学生的思维，等于直接告诉学生"运动物体的作用效果与质量和速度有关"，然后给出动量的定义、公式、单位，从而建立动量概念。这样的教学过程，学生的思考是肤浅的，对动量概念的理解是狭隘的。例 2 则通过碰撞、打击、爆炸等实例，引发学生思考。学生带着问题，跟随教师回顾历史上物理学家在寻找自然界守恒规律的过程中，如何通过研究碰撞等复杂的力学问题,建立动量概念的思想和方法,引导学生思考运动的量度与追寻守恒量的关系、思考自然界的对称性和物理守恒律之间的关系、思考研究碰撞现象在物理学发展中的意义和作用等。这样的教学过程,教师把建立动量概念的过程放在大的历史背景中,学生的思考是深刻的,对动量概念的理解是全面的。同时,通过学习动量概念,学生逐渐认识"每一种守恒定律,必定有其伴随的物理对称性"这样的物理观念。

物理观念统领下的教学,强调从更高、更系统的视角看待物理课程,强调在理解和掌握物理概念和规律的过程中,关注物理学家如何提出科学问题,他们在思考和解决物理问题过程中有哪些关键环节;关注在物理知识形成过程中,形成了哪些思想方法、研究规范,如何形成了知识系统;关注物理学在研究自然的过程中形成了什么观念,这些观念又是怎样发展并演进成为今天的物理观念。

在强调物理观念统领物理教学的重要性时,需要特别说明两点:第一,物理观念是学生在主动学习的活动中,在深刻理解和应用物理概念和规律的过程中,由教师适度渗透、学生逐渐领悟而慢慢习得的,这就需要教师对物理观念有系统的认识和清晰的理解,在设计教学时注意用观念统领教学。第二,观念统领下的教学不是弱化对概念规律的学习,而是强调不断加深对概念和规律的理解,促进思维的深刻性和广泛性,从而帮助学生逐渐形成科学地认识世界的意识、理智地判断和选择的能力,学会用科学的方法和规范思考问题,成为具有较高科学素质的公民。①

2.2.2 以培养学生的物理思维为核心

物理学中的科学思维,即物理思维,其重要作用是将物理观察与物理实验所得到的感性认识上升为理性认识,并从已有的理性认识获得新的理性认识。高中物理教学的核心内容是培养学生的物理思维。

物理学史可以让学生领略前辈物理学家在探索研究中运用的科学思维。我们在高中物理教学中,不仅要讲授前人的研究成果,还应该对物理学史进行剪裁与整合,选取科学问题的提出、深化和解决过程中的关键环节,以及做出主要贡献的物理学家的科学思维方式和研究方法的精华、所得科学结论的深刻内涵,把它们融于现实的物理概念、规律的教学之中。当然,即使剪裁过的物理学史,也需要用发展的观点进行现代审视,在一定程度上也不是历史的重述,而是可以成为一种新的教学结构和教学线索。这种新的教学结构和教学线索,在不违背物理概念、规律的科学内涵的前提下,还应该照顾到高中生的认知水平和已有基础,不必过分追求数学上的严密和理论体系在逻辑上的严谨,而应该更加注重物理思想的清晰和物理图像的鲜明。②

例如,在进行"万有引力定律"教学时,我们的确追寻了地心说到日心说的演进过程,讲授了开普勒的研究及其行星运动三定律,也提及了牛顿关于苹果和月亮的思考,回顾了月地检验和卡文迪许对引力常量的测定。这些就是把科学问题的提出、深化和解决过程中的关键环节,做出主要贡献的物理学家的科学思维方式和研究方法的精华,万有引力定律的内涵都展现了出来。但是,在推导万有引力定律的过程中,现实教学并没有采用牛顿在《自然哲学的数学原理》中用几何求极限的方法,去得出太阳对行星的引力公式,而是选择在圆周运动的特殊情况下,直接利用

---

① 冯华. 以物理观念统领物理教学. 课程·教材·教法,2014(8).

② 张维善. 牛顿运动定律的历史追问与现实教学//北京物理学会高中物理专题组. 高中物理教学深层研究. 北京:首都师范大学出版社,2013:19.

了牛顿第二定律的现代形式。这种做法，既撇开了用几何学求极限的烦琐与困难，又与高中生已有的认知基础和认识水平相衔接，同时也不违背科学性原则。

科学研究中常用建立“理想化物理模型”的科学思维方法。物理模型是为了便于研究而建立的高度抽象的反映事物本质特征的理想物体。应用科学抽象和概括，将具体、复杂的物体或过程用简化的模型来代替，可以突出主要矛盾，简化问题，便于研究物理的主要性质，便于找出其中的规律。

物理学中有许多理想化的物理模型。如，力学中的质点、刚体、光滑面、弹簧振子、单摆、理想流体等；热学中有分子模型、理想气体等；电学中有点电荷、检验电荷、匀强电场、匀强磁场、电场线、磁感线、纯电阻、纯电感、纯电容、理想变压器等；光学中有点光源、线光源、面光源、光线、薄透镜等；原子物理学中有原子的核式结构、原子的能级等。另外，还有匀速运动、匀变速直线运动、抛体运动、天体的匀速圆周运动、简谐振动、简谐波、弹性碰撞、准静态过程、气体的等温变化、等压变化、等体变化、绝热过程等理想过程也属于理想化的物理模型。

激发学生的好奇心和求知欲，着力培养学生的创新精神，是基础教育改革的方向。要想培养学生的创新意识，在教学中教师一定要鼓励学生勇于质疑，发展学生的批判性思维。批判性思维过程包括辨别对方的立场、论辩过程和结论，以有逻辑、有见解的方式独立思考问题，整合信息，形成新的立场，以一种结构清晰、推理严密且具有说服力的方式介绍自己的新观点。

费曼以卓越的批判性思维的眼光，对大学本科生提出忠告：“大自然整体的每一片段或部分，始终只是对完整真理的逼近。事实上，我们知道的每件事都只是某种近似。因为我们知道我们至今还不知道所有的定律，所以我们要学习一些东西，正是为了以后再放弃它，或者，更恰当地说，再改正它。”“自然定律是近似的，我们先发现‘错’的定律，然后再发现‘对’的定律。”

原子模型的发展史就是一个非常好的例证。1897 年汤姆孙发现电子，1898 年提出原子的“枣糕模型”；1909 年卢瑟福指导他的学生进行 α 粒子散射实验研究，而“枣糕模型”无法解释 α 粒子大角度散射的实验结果，1911 年卢瑟福提出了原子的核式结构模型；但是，核式结构模型用经典物理学无法解释原子的稳定性，也无法解释原子光谱的分立特征，1913 年玻尔结合普朗克的量子观念，提出了自己的原子结构理论（轨道量子化、能量量子化）；然而，由于玻尔模型是建立在经典物理理论基础上的模型，仍然有许多无法解释的问题。爱尔兰作家萧伯纳曾诙谐地说：“科学总是从正确走向错误。”这种调侃对于人类的认识过程不失为一种幽默的表述。

爱因斯坦曾说：“一个人掌握了学科的基本原理，并学会如何独立思考的时候，他将找到属于他自己的道路。”物理课程要培养学生的物理思维，课堂教学中就得促使学生进行深入的思考。课堂教学中我们为学生创设问题情境，使学生产生解决问题的期待；我们做实验让学生看到物理事实；学生进行探究实验，获得直接经验。这些教学环节的核心任务就是要让学生通过对物理现象和物理事实的观察，在教师的指导下，经过分析、总结和归纳，概括出其中的道理，将认识上升到物理概念和物理规律的层面上，并用物理概念、物理规律解决和解释现实生活、生产以及科学技术中的有关问题。这样的过程是培养学生物理思维能力的重要过程。通过上述教学过程将学生头脑中的想象世界逐渐变成物理世界，同时学会用物理世界的目光去看待现实世界。

2.2.3 发挥实验在物理教学中的重要作用

物理实验是高中物理教学中的重要内容。物理知识来源于实践，特别是来源于科学实验的实践。学生学习物理知识的过程，跟前人探索物理知识的过程有很多相似之处，实验能够帮助学生构建正确的物理概念，提高观察物理现象和分析物理问题的能力，加深对物理规律的理解。教师应该十分重视实验教学，发挥实验在物理教学中的重要作用。

物理教学中的演示实验与科学实验不同，演示实验是在特定的环境与条件下，由教师做给学生看的示范实验。实践表明，学生非常喜欢有演示实验的物理课。做好演示实验，使学生获得与物理概念、规律有直接联系的、具体直观的感性认识，是学生形成概念和掌握规律的基础。演示实验具有非常强烈的吸引力，能调动学生各个感官的作用，能激发学生的好奇心和学习兴趣；演示实验富有启发性，使学生思维处于最积极、最活跃的状态。所以，演示实验的成功，是事半功倍地建立物理概念和掌握物理规律的关键。反之，演示实验现象不明显甚至实验失败了，接下来的课就会很难上，这种状况出现多了，学生就会感觉我们的物理课有“伪科学”的味道了。

观察是认识的基础，思考才能使认识深化。做好物理演示实验，使物理现象在课堂中生动地呈现出来，可以让学生始于惊奇、继而深思。例如，做电路“短路”的演示实验时，出示一块装有火地线、保险盒、灯座、插座的照明电路示教板，现场安好保险丝，取下插座盖，接通电路，点亮电灯。教师用改锥将插座两金属片短路，只见火花一闪，学生听见“啪”的一声，保险丝烧断了，看见一缕青烟冉冉升起，这时灯灭了。教师再次安好保险丝，灯复明。教师可以用拟人化的手法，赞美保险丝这种牺牲自己、保全大局的奉献精神，在黑板上写下“化作青烟随风去，愿把安全留人间”。这堂课，学生是终生难忘的。演示实验使物理教学的科学、人文、艺术得到真、善、美的和谐统一。

当然，在观察演示实验时，不仅要学生关注所观察的现象，同时要让学生理解该物理现象是用来说明什么问题和怎样说明问题的。应该尽量让学生了解实验装置的工作原理。

在进行学生分组实验教学时，应该切实做到“原理要真懂，实验要真做”。让学生在明确实验目的、理解实验原理的前提下独立操作实验。重视学生实验技能的提高，使学生能正确使用高中物理实验项目中的仪器和工具，获得较准确的实验信息，但要避免进行刻板的技能训练，因为随着科技进步，对技能的要求也在不断地变化。实验是了解、研究自然规律的重要方法，它的作用不只是为了获取信息。应该让学生认识到实验操作是在相关原理的指引下进行的，学会把实验获得的信息演绎、归纳成结论，只动脑不动手和只动手不动脑都是不正确的。学生实验是学生探究并获取知识与应用知识过程中的一个有机组成部分，应该在合理的环节和预定的计划中去完成。

例如，在进行“制流电路和分压电路”学生分组实验教学时，教师提出问题：调节负载两端的电压和通过负载的电流，可以用滑动变阻器组成制流电路，也可以组成分压电路，那么，当变阻器全阻值 R 与负载电阻阻值 R_f 满足什么关系时采用制流电路效果好？R 和 R_f 满足什么关系时采用分压电路效果好？让学生猜想，分组设计实验方案（根据学校实验室的器材情况教师可适当对学生的各种实验方案加以指导），进行探究性实验。所有学生都想到了用规格不同的变阻器（10 Ω2 A、50 Ω1.5 A、200 Ω1.5 A、1750 Ω0.3 A）分别接入电路，在滑片滑动的过程中观察负载两端的电压和通过负载的电流变化情况。而负载的选择五花八门：不同规格的小灯泡、不同阻值的定值电阻、电阻箱等，在实验探究中学生根据实验情况还会不断变换。如：一部分学生最初只选用阻值较小的一个小灯泡（几欧）作负载，后来在做实验时发现，无论用哪个变阻器组成分压电路，都很难对小灯泡两端的电压实现线性调节。于是他们调整自己的实验方案，又选择了阻值较大的负载继续实验。约两个课时后，学生们的各种猜想得到了验证，并且在做实验的过程中又有了新的收获。这时,教师可组织学生讨论,总结如下:用不同的变阻器制流,$R \ll R_f$ 时不能实现制流作用;$R \gg R_f$ 时,滑片稍做滑动,电流表和电压表示数就会有较大变化,不易实现连续调节;当 R 与 R_f 相差不多时制流效果较好。用不同的变阻器分压,当 $R > R_f$ 时,负载电阻阻值变化对输出电压影响较大;当 $R \ll R_f$(至少 $R \leqslant \frac{1}{10}R_f$)时可以对负载两端的电压进行线性调节。两种电路对比来看,分压电路使负载两端电压的变化较大,能从零调起。

除课本上的实验外,教师应该积极开发适合教学的实验项目,充分利用各种实验资源做实验。鼓励教师将电子计算机等多媒体技术应用在物理实验中,同时提倡使用身边随手可得的普通物品做物理实验。教师还应当鼓励学生创新设计出不同于教材中的分组实验或演示实验方案,开放实验室,在教师的协助下学生可以按照自己的设计去大胆尝试、改进,直到成功实施。实验室是培养学生科学态度和科学作风的场所,教师应该培养学生对实验严肃认真的态度,对实验结果实事求是,如实记录实验数据,并把实事求是的作风带到平时的学习和生活中去。

例如,传统的“验证机械能守恒定律”的分组实验原理是:物体自由下落过程中,如果忽略空气阻力,则只有重力做功,重力势能转化为动能,机械能守恒。如图 0－1 所示,设物体的质量为 m,从静止开始自由下落,下落高度为 h 时的速度为 v,则 $mgh = \frac{1}{2}mv^2$,两边消去 m,则 $gh = \frac{1}{2}v^2$。由上式可以看出,只要测出物体下落的高度 h 和下落 h 时的速度 v,再利用当地重力加速度 g 的数值,就可以对 gh 和$\frac{1}{2}v^2$进行比较,从而验证机械能守恒定律。

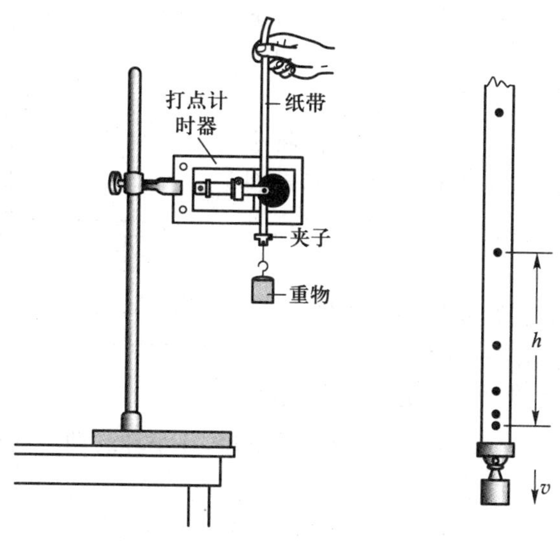

图 0－1

在按以上方案进行分组实验的基础上,教师不妨启发学生展开发散思维,鼓励学生设计出更多的实验方案,这在一定程度上是在培养学生的创新精神。

某学习小组设计的方案是:如图 0－2 所示,将一个小球用细线悬挂起来,把小球拉到一定高度的 A 点,然后放开,小球就摆动起来。小球在运动过程中,动能和重力势能发生相互转化。在

悬点 O 的正下方用一根细杆 C 挡住摆线，观察小球的运动情况。还可以上下移动杆的位置，反复做实验。观测小球摆动过程中左右达到的最高点 A、B 是否在同一高度，从而验证机械能守恒定律。

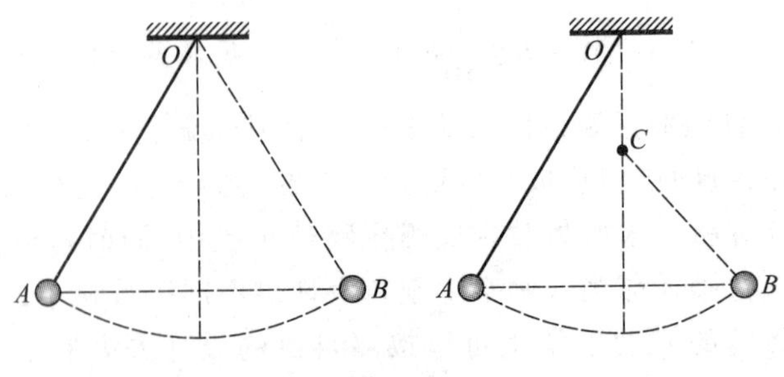

图 0－2

经教师的评估，这个方案是可行的，接下来让学生制定详细的操作步骤，以及采集处理数据的方法。然后，给他们提供课外去实验室动手做实验的机会。这组学生首先以定性观察的方式完成了他们自己设计的实验方案。他们的具体操作如下：

(1) 如图 0－3 所示，在铁架台的上端用细线悬挂一小球。在紧贴摆球运动的竖直平面内，固定一块带方格纸的木板。

(2) 将小球拉至左侧的某一位置，并在方格纸上记录为 A_1 点。放手后，观察小球的运动，将小球摆至右侧最高点 C_1 的位置记录在方格纸上。

(3) 改变小球在左侧的释放点(A_2、A_3、…)，重复实验几次，将小球摆至右侧最高点 C_2、C_3、…的位置分别记录在方格纸上。

(4) 在铁架台上(P 点)固定一水平细杆，将小球分别拉至左侧的 A_1、A_2、A_3、…点释放，小球运动到最低点时，摆线被细杆挡住，将小球摆至右侧最高点的位置分别记录在方格纸上。

(5) 向下移动细杆的位置，重复实验几次。

(6) 通过比较 A_1、A_2、A_3、…与 C_1、C_2、C_3、…，在误差范围内，如果在同一水平线上，就能得出：小球在左右两侧最高点的机械能是相等的。由此可以猜想，在小球运动的过程中，它的机械能很可能始终保持不变。

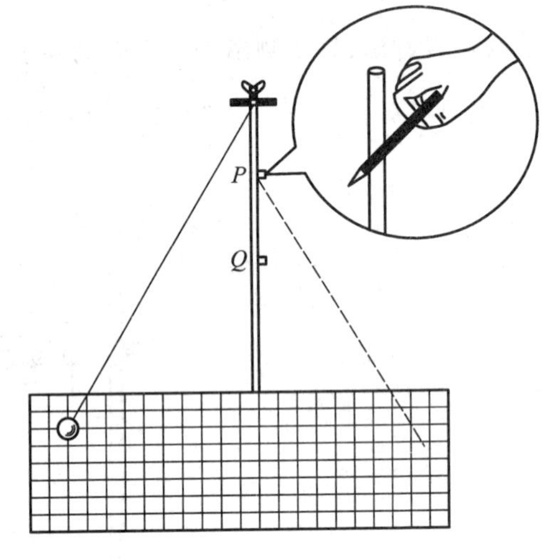

图 0－3

在学生定性观察的基础上，教师可以向学生介绍并提供光电门传感器，鼓励他们继续研究如何对中间过程进行定量验证。以下是他们最终的实验过程：

(7) 如图 0－4 所示，A 点为释放点，D 点是小球运动的最低点，在小球运动的轨迹上任取两点 B、C。将光电门传感器分别放在 B、C、D 三个位置，测出小球经过这三个位置时的速度大小。

(8) 测量 A、B、C 点到 D 点的竖直距离。

(9) 取 D 点的重力势能为零，根据 $E_k=\frac{1}{2}mv^2$、$E_p=mgh$ 和 $E=E_k+E_p$，分别计算出小球在

A、B、C、D 四个位置的动能 E_k、重力势能 E_p 和机械能 E。

通过比较小球 A、B、C、D 四个位置的机械能 E，如果在误差范围内相等，就可以验证定性观察中他们的猜想：在小球运动的过程中，它的机械能始终保持不变。

当该小组将自己的实验设计及实施情况向全班同学展示交流后，其他小组的同学还提出了新的方案：如图 0－5 所示，将球从某一高度释放，调整细杆的位置，当细杆固定在某一位置及其以下时，小球能够绕细杆做圆周运动。测出该位置到悬点的距离，结合牛顿第二定律和圆周运动的知识，也能够验证机械能守恒定律。学生自主设计实验与探究的整个过程是令人欣悦的，实验室欢迎我们的学生，在这里他们可以不断创新思路，动手操作，深入研究。

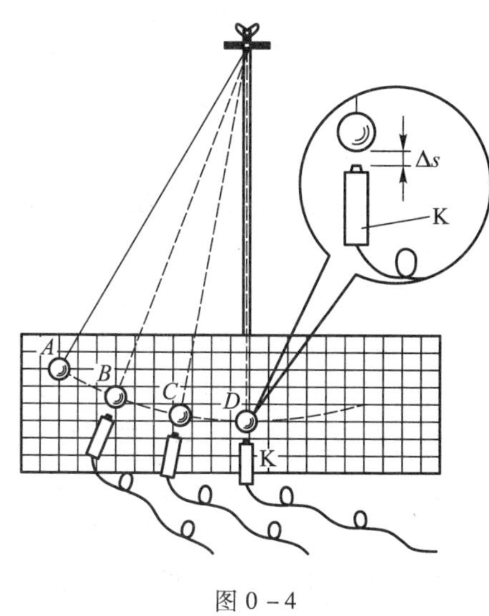

图 0－4

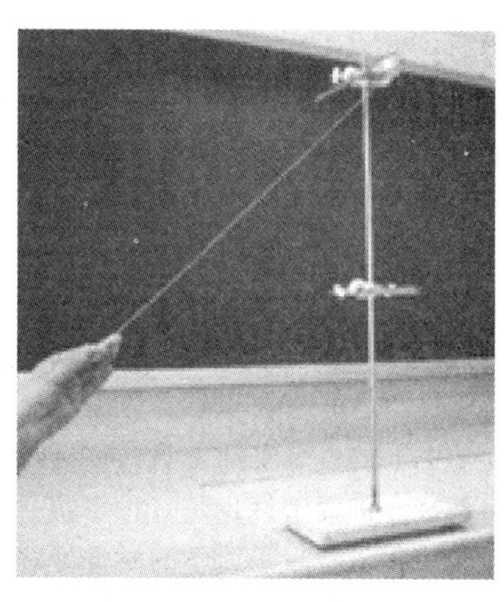

图 0－5

在中学物理教学中，教师应尽可能多地为学生创造自主做实验的条件，让学生自己动手、动眼、动口、动脑，亲自去观察、操作、记录、比较、分析、归纳，在实验探究中获取物理知识、方法。通过教师指导学生探究，能激发学生学习物理的兴趣，培养学生的创新精神和实践能力，把学生的学习动机（渴望验证自己的猜想）与学习成就（经过实验得出的正确结论）联系起来，让学生对自己的学习过程主动调控。

2.2.4 培养学生的科学精神

基础教育中的自然科学教育，尤其是物理教育，担负着传递科学文化、提高学生素质的任务。科学文化的要素包括科学知识、科学方法和科学精神。其中，科学精神是科学本性所要求的各种价值观念、思想观念、行为准则以及道德与意志品质的总和。科学精神主要表现为科学的创造精神、求实精神、革新精神、自由精神和审美精神等，还表现为利用科学造福于人类的精神。科学精神是现代人科学文化素质和思想道德素质中不可缺少的因素。

科学精神首先表现为创造精神。科学是人类不断发展着的对自然界的认识，科学活动的基本特征是永无止境地探索未知、追求真理，创造精神是科学探索活动的生命和灵魂。席卷全球的新技术革命使世界逐步由工业经济时代进入知识经济时代，人的创造力和创造精神对于经济建设和社会发展显得更加重要。创造精神是创造力的前提和保证，培养创造力首先应培养创造精神。有些学者也将创造精神称为“创造性人格”，创造性人格特征不是生来就有的，需要经过较长时间的培养和锻炼才能逐步形成。创造精神的培养必须从青少年时期抓起,基础教育中的科学教育在创造精神的培养上具有关键性的作用。

科学精神还表现为求实精神。科学的目的是求知、求真,在求知、求真的实践中形成求实精神。求实本质上就是"求是",即寻求规律性的认识。求实精神是理性与经验相结合的科学探索精神,也是真理至上、尊重事实的文化精神。求实精神是构成一个人良好的思想品质和工作态度的不可缺少的因素,对人的工作、学习和生活的各个方面都有着无时不在的影响。基础教育中的科学教育,是培养青少年求实精神的重要途径。

用科学造福于人类的精神是一种必须突出强调的科学精神。如何把科学的应用和伦理道德结合起来,是世界范围内广泛关注的问题。早在 1931 年,爱因斯坦就告诫大学生们:"如果你们想使你们的一生工作有益于人类,那么,你们只懂得应用科学本身是不够的。关心人的本身,应当始终成为一切技术上奋斗的主要目标……以保证我们科学思想的成果会造福于人类,而不至于成为祸害。"1972 年,联合国教科文组织国际教育发展委员会提出的《学会生存》报告指出:"所谓科学的人道主义这样一个普通概念,它是人道主义的,因为它的目的主要是关心人和他的福利;它又是科学的,因为它的人道主义的内容还要通过科学对人与世界的知识领域继续不断地做出新贡献而加以规定和充实。"①

审美精神也是物理科学精神的重要组成部分。要想在高中物理教学中培养学生的审美精神,即研究物理教学中的美育问题,首先需要让学生感受物理学的美——简单美、对称美、和谐美。

物理学史上的很多实例表明,简单性是物理学家选择物理理论的标准之一。爱因斯坦的信念是:"自然规律的简单性也是一种事实,而且正确的概念体系必须使这种简单性的主观方面和客观方面保持平衡。"量子力学的发源地之一,德国哥廷根大学的物理报告厅内,刻着两句拉丁语格言:"简单是真理的印记,美是真理的光辉"。"奥卡姆剃刀"(奥卡姆,中世纪英国哲学家,主张神学不应干涉知识领域,曾宣称:"若无需要,不应增加实在东西的来源",被后人称为"奥卡姆剃刀")被作为一个原则,用来审查和选择物理理论:淘汰多余的概念,在能够说明同类现象的多种理论中,选择最简单的一种。例如,哥白尼的日心说仅用 30 多个圆就能替代托勒密地心说的 80 多个圆的功能,不仅完美地解释了当时观察到的天体运动现象,而且自然、简洁得多地解释了行星的逆行现象。概念的经济性,表达的简洁性,以及日心说表现出的充分的对称美与和谐美,最终被广大科学家所接受,战胜了宗教的信仰,让自然科学从神学中解放了出来。

由于物理学揭示了自然界物质的存在、构成、运动及其转化等规律的对称性而产生的美感,称为物理学的对称美。从伽利略和牛顿开始,整个物理学就建立在"对称"的基础上:运动与静止,落体与抛体,匀速与变速,地球与天体,引力与斥力,恒力与变力,反射与折射等;库仑定律的发现,就是追求静电力与万有引力的平方反比对称;麦克斯韦在没有实验数据的情况下,出于对"对称"的考虑,毅然引入了位移电流,使电磁学的概念规律体系完全自洽,并表现出异常的和谐。

和谐是指由于相互间恰到好处而在整体上显现出的协调,和谐给人以浑然一体、恰如其分、轻松自如的美感。物理学理论内部相互间的自洽展现出物理的和谐美。自洽和谐美还表现在某种矛盾的最终统一。如光的粒子说和波动说,在近二百年的时间里,物理学家对光的本性的认识

---

① 梁树森. 论科学精神的培养. 教育研究,2000(6).

发生了螺旋式上升:从牛顿的物质微粒说与惠更斯的机械波动说之间的矛盾,到麦克斯韦的电磁波说与爱因斯坦的光子说的波粒二象共存。终于,在 1948—1949 年建立了将光的电磁理论和光量子理论整体概括的新理论——量子电动力学,新的理论体系让人们彻底摆脱了对波粒二象性的困惑。物理学通过自身的不断完善,将对立的理论有机地、完美地统一起来,毫不藻饰,闪烁着自洽的和谐美。

3 学生心理特征对物理学习的影响

3.1 学生认知发展对物理学习的影响

中学生认知能力的发展并非是线性的,从 13 到 18 岁,将出现阶段性的高原期和飞速发展期。高中阶段的学生认知能力的发展接近于成熟的程度,能运用抽象的适于形式逻辑的(演绎的或归纳的)推理方式去思考解决问题,可以进行独立的探究活动和自主的研究性学习。高中学生的抽象、逻辑思维能力不断增强,使得其思维更具有预计性和内省性。

概念获得和问题解决的研究表明,正式物理学习前,学生头脑中存在的前概念、直觉概念、朴素概念以及在学习中形成的相异概念、错误概念会对教学产生巨大阻力,是造成学生物理学习困难的一个重要原因。正式的科学教育并未真正改变学生的前概念,它在对学生的问题解决产生正面影响的同时,还会产生新的错误概念。此外,学生物理概念形成和问题解决还受到已获得的专业知识、数理基础、元认知水平、问题的熟悉程度、问题的情境特征、问题表征等方面的影响。

在物理教学中,有学者关注学生学习之前已有的前概念和学习方式对学生物理学习的影响,已取得了许多可喜的研究成果,其中在探究式学习、合作式学习、动手学习方面的研究成果最为显著。大多数研究认为,采用以上教学模式不仅培养了学生的探究能力和问题解决能力,而且探究、合作、亲身经验更有利于学生概念的发展、转变,有助于学生获得对知识的深层理解。物理教学中应注意采用多样化的教学方式,有效地促进学生形成科学概念,发展问题解决的能力。

3.2 学生个性发展对物理学习的影响

从后儿童期(6—13 岁)过渡到青年期(13—20 岁)的中学生,自身的独立意识开始觉醒,具有一定的分辨是非的能力。情绪表达上趋于独立,不再事事依赖父母。高中学生在行为导向上基本有了自己的价值观念与伦理标准。另一方面,处于青年期的中学生,兴趣爱好日益广泛,求知欲与好奇心强烈,乐于参加各种创造性活动,对学习和科技活动有极大的兴趣和爱好,对于竞争性、冒险性和趣味性的活动更是乐此不疲。此时,影响学生物理学科或其他理科学习的因素主要有:自我概念、成就动机、直觉能力、兴趣、对学科的先验态度、价值观念以及父母的态度等。

研究证明,对学科的态度与学科成绩呈正相关,学生喜欢热情、知识丰富、友好、风趣的教师,喜欢的教学方法为:实验、教师演示、投影、视听。另有研究表明,对科学的态度因科学内容的呈现方式而变化,且变化的方向与呈现的方式有关。对非理科学生采用更富人性化的科学课程,会获得更大的成功。将来自现实生活情境中的个案研究引入物理课程,有助于培养学生对科学的兴趣,特别是对那些不太喜欢物理的学生更有效。当给予学生更多的学习自由时,他们更能分享学习经历中(所学的东西和进行学习的过程)的乐趣,对学习更有责任感。

3.3 个体差异对物理学习的影响

科学职业的选择、科学成就皆与个性差异有关联。个性差异主要表现在以下几方面:理性的或直觉的,判断的或知觉的,外向的或内向的,思考型的或感知型的。研究发现,对科学的兴趣与心理类型有关,某一种课程可能只适合于某一种心理类型的学生。

个体能力或智力高低呈正态分布,且个体在智力的类型上存在很大的差异。每个学生天生就具备各自不同的才能,很少有人在各个领域都相当完美。R. J. Sternberg 认为一个人的成功,不单靠传统的分析型智力(它与传统的考试分数呈显著性的高相关),还需要创造型智力和实践型智力,所以,学校课程要有助于学生三重智力的发展。H. Gardner 认为人的智力有多重,不同智力的组合,就构成了不同智力的人。根据智力理论多元化的发展趋势,学校课程的设置要有利于不同智力的潜力开发,学科课程标准的制定应考虑学生智力类型的差异,应使之具有更广泛的适应性。

由性别而引起的个性差异也值得重视。一般地,认知能力的性别差异归因于社会心理因素或生物心理因素的差异,且这两种因素的影响都是学习兴趣上出现性别差异的原因。一项对7—9 年级学生的研究结果表明,青年期男生形式推理能力发展比女生更快,男生倾向于选择科学和技术类学科,且这种倾向随年龄和形式推理能力的发展呈正相关;而女生对语言、社会研究、人类学研究更感兴趣,且这种倾向与其形式推理能力的发展呈正相关。有研究者认为,男生和女生在科学成就、动机、态度上的差异主要来自后天的教养,而并非天生的,社会期望是造成这种差异的最主要原因。从长远看来,采取长期而直接的措施来改变性别方面的定势印象和角色模式有助于改变这种状况。我们应该正确对待这些差异,消除产生差异的外在环境原因是消除性别差异的一个重要途径。①

4 展现物理课堂教学的魅力

教学工作不是简单的体力劳动,而是一种创造性的脑力劳动。这种“创造性”常常蕴含在大量的平凡劳动中,有了量的长期积累,才可能有质的飞越。教师有科学的教育理念,有深厚的专业基础,有扎实的教学基本功,每一节课都在继承传统的基础上,根据当前学生的具体情况,加入自己的创新设计,我想,这样的物理教学才会有永恒的魅力。

以下将从三个方面谈谈近年来我对高中物理教学的一些实践感悟。

4.1 让学生体会到学习物理的乐趣

学习物理有助于提高学生的科学素养,培养学生的创新能力。无论将来学习什么专业、从事什么工作,科学素养、创新能力对一个人的可持续发展、取得成就都至关重要。

然而,许多学生感到学好高中物理很难,不少人在高中就过早地失去了学习物理的兴趣,弃理从文;即使选择学理的学生,也大多为考试所累,错误地认为学物理就是做题;他们在高考中可能会得高分,可是由于没有真正体会到学习物理的乐趣,他们的继续学习和未来深造都很难有良

---

① 郑渊芳,陈峰,等. 子课题《高中学生学习心理研究》研究报告. 教育部基础教育司,2002.

性的可持续发展。

因此，在高中物理教学中，教师一定要善于激发和保护学生学习的兴趣，让学生体会到学习物理的乐趣。

4.1.1　在联系实际、观察实验中体会学习物理的乐趣

【教学案例】

展示“翻滚过山车”彩图（图 0－6）。

师：大家坐过“翻滚过山车”吧。启动前，服务员要求乘客必须做一件什么事儿？

生：系安全带。

师：为什么非要系安全带呢？

生：害怕掉下来。

师：不系安全带就一定会掉下来吗？

生：……

（会有一些学生说“不会”，但底气不足，因为他们在坐过山车时几乎所有人都遵守安全规则。）

师：这个周末大家去游乐园再玩儿一次过山车，重新感受一下。

（有学生会提出：不系安全带？！）

师：一定要系好安全带。同学们想想看，在系好安全带的情况下，你如何证明即使不系安全带也不会掉下来呢？

生：感受臀部与座椅之间是否始终有挤压。

师：很好！建议大家去亲身感受一下。我们也可以把生活中的这个情境，在教室里用实验模拟一下，请大家注意观察。

（教师出示离心轨道，如图 0－7 所示）

图 0－6

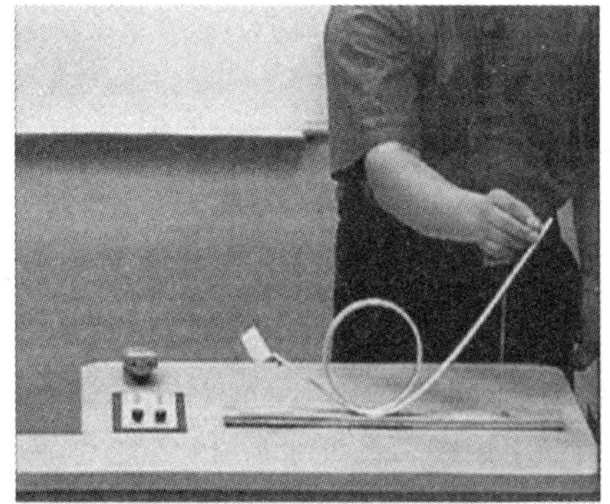

图 0－7

演示：从斜轨较高处释放小球，小球顺利通过圆轨道最高点。

教师：小球没有系安全带，可是它顺利地通过了圆周最高点。

演示：从斜轨较低处释放小球，小球没能通过圆轨道最高点。

教师：小球掉下来了。请大家想想看，要想让小球通过最高点，需要满足什么条件呢？

学生喜欢上联系实际、有实验内容的物理课，这一条可以说是物理教学的基本规律。在物理课

上，精心设计并做好演示实验，使物理现象在课堂中生动地呈现出来，指导学生认真观察，让学生始于惊奇，继而深思，能够很好地激发学生的好奇心和求知欲，达到动之以情、晓之以理的教学效果。

4.1.2 在感悟科学的真正内涵中体会学习物理的乐趣

【教学案例】

学完牛顿的三个运动定律和万有引力定律后，从地上小小物体的运动到天上巨大星球的运动，经典力学在广阔的领域里与实际相符合，充分显示了经典力学的魅力。

正当学生对经典力学叹为观止时，教师可以列举“水星近日点的进动”“μ 子穿越大气层”“电子的衍射”等实例，让学生意识到 17 世纪建立的经典力学只在低速、宏观、弱引力时适用，而遇到高速、微观、强引力的问题时，只能用 20 世纪建立的相对论和量子力学来解决了，它们的关系如图 0－8 所示。

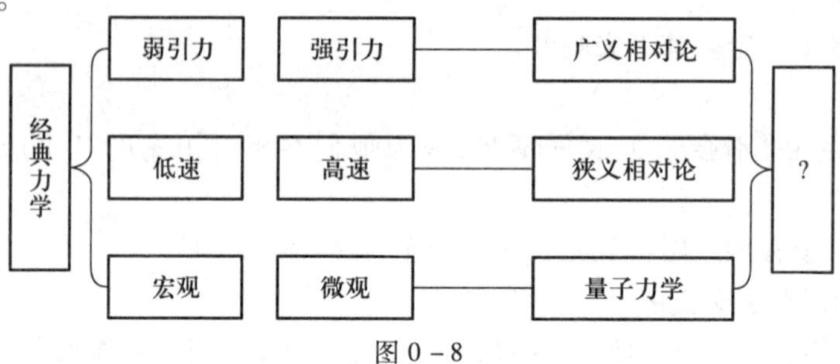

图 0－8

当物体的运动速度远小于光速 c 时，相对论物理与经典物理学的结论没有差别；当“普朗克常量”可以忽略不计时，量子力学和经典力学的结论也没有差别。这说明相对论和量子力学（新的科学）并没有否定经典力学（过去的科学），过去的科学可作为某些条件下的特殊情形，被包含在新科学之中。那么，相对论和量子力学又是哪一种更广泛理论的特殊情形呢？

我们现在还不知道……

教师带领学生一起诵读费曼的话：

我想知道为什么

我想知道为什么

我想知道为什么我想知道为什么

我想知道究竟为什么我非要知道为什么我想知道为什么

我想知道为什么

在诵读的过程中，学生能够体会到科学研究的无止境，对未来的探索学习充满好奇、跃跃欲试。

科学不同于神学，它是建筑在证据和理性思维（逻辑推理）的基础上的。像一切科学一样，现有的物理学理论没有也不会穷尽一切真理，是一部“未完成的交响乐”，在等着一代又一代着迷于科学的人们去探索研究。

科学的基本动力是人类的求知欲，对自然的好奇心。这些都是物理教学中应注意保护、调动和着重培养的。

4.1.3 “激发学生的学习兴趣”重于“知识的落实”

【教学案例】

2007 年，我开始做北师大实验中学物理教研组长。这时的物理组，老师们干劲很大，成绩也

很好,可是在“学生评教”中出现了这种情况:

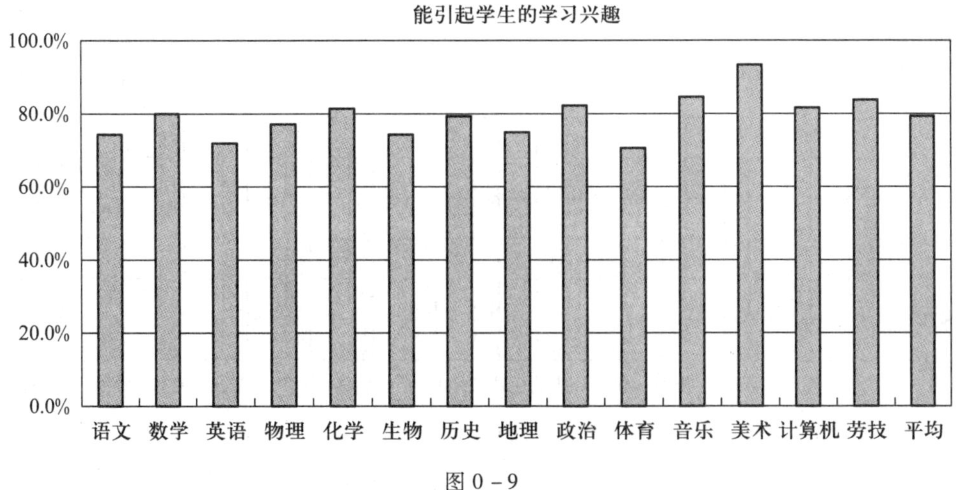

图 0-9

从图 0-9 的柱状图可以看到,这一年,在“能引起学生的学习兴趣”方面,北师大实验中学五个年级对物理教学的评价不高,低于数学、化学,低于全校平均值。

于是,我倡导全组近 30 位老师,反思我们的教学,到底出了什么问题,居然让学生感到学物理没有学数学、化学有意思。特别提出在初二、高一两个起始年级的教学中,“激发学生的学习兴趣”重于“知识的落实”,其他年级,也要重点研究如何在教学中让学生体会到学习物理的乐趣。经过四年的研究与实践,我们再来看 2011 年的“学生评教”(图 0-10):

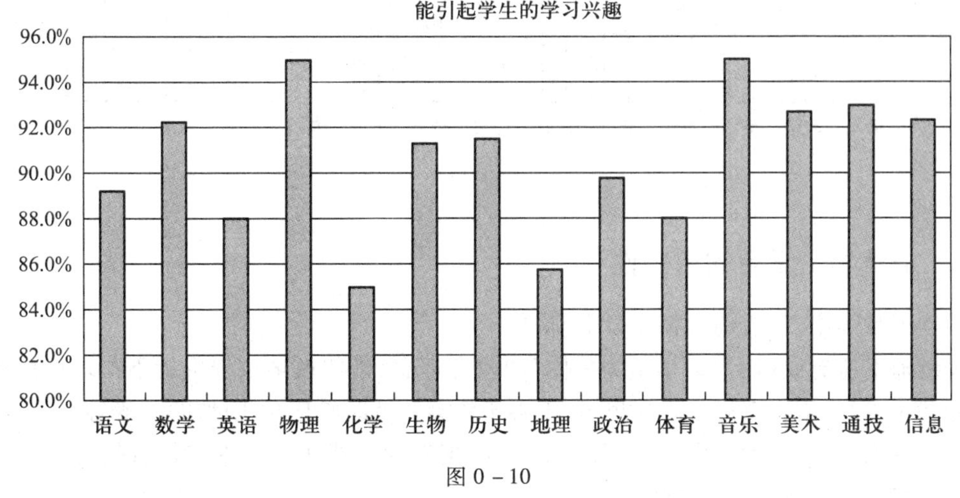

图 0-10

你看,学生的物理学习兴趣与“音乐”课不相上下,物理老师的课上得肯定像唱歌那样动听。

再看,在发挥“学生主动性”方面(图 0-11),物理课超过了“通用技术”“信息技术”,大家也许不知道,后两门课在实验中学几乎都是学生自由选题、自主进行的。

三看,师生关系“和谐”方面(图 0-12),在各科中更是遥遥领先,因为物理教师倡导的就是“以学生为本”,帮助学生学会学习,让学生体会到学习物理的乐趣。

兴趣是最好的老师。只要学生体会到了学习物理的乐趣,他们才会不畏难、不怕苦。

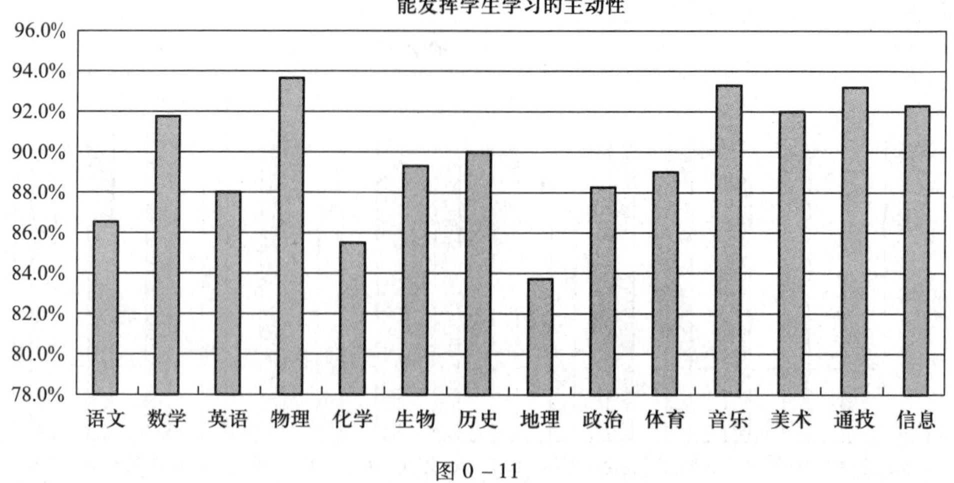

图 0－11

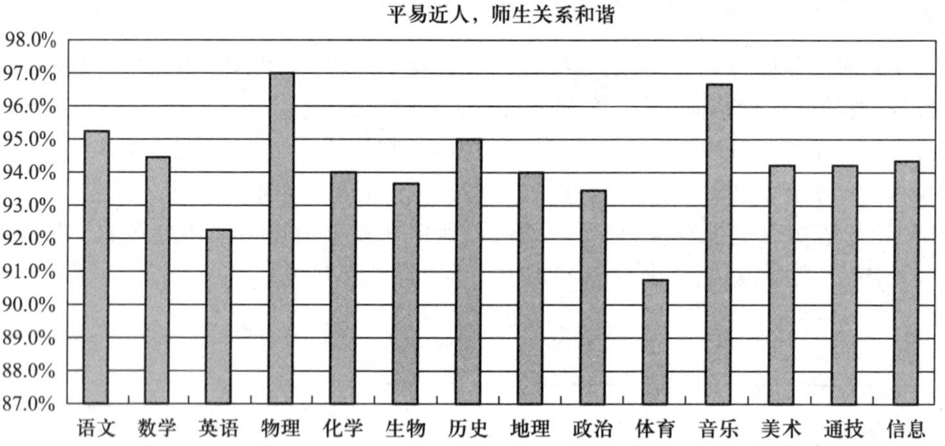

图 0－12

4.2 培养学生学习的自主性

高中物理教学中,目前仍然存在以下问题:

不少教师不能有效落实“以学生为主体”的教育理念,诸如教学过程不折不扣地按照教师预先设计的程序进行,不注重启发学生思考,不善于领会并及时响应学生的质疑,等等。

在物理概念、规律的教学中,重结果不重过程,把新课上成了复习课、习题课。为了“考试得高分”的眼前利益,以练代教,以考代学。

学生在课内缺乏学习的主动性,在课外仍然没有学习的自主权,疲于应付教师布置好的所谓作业——大量的习题训练。

这样的教学使得多数学生的学习主要依赖于外在因素,摧毁了学生的内在学习动机。结果会导致学生体会不到学习物理的乐趣,不会质疑与反思,势必会影响多数学生今后的持续性学习。

比较我国与美国的基础教育可知,我国基础教育的童子功是四多:多学多练多记多考。我们培养的是“考生”。而美国基础教育的拿手好戏也是四多，多看多问多想多干。他们培养的才是“学生”。

如何融合这“八多”，让我们的教学有更高更远的目标，不只是为高考或竞赛而教（如只注重培养应试能力），而是为学生的全面发展而教（如培养学生的自主学习能力）呢？

《普通高中物理课程标准（实验）》提出，高中物理课程应促进学生自主学习，让学生积极参与、乐于探究、勇于实验、勤于思考。在基础教育阶段，指导学生学会学习，培养学生的自主学习能力是必要的。在现有的学校条件下，学习目标是教师根据《普通高中物理课程标准（实验）》确定的，但学习的方式是可以让学生自主选择的，学习的过程是可以让学生自主调控的，学习的结果也可以有学生的自我评价。

因此，深入研究如何在中学物理教学中培养学生学习的自主性，对学生学会学习，对培养学生的自主学习能力（如学会自主计划、自主监控、自主评价、自主调整等），都具有现实性实践价值。

4.2.1 启发学生自主质疑

对学生来说，“质疑”是非常重要的素质。敢于向任何事情提出挑战，人们才有可能获得成功。

质疑的概念不是一般地提出问题（problem），而是对研究（学习）的内容经过独立、深入、充分地分析后，才提出的质询性的问题。

质疑的本质是为求真而进行的理性批判与科学求证；质疑的最终效果（释疑形成共识后）对物理学而言是创造，对学生而言则不仅是新知识的建立或知识的运用，还会加深学生对物理概念规律的理解，使所学的相关知识融汇贯通。除此而外，更有创新意识和实践能力的培养，也是从权威主义、教条主义人格或附庸性人格向健康人格的自我发展。

中学生从初一到高三，上课时主动举手提问的人数在逐年递减。究其原因，一方面随着年龄的增长，学到的知识越来越多，尤其是思维能力在不断提高，许多问题经过自己分析思考就能自主解决了。不过，若是这种情况，提出问题的次数虽然少了，但是问题的质量肯定应该提高了。另一方面，倘若教师在课堂教学中，不注重加强教学的启发性，不注重教学模式的多样化，眼里心里没有学生，课堂教学的氛围就会沉闷，师生就不会心心相通，久而久之，学生便惰于质疑，仅满足于听懂课会做题考高分。这样的教学其实是不利于学生长远发展的。

因此，教学要加强启发性，通过教师的启发唤醒学生敢于质疑的意识；除富有启发性的讲授教学模式外，将以学生为主体的实验探究教学模式引入课堂，在实验探究、合作学习中培养学生勤于质疑的习惯；另外，在习题课上，创设师生交流的自由、民主的教学环境，表扬积极思考有独到见解的学生，倡导大家以欣赏加批判的目光，审视老师、同学和自己的解题思路、解题过程，鼓励学生敢于质疑，善于质疑。

【教学案例】

通过图 0 - 13、图 0 - 14、图 0 - 15、图 0 - 16 所示的实验，让学生自主探究感应电流的方向由哪些因素决定？遵循什么规律？

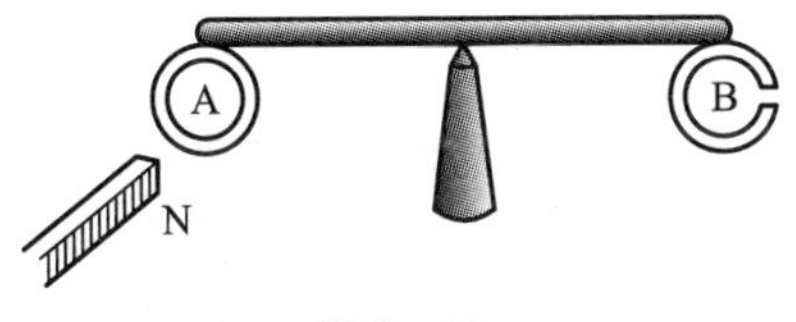

图 0 - 13

这几个实验在探究感应电流的产生条件时都做过，学生比较熟悉。多数学生都会先做图 0－13 所示的楞次环实验,简单有趣。当条形磁铁的磁极移近或远离 A 环时,观察 A 环的运动情况,经过分析不难得出,环中产生感应电流,感应电流受到条形磁铁磁极的安培力,由于这个安培力的作用,从而阻碍磁极与环的相对运动。

学生分析、质疑 1:在这种情况中,由于有相对运动,才产生了感应电流。可是,这个感应电流却阻碍导致其产生的“相对运动”。那么,能不能从“阻碍相对运动”的角度寻找判断感应电流方向的规律呢?

图 0－14、图 0－15 所示实验中,感应电流都是由于相对运动而产生的,而且感应电流的方向可以借助灵敏电流计观察。用这两个实验进行研究,可以得出如下结论:感应电流具有这样的方向,感应电流所受安培力总要阻碍导体(回路)与磁极的相对运动。

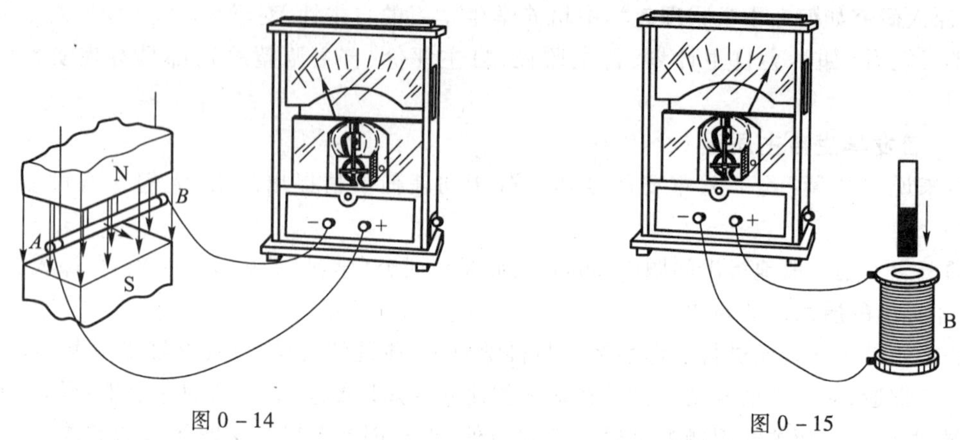

图 0－14　　图 0－15

学生分析、质疑 2:在图 0－16 所示实验中,不存在导体回路与磁极的相对运动,感应电流的方向又如何判断呢?在这种情况中,由于穿过闭合导体回路的磁通量发生变化,线圈 B 中才产生了感应电流。那么,线圈 B 中产生的感应电流对穿过线圈 B 的磁通量的变化也存在“阻碍”吗?

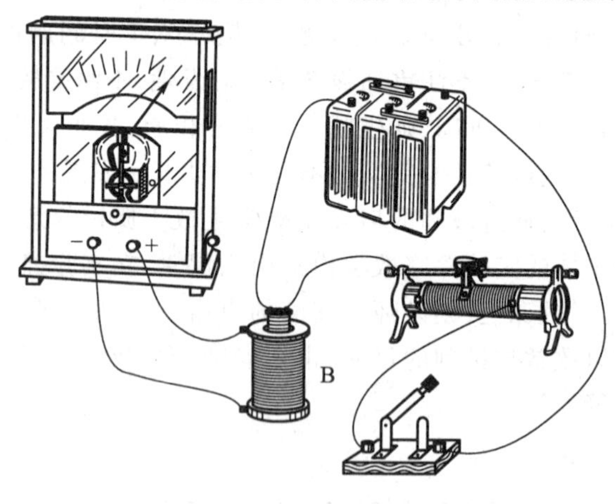

图 0－16

用图 0－16 装置进行实验研究,可以得出如下结论:感应电流具有这样的方向,感应电流的磁场总要阻碍引起感应电流的磁通量的变化。

学生分析、质疑 3:以上两种情况中,如果产生感应电流的原因是由于导体(回路)与磁极之间有相对运动,那么就可以从阻碍相对运动的角度判断感应电流的方向;如果产生感应电流的原因是由于穿过导体回路的磁通量发生变化,那么就可以从阻碍磁通量变化的角度判断感应电流的方向。因此,可以把这两种表述合二为一:感应电流具有这样的方向,感应电流的效果总要阻碍引起它的原因。这个实验规律(楞次定律)的实质到底是什么呢?

感应电流的效果总要阻碍引起它的原因,其实质就是:产生感应电流的过程必须遵守能量守恒定律。

好学生必须具有强烈的好奇心,有开放的心灵,有独立的思维,有个性。这就要求教师在课堂教学中要加强质疑教学,为学生提供宽松提问的环境,教师要有与学生交流的能力,要有鼓励的精神,特别要鼓励学生能独立思考,培养学生敢于质疑,勤于质疑,善于质疑。

4.2.2 帮助学生自主反思

学物理不能不做题,在物理教学中,相对而言,做题能够发挥学生主动性和创造性,审题和分析题设物理过程是学生能否正确运用学过的知识和原理去解决该问题的实质过程,题解出来后学生还应该回过头去想一想,想出各种办法来判断自己的对错,想一想是否还有更简洁的解法。这样的习惯,有利于提高学生的理解力和创造力。

对初学者来说,做题出错是难免的,重要的是如何减少乃至避免重复出错。许多学生在教师的指导下,能够通过建立错题档案的方式,积累自己的错题,主动查错改错,这是一种行之有效的方法。不过,在实施过程中,也有不少学生只是就题论题,没有透过错题表象深入剖析出错的根源——在建构新知识的过程中到底什么环节仍存在问题。教师应该像中医一样,通过“望、闻、问、切”,帮助学生学会自主反思,诊断出错的症结所在。

(1) 追溯到最初的观察和实验

学生在解决有些问题时出错,究其根源常常是在建构新知识的过程中对实验现象没认真观察,或对现象和事实缺乏深入研究,学生的直观感觉和潜意识与新知识还没有和谐统一起来。

【教学案例】

在解决关于静电感应的问题时学生出错的原因常在于此。学习静电场过程中,涉及静电感应的实验至少有三个:

实验1:如图0-17所示,取一对用绝缘支柱支持的导体A、B,使它们彼此接触。起初它们不带电。

(1) 感应分离:把带正电荷的球C移近导体AB,先把A和B分开,然后再移走C。问问学生A、B带不带电,带什么电。

(2) 感应接地:把带正电荷的球C移近导体AB,用手摸一下导体(摸A端,摸B端或摸A、B中间部位),然后再移走C。问问学生A、B带不带电,带什么电。

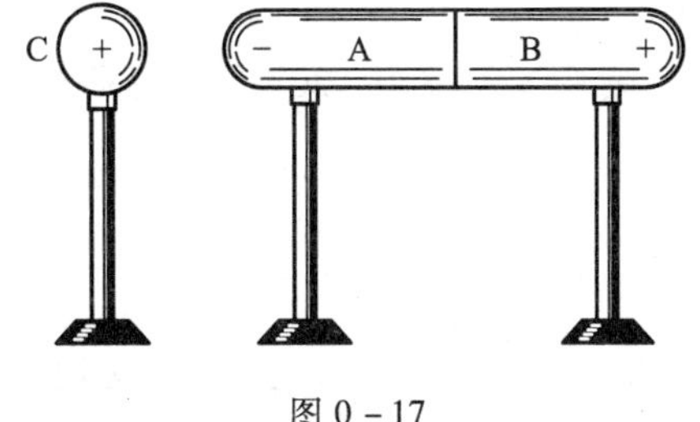

图0-17

教师应该像魔术表演一样,一步一步细致认真地演示给所有学生看,学生会被实验现象所吸引,带着好奇心去分析研究。教师要尽可能地引导学生把自己的直观感觉和潜意识暴露出来。如不少学生认为:感应接地时,摸A端导体会因为负电荷被导走而带正电;摸B端导体会因为正电荷被导走而带负电;摸A、B中间部位没有电荷被导走;在移走 C 后导体不带电。

教师可以借助验电器检验导体 A、B 的带电情况,用实验现象及其分析打破学生的直观感觉,让学生的潜意识跟事实交锋。

通过这个实验,学生初步认识了静电感应现象:当一个带电体靠近导体时,可以使导体带电。这种起电方式既没有接触,又没有摩擦,是利用静电感应使物体带电——感应起电。

实验 2:如图 0－18 所示,使带电的金属球靠近验电器,验电器的箔片张开。如果用金属网罩把验电器罩住,验电器的箔片就不张开。

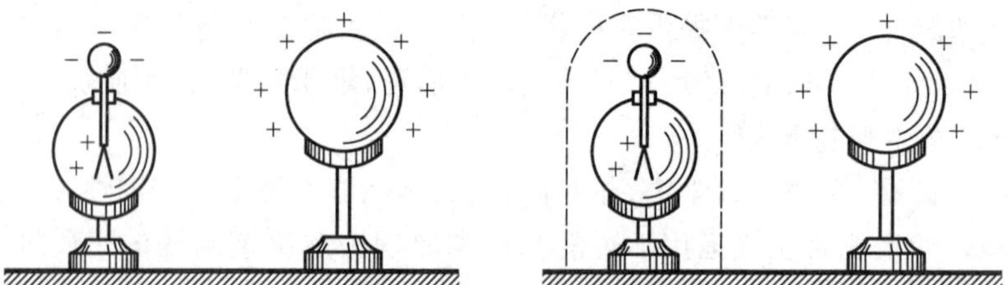

图 0－18

做这个实验的主要目的是为了认识静电屏蔽,但要想解释清楚为什么金属网罩能够把外电场“挡住”,还应当结合图 0－19 从理论上研究静电平衡导体的一些基本性质:导体内部场强处处为零;导体是一个等势体,导体表面是一个等势面;导体外靠近其表面地方的场强与表面垂直;带电导体电荷只分布在外表面上。因此,这个实验对进一步认识静电感应——静电场对导体的作用和导体对静电场的“响应”有着极其重要的意义。

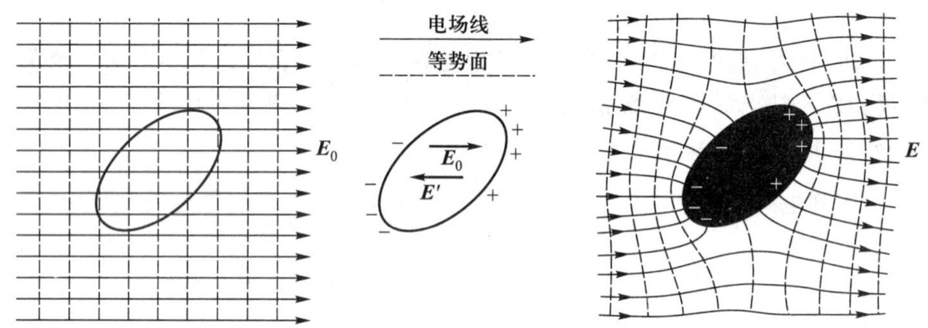

图 0－19

实验 3:如图 0－20 所示,是研究平行板电容器的电容跟哪些因素有关的实验。

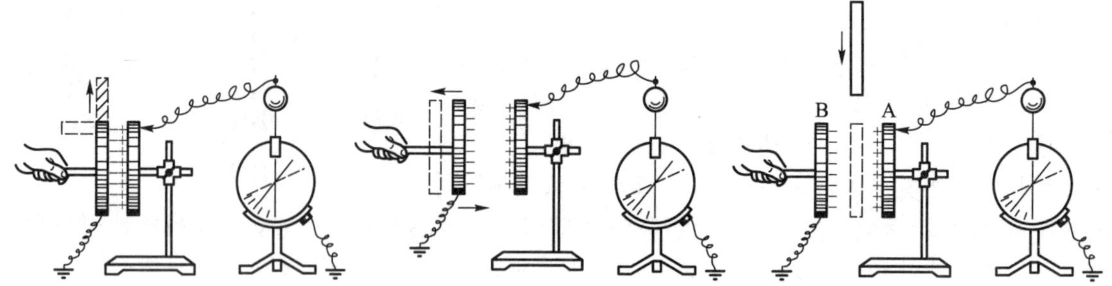

图 0－20

在做实验时，首先要给电容器充电，我们常常只是用一根与丝绸（或塑料纸）摩擦过的玻璃棒去接触电容器的右极板。那么，左极板是如何带上负电的呢？在这里，教师应该帮助学生分析其原因：接地的左极板由于静电感应而带负电。人站在地面上，用手随便摸左极板，电容器都不会放电。

在做以上三个实验时，如果教师确实是以学生为本的话，就会做给每一个学生看，课后允许没有看明白、弄清楚的学生来实验室自己动手做一做。一般来说，学生再遇到涉及静电感应的问题时就可能避免出错了。即使出错了，只要提醒学生重温一下做实验时的情境，想想看到的现象和事实，学生很可能就豁然开朗了。

（2）追溯到新旧知识的联系

学生在解决有些问题时出错，究其根源常常是在建构新知识的过程中没有彻底扬弃前概念，建立好新旧知识的联系，真正理解掌握新知识，形成有机的知识结构。

【教学案例】

不少学生在学习电场强度和电势的过程中，常常问这样的问题：电场强度跟电势到底有什么关系？

教师可以联系力学所学的知识来帮助学生理解：电场强度描述电场的力的性质，电势描述电场的能的性质。那么，在力学里，力和能是什么关系呢？

它们没有直接的关系，并不是力越大能就一定越多吧。同理，电场强度与电势也没有直接关系，电场强度大处电势未必高。力在空间的积累作用效果——功，引起能的变化，即功是能量转化的量度，也就是说，力是通过做功跟能建立联系的。所以，电场强度和电势的联系，是通过电场力做功建立起来的，这就是我们在匀强电场中研究的电场强度和电势差的关系 $E=\frac{U}{d}$。

4.2.3 讲课要“少而精”

多则惑，少则得。讲课少而精最能引导学生主动学习，并且学得好。少而精重点在于精。教师要博览群书，自己掌握的知识必须丰富、充实而且精通。如果教师自己的知识贫乏，不充实，不精通，本来是个较简单的问题也要大做文章，大讲特讲，就必然走到少而精的反面。

教师做到了讲课少而精，就可以留给学生多一些自主学习的时间，让他们有时间阅读、有时间反思、有时间做实验等。

改进教学方法，减轻学生的负担，绝不是放松学生的学习。学生的负担减轻后，自由支配的时间多了，更需要培养学生刻苦学习的精神，培养学生的自学能力和自学习惯，打好自主学习的知识、方法基础。

4.3 追求科学、人文、艺术的和谐统一

科学求真，人文求善，艺术求美。要上好一节物理课，不仅要重视科学教育，还应该渗透人文教育、艺术教育。

4.3.1 重视科学教育

教学的科学性主要体现在教学内容和教学方法两个方面。教学内容即教师向学生传授的知识必须是科学的，不能有科学性的错误。教学方法要符合学生的认知规律。中学生认识事物一般从感性到理性，由具体到抽象。教师的教学应该从学生的实际出发，多运用直观演示，多注意

启发引导，让学生多观察、多思考，使他们能听懂、学会。

当前教学的重点已经从单纯传授知识转移到培养学生思维能力上来。要使学生养成思考的习惯，就要加强教学的启发性。

【教学案例】

伽利略观察到在斜坡上运动的物体，从高处滑下来运动得越来越快，冲上斜面运动得越来越慢。于是他设计了一个对接斜面实验（图 0－21）。

图 0－21

演示 1：先在对接斜面上铺一块棉布，从一侧斜面上的某一高度处释放一个小钢球，观察小球的运动情况，用一面小旗标记出小球到达另一侧斜面的最高点。

演示 2：把棉布拿下来，再做一遍。

（注意：做完“演示 2”后，一定要停顿几秒钟，这个教学留白的时间，旨在让学生自主思考。）

通过对比，发现小球上升得更高了，但是比释放时的高度还是低一点。这是什么原因呢？

学生：有摩擦。

引导学生推理：摩擦大时上升的高度小，摩擦小时上升的高度大，假如没有摩擦呢？

学生：应该会上升到同样的高度。

演示 3：在从同一高度释放小球之前，先把另一侧斜面的倾角减小，释放小球，用小旗标记小球运动的最远距离。

现象：小球运动的距离变大了。

思考：这是为什么呢？

学生：机械能守恒。

可是，在伽利略那个时代还没有机械能守恒的思想。他又是怎么思考这个问题的呢？

我们前面已经有过推理：假如没有摩擦，从某一高度释放，小球能冲上另一侧斜面的同样高度。那么，倾角变小后，要想达到同一高度，小球运动的距离变大了。

进一步减小斜面倾角，小球运动的距离会变得更大。当一侧斜面的倾角减小到 0（变为水平面）时，会有什么现象呢？

演示 4：从斜面的同一高度释放小球，小球从斜面上滑下，在水平面上运动，最终从水平面上飞出。

引导学生推理：假如水平轨道足够长，而且没有摩擦，小球如何运动呢？

学生:永远运动下去!

结合图 0 - 22,带领学生再回顾一下伽利略设计的实验,引导学生认识到,伽利略的这个实验,是在事实的基础上经过合理的外推的理想实验。

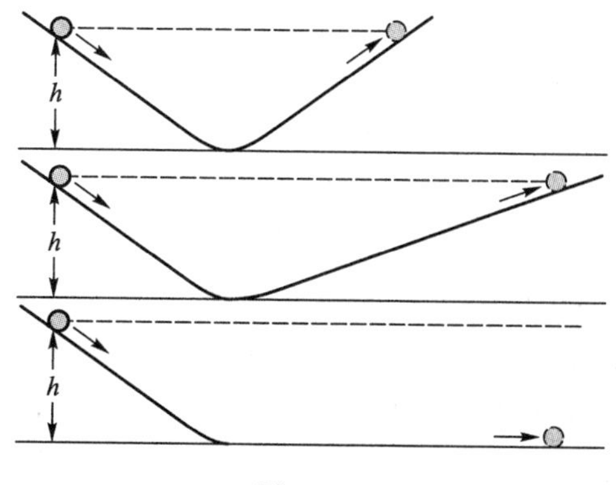

图 0 - 22

要启发好,教师就必须对所教知识深有体会。体会越深,启发越自如。教师可以用自己的理解过程深入浅出地引导学生。

要启发好,教师必须了解学生,尊重学生。什么程度的学生能回答什么水平的问题,学生可能存在哪些想法,要早有预见,早有对策。

启发是师生思想交流的动态过程。启发时,教师要眼看学生,从学生的眼神与面部表情所提供的反馈信息,及时调整问题的深度与广度。教师要认真听学生的回答,正确的要肯定,有独立见解的要表扬。

启发的成功表现在学生思维活跃,敢于发表看法,还能引起争论。既不要把学生思维强行纳入预设程序,又不能任意发展,漫无边际,冲淡主题。

4.3.2　渗透人文教育、艺术教育

教学是一门融动作、情感、语言、实验、板书等于一炉的综合艺术。因此,教师不仅要有较高的物理专业修养,还应该博览群书,涉猎书画、戏剧曲艺等,具有一定的人文、艺术修养,尤其要有一定的表演才能。教师可以根据自己的特长,发挥创造性,在三尺讲台上创造出一堂堂有声有色、生动和谐、具有人文精神与艺术特色的优秀课。

【教学案例】

在学习开普勒三定律之后,不妨说说开普勒的生活状况:

开普勒的一生,除了得到第谷的短期帮助外,几乎都是生活在逆境之中:父亲早年弃家出走,母亲脾气极坏。开普勒是七个月的早产儿,从小体弱多病,四岁时的天花在脸上留下疤痕,猩红热使眼睛受损,高度近视,一只手半残,又瘦又矮。但他勤奋努力,智力过人,一直靠奖学金求学。1609 年、1619 年他先后发表了关于行星运动的三个定律。1630 年,为了开展一项新的研究项目,到处讨要人家欠他的薪水,处处碰壁,最后病死在异乡的客栈里。

有人这样评说:第谷的后面有国王,伽利略的后面有公爵,牛顿的后面有政府,而开普勒所有的只是疾病和贫困。

凭借对天文学真实规律的执著追求和坚韧不拔克服种种困难的献身精神,开普勒在逆境中奋斗,终于把几千个数据归纳成如此简洁的几句话,这是极为杰出的成就。

开普勒享受了科学探究的乐趣,也享受了人生的满足,他的心境表现在自撰的墓志铭中:我曾测量天空,现在测量幽冥。灵魂飞向天国,肉体安详土中。

在教学中,教师要精神饱满,满怀激情。激情是讲课的魂,来源于对真善美的追求,对教学工作的热爱,对学生的热爱。

科学强调严谨,人文、艺术注重情感。前者以理服人,后者以情动人。情理结合就能拨动学生的心灵。

以上从“让学生体会到学习物理的乐趣”“培养学生学习的自主性”和“追求科学、人文、艺术的和谐统一”这三个方面,谈了我的一些教学体会。如果说今天的我有了一些感悟,取得了一点成绩,首先要感谢我的恩师们:朱锡民老师、彭梦华老师、郭震仑老师、陶昌宏老师、张维善老师、续佩君老师、郑鹉老师等前辈老师,深深感谢他们对我的悉心关怀和培养。还要感谢广大同仁对我的支持和帮助。不当之处,敬请批评指正!

第一章 >>>

高中物理课堂教学的科学性

教学的科学性主要体现在教学内容和教学方式两个方面。教学内容即教师向学生传授的知识必须是科学的,不能有科学性的错误,否则就会误人子弟。教学方式要符合学生认识事物的规律。中学生认识事物一般从感性到理性,由具体到抽象。教师的教学应该从学生的实际出发,多运用直观演示,多注意启发诱导,让学生多观察、多思考,使他们能听懂、学会。①

1 教学内容

物理学是一门自然科学。它起始于伽利略和牛顿的年代。物理学是研究物质运动最一般规律及其物质基本结构的学说。

不同的运动形式具有不同的运动规律,因而要用不同的研究方法处理。基于此,物理学分为力学、热学、电磁学、光学、原子物理学等部分。按照物理学的历史发展,物理学可分为经典物理与近代物理两部分,其中近代物理是相对于经典物理而言的,泛指以相对论和量子论为基础的20世纪物理学。

由于物理学研究的规律具有很大的基本性与普遍性,所以它的基本概念和基本定律是自然科学的很多领域和工程技术的基础。由于物理学知识构成了物质世界的完整图像,所以它也是科学世界观和方法论赖以建立的基础。

1.1 物理知识

高中物理知识包括力学、电磁学、热学、光学、近代物理知识等部分。各部分的知识内容及要求掌握的程度如下(对知识要求掌握的程度用数字Ⅰ、Ⅱ表示,其中Ⅰ的含义为“了解”和“认识”,Ⅱ的含义为“理解”和“应用”)。②

1.1.1 力学

【质点的直线运动】

(1) 机械运动. 参考系. 质点(Ⅰ)

(2) 位移. 路程(Ⅰ)

(3) 匀速直线运动公式及其图像(Ⅱ)

(4) 变速直线运动. 平均速度. 瞬时速度(简称速度). 速率(Ⅱ)

(5) 匀变速直线运动. 加速度. 匀变速直线运动公式及其图像(Ⅱ)

(6) 实验:研究匀变速直线运动

---

① 朱锡民. 展现物理教学的魅力. 北京:北京师范大学出版社,1997:41.

② 《普通高等学校招生全国统一考试北京卷考试说明(理科)》. 北京:开明出版社,2015:244.

【相互作用】

(7) 形变．弹力．胡克定律(Ⅱ)
(8) 滑动摩擦．动摩擦因数(Ⅱ)
(9) 静摩擦．最大静摩擦力(Ⅰ)
(10) 力是矢量．矢量和标量(Ⅰ)
(11) 力的合成和分解(Ⅱ)
(12) 实验:探究弹力和弹簧伸长的关系
(13) 实验:验证力的平行四边形定则

【牛顿运动定律】

(14) 牛顿运动定律及其应用(Ⅱ)
(15) 超重和失重(Ⅰ)
(16) 实验:验证牛顿第二定律

【质点的曲线运动】

(17) 运动的合成和分解(Ⅰ)
(18) 曲线运动中质点的速度、加速度(Ⅰ)
(19) 抛体运动(Ⅱ)
(20) 匀速率圆周运动．线速度和角速度．周期．向心加速度．圆周运动的向心力(Ⅱ)
(21) 离心现象(Ⅰ)
(22) 实验:研究平抛运动

【万有引力】

(23) 重力．万有引力(Ⅰ)
(24) 万有引力定律及其应用(Ⅱ)
(25) 第一宇宙速度(环绕速度)(Ⅱ)
(26) 第二宇宙速度和第三宇宙速度(Ⅰ)

【机械能】

(27) 功．功率(Ⅱ)
(28) 动能．动能定理(Ⅱ)
(29) 重力势能．重力做功与重力势能改变的关系(Ⅱ)
(30) 弹性势能(Ⅰ)
(31) 功能关系．机械能守恒定律及其应用(Ⅱ)
(32) 实验:探究动能定理
(33) 实验:验证机械能守恒定律

【动量】

(34) 动量．冲量．动量定理(Ⅱ)
(35) 动量守恒定律及其应用(Ⅱ)
(36) 实验:验证动量守恒定律

【机械振动和机械波】

(37) 简谐运动．简谐运动的振幅、周期和频率．简谐运动的公式和图像．振动中的能量转化(Ⅱ)

(38) 单摆．单摆周期公式(Ⅱ)

(39) 受迫振动．共振及其常见的应用(Ⅰ)

(40) 机械波．横波和纵波(Ⅰ)

(41) 横波的图像．波速、波长和频率(周期)的关系(Ⅱ)

(42) 波的叠加．波的干涉、衍射现象(Ⅰ)

(43) 多普勒效应及应用(Ⅰ)

(44) 实验:探究单摆的运动、用单摆测定重力加速度

1.1.2 电磁学

【静电场】

(45) 静电现象．两种电荷．点电荷(Ⅰ)

(46) 真空中的库仑定律．电荷量．电荷守恒(Ⅱ)

(47) 电场．电场强度．电场线．点电荷的场强．匀强电场．电场强度的叠加(Ⅱ)

(48) 电场对电荷的作用．电场力．电势能．电势差．电势．等势面(Ⅱ)

(49) 匀强电场中电势差跟电场强度的关系(Ⅱ)

(50) 静电感应．静电现象的应用与静电危害的防治(Ⅰ)

(51) 示波管．示波器及其应用(Ⅰ)

(52) 电容器的电容(Ⅰ)

(53) 平行板电容器的电容．常用电容器(Ⅰ)

(54) 实验:示波器的使用

【恒定电流】

(55) 电流．欧姆定律．电阻和电阻定律(Ⅱ)

(56) 电阻率与温度的关系(Ⅰ)

(57) 半导体及其应用．超导及其应用(Ⅰ)

(58) 电阻的串、并联．串联电路的分压作用．并联电路的分流作用(Ⅱ)

(59) 电功和电功率．串联、并联电路的功率分配．焦耳定律(Ⅱ)

(60) 电源的电动势和内电阻．闭合电路的欧姆定律．路端电压(Ⅱ)

(61) 电流、电压和电阻的测量:电流表、电压表和多用电表的使用．伏安法测电阻(Ⅱ)

(62) 常用传感器的工作原理(Ⅰ)

(63) 实验:测定金属的电阻率(螺旋测微器的使用)

(64) 实验:描绘小灯泡的伏安特性曲线

(65) 实验:把电流表改装成电压表

(66) 实验:测定电源的电动势和内阻

(67) 实验:多用电表的使用

(68) 实验:传感器的简单使用

【磁场】

(69) 电流的磁场(Ⅰ)

(70) 磁感线．地磁场(Ⅰ)

(71) 磁性材料．分子电流假说(Ⅰ)

(72) 磁感应强度．磁场对通电直导线的作用．安培力．左手定则(Ⅱ)

(73) 磁电式电表原理(Ⅰ)

(74) 磁场对运动电荷的作用．洛伦兹力(Ⅱ)

(75) 质谱仪．回旋加速器(Ⅰ)

【电磁感应】

(76) 电磁感应现象．磁通量．法拉第电磁感应定律．楞次定律(Ⅱ)

(77) 导体切割磁感线时的感应电动势．右手定则(Ⅱ)

(78) 反电动势(Ⅰ)

(79) 自感现象．日光灯．涡流(Ⅰ)

【交变电流】

(80) 交流发电机及其产生正弦式电流的原理．正弦式电流的图像和三角函数表达．最大值与有效值．周期与频率(Ⅱ)

(81) 电阻、电感和电容对交变电流的作用(Ⅰ)

(82) 变压器的原理．原、副线圈电压、电流的关系(Ⅰ)

(83) 电能的输送(Ⅰ)

【电磁波】

(84) 电磁场．电磁波．电磁波的周期、频率、波长和波速(Ⅰ)

(85) 无线电波的发射和接收(Ⅰ)

1.1.3 热学

(86) 分子动理论的基本观点．物体是由大量分子组成的．分子的热运动．布朗运动．分子间的相互作用力(Ⅰ)

(87) 阿伏伽德罗常量．温度和气体压强的微观意义．热力学温度(Ⅰ)

(88) 分子间的相互作用势能．物体的内能(Ⅰ)

(89) 热力学第一定律(Ⅰ)

(90) 能量守恒定律(Ⅰ)

(91) 实验:用油膜法估测分子的大小

1.1.4 光学

【光的折射】

(92) 光的折射定律．折射率(Ⅱ)

(93) 全反射．临界角(Ⅱ)

(94) 光导纤维(Ⅰ)

(95) 光的色散(Ⅰ)

(96) 实验:测定玻璃的折射率

【光的本性】

(97) 光的干涉现象．双缝干涉．薄膜干涉(Ⅰ)

(98) 双缝干涉的条纹间距与波长的关系(Ⅰ)

(99) 光的衍射现象(Ⅰ)

(100) 光的偏振现象(Ⅰ)

(101) 光谱和光谱分析．红外线、紫外线、X射线、γ射线以及它们的应用．光的电磁本性．电磁波谱(Ⅰ)

(102) 激光的特性及应用(Ⅰ)

(103) 能量量子化．光电效应．光子．爱因斯坦光电效应方程(Ⅰ)

(104) 光的波粒二象性．光波是概率波(Ⅰ)

(105) 粒子的波粒二象性．物质波(Ⅰ)

(106) 不确定性关系(Ⅰ)

(107) 实验:用双缝干涉测光的波长

1.1.5 原子物理学

【原子结构】

(108) 电子的发现．电子比荷的测定(Ⅰ)

(109) α粒子散射实验．原子的核式结构(Ⅰ)

(110) 氢原子的能级结构．光子的发射和吸收．氢原子的电子云(Ⅰ)

【原子核】

(111) 原子核的组成．天然放射现象．α射线、β射线、γ射线．衰变．半衰期(Ⅰ)

(112) 原子核的人工转变．核反应方程．放射性同位素及其应用．人类对物质结构的认识(Ⅰ)

(113) 放射性污染和防护(Ⅰ)

(114) 核能．质量亏损．爱因斯坦的质能方程(Ⅰ)

(115) 重核的裂变．链式反应．核反应堆(Ⅰ)

(116) 轻核的聚变．可控热核反应(Ⅰ)

1.1.6 单位制

(117) 单位制．中学物理中涉及的国际单位制的基本单位和其他物理量的单位,包括摄氏度(℃)、小时、分、千瓦时、电子伏(eV)等(Ⅰ)

1.2 物理能力

物理能力是指学生在物理学习中必然获得发展的、直接影响个体完成相应学习任务的心理特征。[1]在物理教学环境的作用下,物理能力的形成实质是一个学习的过程。在学习中技能、方法、能力等,都与知识一样,是学习内容的重要成分。能力的形成,无论是学生自己从外界获得的

① 续佩君．物理能力测量研究．南宁:广西教育出版社,1996:3.

经验性的方法,还是学生从师长处学到的各种处理事物的方法、步骤、思路等,都必须通过自身实践运用,亲自去完成实际的任务,才能变成个体的心理特征。在物理教学的过程中,教师要注重发展学生的能力。

1.2.1 物理观察能力

物理观察,是在既定条件下,以知觉物质及其运动中的物理因素,它们的形象、变化及其相互关联为目的的一种观察。所谓既定条件,是指导致物理现象或物理过程发生、形成、发展的各种直接的与较为直接的原因。按既定条件的成因,物理观察分为自然观察和实验观察。

自然观察的特点是:直接——只需要用眼睛去看周围存在的物理事物,不需要其他的条件;丰富——自然界存在、发生的物理现象是各式各样、数量极大的;方便——不需要自己创造现象,随时随地都可以进行观察。人类对自然界的认识最初是从对周围现象的自然观察得到的,许多科学实验是在自然观察的启发下进行的。自然观察根据观察方式的不同可分为随意观察和定向观察。

实验观察是物理观察的主要内容。做实验包括“看”“做”“想”,也就是动眼、动手、动脑。动眼就是观察实验,动手就是实验操作,动脑就是对实验的思考。做好实验观察是完成实验的保证。实验观察虽然把范围局限在课堂,但是,它不仅可以重复再现自然界中的物理现象,还能做到比自然要更集中、更具有典型意义。实验观察的内容比起自然观察要更丰富、更系统、更精确、更科学。实验观察包括实验仪器的观察、物理测量的观察和实验现象的观察。

物理观察能力,即顺利进行观察并实现观察目的的个性心理特征。物理观察能力的层次可分为:

(1) 对学习物理知识的器具的观察。这一层次的主要要求是了解观察对象直观显示的内容。

(2) 对物理现象和物理过程的观察。这一层次的主要要求是了解全部的或特征的物理内容,了解有关物理量随时间和空间的变化情况。比如,全面观察物理现象和物理过程;观察某一现象和过程中的物理因素和诸因素中的主要因素;观察物理现象和物理过程的主要特点和相关的细节特征;观察物理现象和物理过程发生、发展的条件和规律性。

(3) 养成自觉观察物理现象的习惯。这一层次的主要要求是自觉观察生活和大自然中的物理现象,激发学习物理的兴趣,在课外学习和日常生活中培养观察能力。

(4) 在物理观察中提出质疑。这一层次的主要要求是善于在观察中提出问题,并且在观察的最后阶段对问题认真地分析,反复地推敲,正确地选出质疑的问题,并反映在观察结论之中。

(5) 制定物理观察计划和表述观察结论。这一层次的主要要求是宏观地反映一个物理观察的全过程。本层次特点是综合性较强,不仅用到物理观察能力,还需要一定的分析概括能力和某些心智技能。

物理观察的步骤:确定物理观察的目的、对象和具体内容,选择、调整观察方法,进行观察记录,提出质疑或新的观察计划。

从观察效果的角度来分,物理观察方法有:整体观察、局部观察、现象观察、过程观察、特点观察、印象观察等。除以上观察方法外,还常常辅助一些观察技巧:连续观察、重复观察、跟踪观察、综合观察、对比观察、转换观察等。

1.2.2 物理实验操作能力

物理学是一门以实验为基础的科学,物理学中许多重要的定律、概念和理论是通过物理实验,对大量的实验现象进行分析、归纳、比较和综合后总结出来的。物理实验是物理学习的一个重要方面。高中物理实验能够加深学生对物理概念和规律的理解,有助于学生能力的发展,有利于学生学习科学实验的方法,有利于培养学生科学的态度。

物理实验,是以掌控物理要素及其相互规律为目的,人为复制和调控物质运动的状态与过程的一种科学实践活动。物理实验的基本特征,是通过人工复制和调控,减小次要因素的干扰,突出研究对象的研究的过程,且便于重复操作。

物理实验的过程是一个动眼动手动脑的过程,其全过程包括:从质疑出的问题开始,经设计、实践、分析和排除异常现象,到分析实验现象和数据,分析误差,写出实验报告的系列活动。

物理实验能力,即顺利进行物理实验并完成实验目的的个性心理特征。它包括操作和思维两种能力。思维是使操作得以沿着正确方向顺利进行的一种保证。物理实验的操作总是灵活多样的,预料之外的情况是经常发生的,因此,实验能力中的思维是一种综合性的思维,它是分析、综合、归纳、演绎,以及动作、形象、直觉等各种思维的综合应用。

物理实验的操作能力主要是指,掌握仪器操作、设备的组装、数据的记录和处理、故障的排除等能力。具体说来可包括以下几方面的要求:

(1) 基本仪器的使用。对中学物理实验所用的基本仪器的性能、读数、操作方法等都要掌握,能够规范地、基本熟练地进行实验操作。因此,实验要真做,要求全体学生亲自动手操作仪器,对于不常见的仪器要给学生提供多次使用的机会。

(2) 独立完成实验操作。能否独立地完成实验,是考查学生是否具有实验操作能力的标准。教师要创造条件,并严格要求学生亲自动手做实验。要求学生在明确实验目的、理解实验原理的基础上,自己设计实验步骤和数据记录表格,自己动手安装和组合实验仪器,根据仪器的精度读取数据。教师还应该指导学生能初步排除简单的实验故障。

(3) 分析物理实验现象和实验数据,得出恰当的物理结论。实验数据处理的常用方法有列表法、图像法、解析法等。无论用何种方法,无论是定性实验还是定量实验,重要的一点是,应该对完成的实验有一个明确的结论。即使对验证性实验,亦是如此。若实验结论中有意料之外的成分,还应予以特别的讨论。中学对有效数字的教学要求不高,要求知道直接测量量的有效数字位数,处理实验数据时,运算结果一般保留两位或三位有效数字就可以了。

(4) 运用误差理论分析物理实验。这是一种较高层次的能力,在中学做了较大幅度的下调。不过,在高中物理教学中,要让学生理解误差研究是物理实验中的一个重要问题,而不在于让学生用误差知识解决什么具体问题。在中学,并不要求学生估计误差,但是培养学生根据实验原理和仪器的情况以及实验环境等客观条件,对实验可能出现的系统误差作出物理的定性分析,知道如何减小偶然误差,是可能的,也是必要的。

(5) 写出实验报告。写实验报告时,除对简单的以直接测量结果为目的的实验以外,均应重视实验原理的书写。理解并简要表述实验原理,是将物理概念、规律直接应用于实验的过程。它可以表明,一个物理实验的测量过程据何而来,该实验的结果究竟为什么能实现该实验的目的。这就要求学生对实验原理要真懂。对测定性实验和验证性实验,实验结果可能是一个值或一种已知的关系。对探究性实验来说,实验结果可能是几个系列的值,研究它们的关系便可以完成实验目的。在原理和步骤的表述中,均应该注重以图代话,且图注中的字母、文字、符号等必须与表述对应。

(6) 设计简单的物理实验。提倡和鼓励学生根据所学知识进行独创性的实验设计,是十分有益的。不过,要求不能太高,可以在教师的指导下完成。在设计实验时,应侧重实验方案设计的规范性、创造性与可行性。其中可行性的含义是,可比较稳定地重复操作并每次均获得有一定误差的结果。

1.2.3 物理思维能力

物理思维即物理学中的科学思维。其重要作用是将物理观察和物理实验所得到的感性认识,上升为理性认识,并从已有的理性认识获得新的理性认识。

物理思维能力,即顺利进行物理思维并获得正确思维结论的个性心理特征。物理思维能力的基本层次可分为:对物理事实作出直觉判断,对物理学习对象进行联想,选择特定标准进行比较,使新旧物理知识发生联系,对具体物理结论进行概括,对物理事实和实验数据进行归纳,运用物理概念规律进行演绎,根据研究目的思考相关因素,深化物理概念和规律的学习。

在中学物理中频繁出现的、形势稳定的且卓有思维成果的形式逻辑思维方式,外显为方法,主要有分析、综合、比较、抽象、概括;外显为形式,主要是物理概念、物理判断和物理推理;外显为思路或思维程序,主要是质疑与释疑、唯象与机理、假说与验证等。

(1) 物理思维的基本方法

分析 将对象先分解为部分,然后逐一加以研究的逻辑方法。分析的方法,便于对整体事物当中局部的、个别的、特殊的性质加深认识。这一认识是最终认识整体事物的基础。

综合 将分立的研究对象或分析后的各部分的结论重新结合,并纳入一个新的整体认识的逻辑方法。显然,此时对事物的整体认识,已经明显深化于将其分解之前的整体认识。"重新结合"的成功关键,在于正确确定相互的衔接点。

在实际的思维过程中,分析与综合的方法不是简单的并列使用或交替使用,而是互相依存、互相渗透和互相转化的。从全过程来看,则是分析—综合—再分析—再综合……直至达到理性认识的某一阶段为止。

比较 找出几个或几类事物间的共同点与差异点的逻辑方法。比较是在全面的基础上展开,在本质的相同点或不同点上集中。本质性的同异,乃是科学比较的重点。

抽象 抽出研究对象的本质内容,舍弃非本质内容的逻辑方法。物理学中的抽象又可根据所使用的具体方法分为物理抽象和数学抽象。物理抽象是指在观察、实验的基础上,用科学抽象的方法建立物理概念或物理模型。数学抽象是指对物理抽象后的概念与理想化模型,或对观察实验所得出的物理结论,进行数学描述,形成物理量或形成物理结论的数学表达式。

概括 将个别事物属性的认识推广到同类事物的全体对象,形成对该类事物的一种普遍性认识的逻辑方法。概括的特点是从个别现象中发现同类对象的共同性。概括分经验概括和理论概括,前者是指将待概括的内容用归纳的方式直接推广到同类事物,完成概括;后者是指结合理论的演绎,推广到同类事物亦必然具有该待概括的内容,然后再完成概括。

(2) 物理思维的形式

物理概念 揭示研究对象具有的物理属性的一种思维方式。物理概念包含的所有内容即为物理概念的内涵;该概念的使用范围,以及它解释的一切事物,即为物理概念的外延。定量的物理概念又称为物理量。按定义的方法不同分为基本量和导出量。

物理判断 运用已有的物理概念对所研究的物理内容作出肯定或否定结论的一种思维形式。物理概念的定义就是一种肯定的判断。物理规律的表述也都是物理判断,由于物理学的规律都是因果性的,因此它们的表达多采用条件判断,即断定某一事物要具有某一属性,须依赖某种条件的复合判断。物理学中一切物理判断都要由实验(实践)作出最终的裁决。

物理推理 由一个以上的物理判断获得另一个新的物理判断的思维形式。根据获得新判断的过程,通常将物理推理分为归纳、演绎与类比推理。由个别性的物理判断推出一般性的物理判断,即物理归纳推理。根据归纳所依据的那些个别物理判断的数量,物理归纳又分成简单枚举归纳、科学归纳和完全归纳。由一般性的物理判断推出个别性的物理判断,即为物理演绎推理。根据不同物理研究对象在某些方面具有相同点的几个物理判断,推出它们在另外的方面也可能相同的新物理判断,即物理类比推理。逻辑学认为,类比推理的结论是或然的。减少类比推理的或然性,提高其正确性的基本方法,是广泛地比较两个事物的属性,共同的属性越多,类比推理的正确性越大。当然,物理类比推理的结果必须接受实验的检验。

(3) 物理思维的基本思路与程序

质疑 不是一般地提出问题,而是首先对研究(学习)的内容经过独立深入充分分析提出的质询性的问题。它并非属于科学家的专利,中学生也同样可以提出质疑。这种“深入充分分析”的形式,通常表现为从不同的角度分析同一个问题,却呈现出相悖的结论。质疑的思维基础是思维的理性批判。质疑不仅是思维的开始,正确的质疑往往还是成功的开始。质疑的提出体现了发现问题到提出问题的能力;质疑的过程是求索;质疑的本质是求真而进行的理性批判与科学求证;质疑的最终效果(释疑形成共识后)对物理学而言是创造,对学生而言则是知识的运用或新知识的建立,以及加深学生对物理概念规律的理解,使所学的相关知识融汇贯通,除此而外还是创新意识和实践能力的培养,更是从权威主义或教条主义人格或附庸性人格向健康人格的自我发展。

假说与验证 为释疑而提出的尚未经实践(实验)证明的逻辑命题或逻辑体系称为假说。为考察假说或其他推理的正确性而进行的实践(实验)活动称为验证。假说的基本特征为:力求解释全部的质疑;尽量使用已有理论,必要时才补充新理论;它应是诸多释疑方案中最佳的最可靠的解释。验证的方法主要是物理实验。在物理学发展中,验证的内容主要是由假说出发,按物理演绎推出某种预言,这种预言可能被实验证实,也可能在实践中发生。一般说,实现了预言的结果,假说就得到了验证。

唯象与机理 不涉及问题的微观机理,只从宏观现象上充分占有问题的条件和结论,称为唯象性处理。从微观机理上释疑,称为机理性处理。唯象性处理得到的结论是唯象理论。在物理学中进行唯象性处理,思考的侧重点不是为什么,而是是什么;思考的基础是与质疑有关的,甚至是彼此相类似的大量实验材料;思考的成果主要体现为实验定律,而不是物理定理、原理。在质疑问题的微观机理一时难以清晰的条件下,先对其采取唯象性处理,然后采取机理性处理,便是释疑的一种有效的思维方法。

1.3 物理学史

物理学史,研究人类对自然界各种物理现象的认识,研究物理学发生和发展的基本规律,研究物理学概念和思想发展和变革的过程,研究物理学是怎样成为一门独立学科,怎样不断开拓新领域,怎样产生新的飞跃,它的各个分支怎样互相渗透,怎样综合又怎样分化。只有了解了物理学发展的历史,才能更深刻地认识物理学的宏伟壮观。①

在高中物理教学中,从物理实验事实和物理发展史实出发,具体地引入物理概念,用历史的方法揭示物理概念的内涵,可以让学生有身临其境的参与感,了解物理概念的形成、发展、演变过程,对物理概念的来龙去脉以及它们之间的相互联系,有较为深入和全面的理解。合理剪裁物理学史,融入课堂教学,不仅能让学生加深对物理知识的理解,更重要的是可以开阔眼界,思想活跃,从前辈科学家的创新活动中,学习他们处理问题的具体研究方法,学习他们对待困难和逆境的态度,坚持不懈、顽强拼搏的毅力,灵活机动的风格,敏锐的观察和一针见血的洞察力,以及为科学献身的精神,从而让学生体会到物理文化的博大精深。

物理学史是物理学本身的重要组成部分。脱离开物理学史去讲物理学的概念、原理和规律,不仅不能从前辈物理学家的科学思维方式和研究方法中得其精髓有所借鉴,而且对概念、原理和规律的理解和认识也必将失之肤浅和表面。从培养人才的目标出发,学生更为需要的与其说是作为研究结果的赤裸裸的知识,不如说是研究方法和研究能力。离开引向研究结果的发展本身去把握结果,就几乎等于没有结果。

物理学史的核心内容是前辈物理学家的科学成果和获取成果的思维方法,包括科学问题的提出和深化、问题解决过程中的关键、做出主要贡献的科学家的科学思维方式和研究方法、科学结论成果的内涵和外延的精髓、理论意义和实践价值、局限性及其可能的发展方向。在高中阶段,与物理教学内容相关的科学内容的发展史主要有:

伽利略对自由落体运动的研究,牛顿运动定律的确立,万有引力定律的建立,功能关系的认识过程及机械能守恒定律,库仑定律的历史背景及认识,场观点的提出与发展,奥斯特实验和法拉第实验及电磁感应定律的建立,焦耳实验与热力学第一定律的确立,光的粒子性与波动性的博弈,光是一种电磁波的提出与实验验证,能量量子化的提出,物质波的提出与证实,原子及原子核结构的发现,核武器的研制与科学家的价值观的冲突,等等。

以下列举了几个与高中物理教学密切相关的物理学史片段。

1.3.1　伽利略

(1) 落体研究

西方有句谚语:"对运动无知,也就是对大自然无知。"运动是万物的根本属性。

在16世纪以前,亚里士多德(公元前384—前322)的运动理论居统治地位。他把万物看成是由四种元素——土、水、空气及火组成,四种元素各有其自然位置,任何物体都有返回其自然位置而运动的性质。他把运动分为自然运动和强迫运动。其中,重物下落是自然运动。既然重物下落是物体的自然属性,物体越重,趋向自然位置的倾向性也就越大,所以下落速度也越大。亚里士多德的运动理论基本上是错误的,但这一理论毕竟从原始的直接经验引申而来,有一定的合理成分,在历史上也起过进步作用。后来被宗教利用,直至16世纪,被人们敬为圣贤之言,不可触犯。

因此,批驳亚里士多德关于运动的错误理论,不仅是一个自然哲学的基础问题,也是把自然

① 郭奕玲,沈慧君. 物理学史. 2版. 北京:清华大学出版社,2006:前言.

科学从神学解放出来的一场思想革命。

16 世纪末，意大利物理学家伽利略(1564—1642，图 1－1)对亚里士多德的论断表示了怀疑。1638 年，他在《关于力学和运动两门新科学的谈话》中设想了一个“落体佯谬”的理想实验：根据亚里士多德的论断，一块大石头的下落速度要比一块小石头的下落速度大。假定大石头的下落速度为 10，小石头的下落速度为 1，当我们把两块石头捆在一起时，大石头会被小石头拖着而减慢，结果整体的下落速度应该小于 10。但是，两块石头整体的重量比大石头还要重，因此整体下落的速度应该比 10 还大。这样，就从“重物比轻物下落得快”的前提推出了与前提相矛盾的结论，这使亚里士多德的理论陷入了困境。为了摆脱这种困境，伽利略认为只有一种可能性：重物与轻物应该下落得一样快。

图 1－1 伽利略

在此基础上，伽利略建立了描述运动所需的概念，诸如平均速度、瞬时速度和加速度等。他相信自然界是简洁明了的，从这个信念出发，他猜想落体运动一定是一种简单的变速运动，即速度是均匀变化的。他做了两种假设：一种是速度的变化对时间来说是均匀的；一种是速度的变化对位移来说是均匀的。

如果速度 v 与位移 x 成正比，将会推导出十分复杂的结论，因此，伽利略开始用实验来检验速度 v 与时间 t 成正比的假说是否正确。

由于那个时代技术局限，无法直接测定瞬时速度，伽利略通过数学运算得出结论：如果物体的初速度为 0，若 $v \propto t$，则 $x \propto t^2$。这样，只要测出物体通过不同位移所用的时间，就可以检验这个物体的速度是否随时间均匀变化。

由于落体下落得很快，当时的滴水计时工具无法测量这么短的时间。伽利略让铜球沿阻力很小的斜面滚下，“冲淡”重力，运动时间变长，从而可以测量。他做了上百次实验，结果表明，小球沿斜面滚下的运动的确是速度随时间均匀变化(匀加速运动)，即 $v \propto t$，而且只要斜面倾角一定，即使换不同质量的小球，从不同高度开始滚动，加速度都是相同的。增大斜面倾角，小球的加速度就会增大。伽利略将上述结果做了合理的外推：如果斜面的倾角增大到 90°，小球的运动就是自由落体运动了，这时小球仍会保持匀加速运动的性质，而且所有物体下落时的加速度都是一样的。

图 1－2 伽利略在做斜面实验(油画)

（2）惯性原理

亚里士多德的强迫运动理论认为，要让物体做强迫运动，必须有推动者，即施力者，力一旦去除，运动即停止。这是人们日常生活中的经验，几乎每个人都有，而且印象深刻，根深蒂固。

伽利略领悟到，将人们引入歧途的是摩擦力或空气、水等流体的介质阻力，这是人们在日常观察物体运动时难以完全避免的。为了得到运动问题的正确线索，除了观察和实验以外，还需要抽象的思维。

1632 年，伽利略在《关于托勒密和哥白尼两大世界体系的对话》中，论证地动说时，提出了他的惯性原理：物体的加速和减速是外力影响的结果，当一个运动的物体不受外力时，将保持它的匀速运动状态，从而反驳了亚里士多德关于外力维持物体运动的说法。伽利略认为，在现实生活中，在水平面上运动的物体，撤去外力后，运动得越来越慢，最后停下来，这并非是它的“自然本性”，而是由于摩擦力的原因。伽利略观察到，表面越光滑，物体会运动得越远，于是他推论，若没有摩擦，物体将永远运动下去。

在《关于力学和运动两门新科学的谈话》中，伽利略又设想了一个理想实验，彼此相对地安置两个斜面，倾角相等。当球从其中一侧斜面的顶端滚下后，即沿另一侧斜面向上滚，达到与原来差不多的高度。他推论，只是因为摩擦力，球才没能严格地到达原来的高度。然后，他减小另一侧斜面的倾角，球仍能达到同一高度，但这时他要滚得远些。另一侧斜面的倾角越小，球达到同一高度需要滚得越远，显然，若将另一侧斜面放平，球永远不能上升到那个高度，它将永远运动下去。

伽利略通过这个理想实验，找到了解决运动问题的真正线索，形成了与亚里士多德不同的结论：物体的运动并不需要外力来维持，只有运动的变化才是外力作用的结果。物体不受外力作用时，将永远匀速地运动下去。

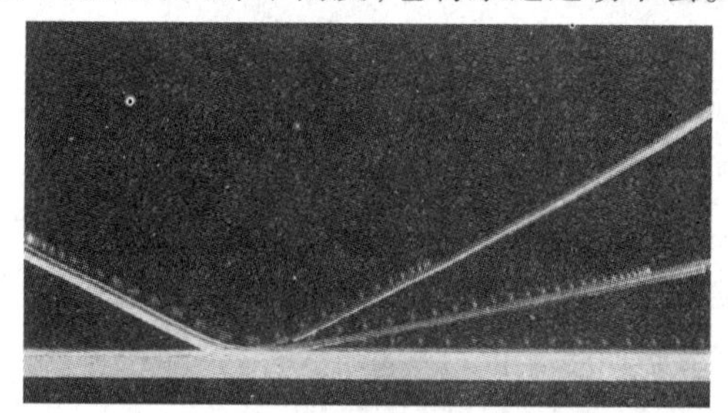

图 1－3　现代人所做的伽利略对接斜面实验的频闪照片

当然，伽利略所讲的“水平面”是各部分和地心等距离的球面，他所讲的水平面上的运动指的不是直线运动，而是环绕一个中心的圆周运动，所以不能算作牛顿力学“惯性定律”的准确表述。

（3）科学研究方法

伽利略对运动的研究，创造了一套对近代科学的发展极为有益的科学方法：对现象的一般观察→提出假设→运用数学和逻辑的手段得出推论→通过物理的或理想的实验对推论进行检验→对假设进行修正和推广等。这个方法的核心是把实验和逻辑推理（包括数学演算）和谐地结合起来，从而发展了人类的科学思维方式和科学研究方法。

伽利略之前的科学踯躅于泥途荒滩，千年徘徊。从伽利略开始，大师辈出，经典如云，近代科学的大门从此打开了。

爱因斯坦在《物理学的进化》中评论说：“伽利略的发现以及他所应用的科学的推理方法是人类思想史上最伟大的成就之一，而且标志着物理学的真正开端。”

1.3.2　牛顿

（1）牛顿的《自然哲学的数学原理》

1687 年，牛顿发表了他的代表作《自然哲学的数学原理》（简称《原理》），这部伟大著作的出版,标志着经典力学体系的建立。

《原理》第一部分包括"定义和注释"与"运动的公理或定律"。

牛顿定义了质量、动量、惯性和力:

定义 1 物质的量是物质的度量,可由其密度和体积共同求出。

定义 2 运动的量是运动的度量,可由速度和物质的量共同求出。

定义 3 vis insita,或物质固有的力,是一种起抵抗作用的力,它存在于每一物体当中,大小与该物体相当,并使之保持其现有的状态,或是静止,或是匀速直线运动。

定义 4 外力是一种对物体的推动作用,使其改变静止的或匀速直线运动的状态。

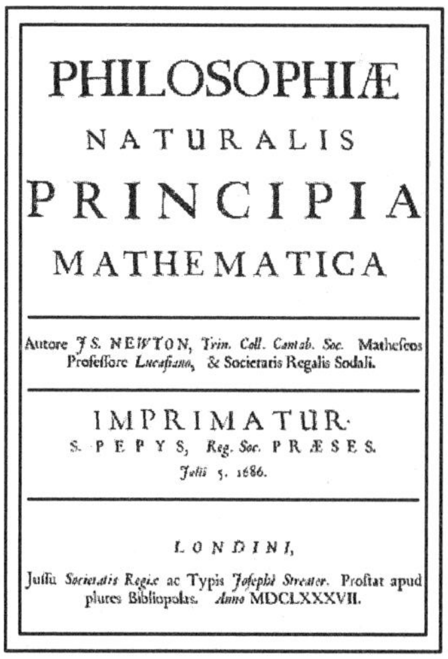

PHILOSOPHIÆ
NATURALIS
PRINCIPIA
MATHEMATICA

Autore JS. NEWTON, Trin. Coll. Cantab. Soc. Matheseos Professore Lucasiano, & Societatis Regalis Sodali.

IMPRIMATUR.
S. PEPYS, Reg. Soc. PRÆSES.
Julii 5. 1686.

LONDINI,
Jussu Societatis Regiæ ac Typis Josephi Streater. Prostat apud plures Bibliopolas. Anno MDCLXXXVII.

图 1-4 《自然哲学的数学原理》第一版扉页

牛顿以公理的形式提出了运动三定律:

第一定律 每个物体都保持其静止或匀速直线运动的状态,除非有外力作用于它迫使它改变那个状态。

第二定律 运动的变化正比于外力,变化的方向沿外力作用的直线方向。

第三定律 每一种作用都有一个相等的反作用;或者,两个物体间的相互作用总是相等的,而且指向相反。

对于第二定律,牛顿当时指出了力(F)的作用同动量(mv)的变化成正比,这是不完全的。直到 1750 年,瑞士数学家欧拉(1707—1783)才指出应该是动量的时间变化率与外力成正比,即 $F \propto \dfrac{\mathrm{d}(mv)}{\mathrm{d}t}$。

《原理》第二部分的第一篇讨论万有引力定律和有心运动问题,其中包括了有心力场的保守性、二体运动问题以及两个较小物体围绕一个很大的物体在共同平面上运动等问题。第二篇讨论了物体在有阻力的介质中的运动。第三篇的总题目是"宇宙体系",讨论行星、卫星、彗星的运动,地面上的落体运动和抛射体运动,岁差以及潮汐现象等。

在《原理》中牛顿提出了力学三定律和万有引力定律,对宏观物体的运动给出了精确的描述。他把地面上物体的运动和太阳系内行星的运动统一在相同的物理定律之中,总结和发展了他以前的物理学的全部重要成果,把这些逻辑上各自独立的物理概念和物理定律,发展成为能够表述因果性的一个完整体系。《原理》是物理学发展史上一部光辉的经典著作,它以严谨的体系和丰富的内容完成了物理学史上的第一次大综合。

(2) 发现万有引力定律

根据牛顿的信件,可以证明在他年轻的时候因瘟疫在乡下居住时,确曾研究过数学和天文学,并思考过引力问题,他写道:"在 1665 年的开始……11 月间发现了微分计算法;第二年……5 月开始研究积分计算法。这一年里我还开始想到重力是伸向月球的轨道的,同时在发现了如何来估计一个在天球内运动着的天体对天体表面的压力以后,我还从开普勒关于行星的周期是和行星轨道的中心距离的 3/2 次方成正比的定律,推出了使行星保持在它们的轨道上的力必定要和它们与它们绕之而运行的中心之间的距离的平方成反比例。而后把使月球保持在它轨道上所需要的力和地球表面上的重力作了比较，并发现它们近似相等。所有这些发现都是在1665年和1666年的鼠疫年代里作出来的。”这封信写于1714年，二百多年来，人们都是根据这封信以及其他一些文献资料来说明牛顿的创造经过的。这封信说明至少在《原理》发表22年以前，牛顿就已经开始了引力问题的思考。

图1－5　牛顿

牛顿（图1－5）在大学学习期间，接触到亚里士多德的运动理论，后来，又读到伽利略和笛卡儿的著作，受他们的影响，开始了动力学的研究。开普勒和布里阿德的天文学工作启示了他对天文学的兴趣，使他产生了证明布里阿德的引力平方反比关系的想法，布里阿德曾在1645年提出一个著名假设，从太阳发出的力应与距太阳的距离的平方成反比例。而开普勒则猜想太阳与行星之间靠磁力作用。1664年上半年，牛顿摆脱了亚里士多德的影响，转而接受伽利略重视实验和数学的观念。笛卡儿关于寻求“自然的第一原因”的思想，也大大激励了牛顿。惯性定律、碰撞规律和动量守恒以及圆周运动的解析，就是直接从笛卡儿的著作中学习到的成果。在牛顿的手稿中，令人特别感兴趣的，是他在1665—1666年写在笔记本上未发表的论文。在这些手稿中，提到了几乎全部力学的基础概念和定律，对速度给出了定义，对力的概念作了明确的说明，实际上已形成了后来正式发表的理论框架。他还用独特的方式推导了离心力公式。离心力公式是推导引力平方反比定律的必由之路。惠更斯直到1673年才发表离心力公式。牛顿在1665年就用上了这个公式，肯定是他自己独立思考的成果。

1679年，这时牛顿已经将力学问题搁置了十几年，在这期间，他创立了微积分，这一数学工具使他有可能更深入地探讨力学问题。这年年底，牛顿意外地收到了胡克的一封来信，询问地球表面上落体的路径，牛顿在回信中错误地把这个轨迹看成是终止于地心的螺旋线。经胡克指出，牛顿承认了错误。但在回答胡克第二封信时又出了错，他推证了一种轨道，是在重力等于常量的情况下作出的。胡克于是再次复信，指出错误，说他自己认为重力是按距离的平方成反比变化的。这些信成了后来胡克争辩“万有引力定律”发现权的依据。牛顿则认为自己早已从开普勒第三定律推出了平方反比关系，认为胡克在信中提出的见解缺乏坚实的基础，所以一直拒绝承认胡克的功绩。其实，胡克的提示对牛顿是重要的，胡克第一个正确地论述了圆周运动，建立了完整的概念，他把圆周运动看成是不平衡状态，认为有某种力持续地作用于做圆周运动的物体，破坏它的直线运动，使之保持闭合路径。

1673年惠更斯提出了离心力公式之后，不止一个人先后从开普勒第三定律推出了平方反比定律，其中有哈雷和雷恩。在一次聚会中，哈雷、雷恩和胡克谈论到在平方反比的力场中物体的轨迹形状。当时胡克曾声称，可以用平方反比关系证明一切天体的运动规律，雷恩怀疑胡克的说法，提出如果有谁能在两个月给出证明，他愿出40先令作为奖励。胡克坚持说他确能证明，只是不愿先公布，为的是想看看有谁能解决，到那时再与之较量。于是哈雷就在1684年8月专程去剑桥拜访了牛顿，向牛顿征询关于平方反比定律的轨迹问题，对此牛顿立刻回答说：轨迹应是椭圆。哈雷问他：您怎样知道的？牛顿答：我做过计算。哈雷希望看到计算内容，牛顿怕再像上次那样出错，就故意假装找不到。不过，他还是按哈雷的要求重新做了计算，并将证明寄给了哈雷。于是，哈雷不久就收到了牛顿的一篇9页长的论文。牛顿在这篇论文中讨论了在中心吸引力的作用下物体运动轨迹的理论,由此导出了开普勒的三个定律。在论文中,牛顿仍称吸引力为重力,没有认识到吸引力的普遍性,更找不到万有引力的名称。

然而牛顿并没有就此止步。他更深入地思考使他着手写第二篇论文,这一篇比前一篇文章长10倍,由两部分组成,取名为《论物体的运动》,他用了八九个月写成,并作为讲义交给剑桥大学图书馆。牛顿在这篇论文中证明了均匀球体吸引球外每个物体,吸引力与球的质量成正比,与到球心的距离的平方成反比,提出可以把均匀球体看成是质量集中在球心;吸引力是相互的;并且通过三体问题的运算,证明开普勒定律的正确性。他把重力扩展到行星运动,明确了引力的普遍性。

这一思想在1687年出版的《原理》中提得更为明确,牛顿终于领悟了万有引力的真谛,把地面上的力学和天上的力学统一在一起,形成了以三大运动定律为基础的力学体系。

牛顿在一封给胡克的信中写道:"如果我看得更远那是因为站在巨人的肩上。"他这里指的是胡克和笛卡儿,当然不言而喻也包括了他多次提到的伽利略、开普勒和哥白尼。其实他完成的综合工作是基于从中世纪以来世世代代从事科学研究的前人的累累成果。牛顿善于继承前人的成果,这是和他的奋发好学、勤于思考分不开的。有人问牛顿是怎样发现万有引力定律的,他回答说:"靠不停地思考。"他思考时达到了废寝忘食的地步。据回忆,当年他住在剑桥大学三一学院大门口附近。在哈雷访问过他之后的数月里,他这个怪人引起很多人的惊异。例如,他想去大厅吃饭,却转错了弯。走到大街上,忘了为什么要出来,于是又返回居室。在大厅里蓬头散发,衣着不整,坐在那里走神,菜饭放在桌前,也不知道吃。学院同事往往在校园散步时看到砂砾地面上有奇怪图形,谁也不懂,绕道而行。牛顿在全身心地思考天体问题。

我们要学的是他的精神,切不可以把他当圣人,以为他是单凭灵感和天才做出丰功伟绩来的。他追求真理的征途还未完结,也永远不会完结。牛顿说过:"我不知道世人对我是怎样看法,但是在我看来,我不过像一个在海滨玩耍的孩子,为时而发现一块比平常光滑的石子或美丽的贝壳而感到高兴。但那浩瀚的真理之海洋,却还在我的面前未曾被发现呢!"

1.3.3 能量守恒定律的发现

我们可以从千差万别的自然现象中抽象出一个贯穿其中的量——能量,这说明不同的运动形式在相互转化中有数量上的确定关系。导致能量守恒定律最后确立的两类重要事实是:确立了永动机的不可能性和发现了各种自然现象之间的相互联系和转化。

对能量守恒与转化定律作出明确叙述的,首先要提到三位科学家。他们是德国的迈耶(1814—1878)、亥姆霍兹(1821—1894)和英国的焦耳(1818—1889)。

迈耶　迈耶(图1-6)是一位医生。在一次驶往印度尼西亚的航行中,迈耶作为随船医生,在给生病的船员放血时,得到了重要启示,发现静脉血不像生活在温带国家中的人那样颜色暗淡,而是像动脉血那样新鲜。当地医生告诉他,这种现象在辽阔的热带地区是到处可见的。他还听到海员们说,暴风雨时海水比较热。这些现象引起了迈耶的沉思。他想到,食物中含有化学能,它像机械能一样可以转化为热。在热带高温情况下,机体只需要吸收食物中较少的热量,所以机体中食物的燃烧过程减弱了,因此静脉血中留下了较多的氧。他已认识到生物体内能量的输入和输出是平衡的。

图1-6　迈耶

迈耶在1842年发表的题为《热的力学的几点说明》中,宣布了热和机械能的相当性和可转化性:“力(即能量)是不灭的、可转化的、不可称量的客体。”1845 年他发表了第二篇论文《有机运动及其与新陈代谢的联系》,该文更系统地阐明能量的守恒与转化的思想。他明确指出:“无不能生有,有不能变无”,“在死的和活的自然界中,这个力(即能量)永远处于循环转化的过程之中。任何地方,没有一个过程不是力的形式变化!”他主张:“热是一种力,它可以转变为机械效应。”论文中还具体地论述了热和功的联系。迈耶还具体地考察了另外几种不同形式的力。他以起电机为例说明了“机械效应向电的转化。”他认为:“下落的力”(即重力势能)可以用“重量和(下落)高度的乘积来量度。”……“与下落的力转变为运动或者运动转变为下落的力无关,这个力或机械效应始终是不变的常量。”

迈耶第一个在科学史中将热力学观点用于研究有机世界中的现象,他考察了有机物的生命活动过程中的物理化学转变,确信“生命力”理论是荒诞无稽的。他证明生命过程无所谓“生命力”,而是一种化学过程,是由于吸收了氧和食物,转化为热。这样,迈耶就将植物和动物的生命活动,从唯物主义的立场,看成是能的各种形式的转化。1848 年迈耶发表了《天体力学》一书,书中解释陨石的发光是由于在大气中损失了动能。他还应用能量守恒原理解释了潮汐的涨落。

迈耶虽然第一个完整地提出了能量守恒与转化原理,但是在他的著作发表的几年内,不仅没有得到人们的重视,反而受到了一些著名物理学家的反对。由于他的思想不合当时流行的观念,还受到人们的诽谤和讥笑,使他在精神上受到很大刺激,曾一度被关进精神病院,备受折磨。

亥姆霍兹 从多方面论证能量守恒与转化定律的是德国的亥姆霍兹(图 1-7)。他深信所有的生命现象都必然服从物理与化学规律。他早年在数学上有过良好的训练,同时又很熟悉力学的成就,读过牛顿、达朗贝尔、拉格朗日等人的著作,对拉格朗日的分析力学有深刻印象。他的父亲是一位哲学教授,和著名哲学家费赫特是好朋友。亥姆霍兹接受了前辈的影响,成了康德哲学的信徒,把自然界大统一当作自己的信条。他认为如果自然界的力(即能量)是守恒的,则所有的力都应和机械力具有相同的量纲,并可还原为机械力。

图 1-7 亥姆霍兹

1847 年,26 岁的亥姆霍兹写成了著名论文《力的守恒》,充分论述了这一命题。这篇论文在热力学的发展中占有重要地位,因为亥姆霍兹总结了许多人的工作,一举把能量概念从机械运动推广到了所有变化过程,并证明了普遍的能量守恒定律。这是一个十分有力的理论武器,从而可以更深入地理解自然界的统一性。亥姆霍兹在这篇论文一开头就声称,他的论文的主要内容是面对物理学家,他的目的是建立基本原理,并由基本原理出发引出各种推论,再与物理学不同分支的各种经验进行比较。在他的论述中有一明显的趋向,就是试图把一切自然过程都归结于中心力的作用。我们都知道,在只有中心力的作用下,能量守恒是正确的,但是这只是能量守恒原理的一个特例,把中心力看成是普遍能量守恒的条件就不正确了。他的论文共分六节,前两节主要是回顾力学的发展,强调了活力守恒(即动能守恒),进而分析了力的守恒原理(即机械能守恒原理);第三节涉及守恒原理的各种应用;第四节题为热的力当量性,他明确地摒弃了热质说,把热看成粒子(分子或原子)运动能量的一种形式;第五节“电过程的力相当性”和第六节“磁和电磁现象的力相当性”讨论各种电磁现象和电化学过程,特别是电池中的热现象对能量转化关系进行了详细研究。文章最后提到能量概念也有可能应用于有机体的生命过程,他的论点和迈耶接近。不过,看来他当时并不知道迈耶的工作。亥姆霍兹在结束语中写道:“通过上面的叙述已经证明了我们所讨论的定律没有和任何一个迄今所知的自然科学事实相矛盾,反而却引人注目地为大多数事实所证实。……这定律的完全验证,也许必须看成是物理学最近将来的主要课题之一。”

焦耳　焦耳(图1-8)是英国著名实验物理学家。他从小在家由家庭教师教授,16岁起与其兄弟一起到著名化学家道尔顿(1766—1844)那里学习,这在焦耳的一生中起了关键的指导作用,使他对科学发生了浓厚的兴趣,后来他就在家里做起了各种实验,成为一名业余科学家。这时正值电磁力和电磁感应现象发现不久,电机当时叫磁电机,刚刚出现,人们还不大了解电磁现象的内在规律,也缺乏对电路的深刻认识,只是感到磁电机非常新奇,有可能代替蒸汽机成为效率更高、管理更方便的新动力,于是一股电气热潮席卷了欧洲,甚至波及美国。焦耳当时刚20岁,正处于敏感的年龄,家中又有很好的实验条件(估计他父亲厂里有蒸汽机),对革新动力设备很感兴趣,就投入到电气热潮之中,开始研究起磁电机来。

从1838年到1842年的几年中,焦耳一共写了八篇有关电机的通讯和论文,以及一篇关于电池、三篇关于电磁铁的论文。他通过磁电机的各种试验注意到电机和电路中的发热现象,他认为这和机件运转中的摩擦现象一样,都是动力损失的根源。于是他就开始进行电流的热效应的研究。

图1-8　焦耳

1841年他在《哲学杂志》上发表文章《电的金属导体产生的热和电解时电池组中的热》,叙述了他的实验:为了确定金属导线的热功率,让导线穿过一根玻璃管,再将它密缠在管上,每圈之间留有空隙,线圈终端分开。然后将玻璃管放入盛水的容器中,通电后用温度计测量水产生的温度变化。实验时,他先用不同尺寸的导线,继而又改变电流的大小,结果判定“在一定时间内伏打电流通过金属导体产生的热与电流的平方及导体电阻的乘积成正比。”这就是著名的焦耳定律。随后,他又以电解质做了大量实验,证明上述结论依然正确。焦耳定律的发现使焦耳对电路中电流的作用有了明确的认识。他仿照动物体中血液的循环,把电池比作心肺,把电流比作血液,指出:“电可以看成是携带、安排和转变化学热的一种重要媒介”,并且认为,在电池中“燃烧”一定量的化学“燃料”,在电路中(包括电池本身)就会发出相应大小的热,和这些燃料在氧气中点火直接燃烧所得应是一样多。请注意,这时焦耳已经用上了“转变化学热”一词,说明他已建立了能量转化的普遍概念,他对热、化学作用和电的等价性已有了明确的认识。

焦耳把磁电机放在作为量热器的水桶里,旋转磁电机,并将线圈的电流引到电流计中进行测量,同时测量水桶的水温变化。实验表明,磁电机线圈产生的热也与电流的平方成正比。焦耳又把磁电机作为负载接入电路,电路中另接一电池,以观察磁电机内部热的生成,这时,磁电机仍放在作为量热器的水桶里,将轮子转向一方,就可使磁电机与电流反向而接,转向另一方,可以借磁电机增大电流。前一情况,仪器具有磁电机的所有特性,后一情况适得其反,它消耗了机械力。比较磁电机正反接入电路的实验,焦耳得出结论:“我们从磁电得到了一种媒介,用它可以凭借简单的机械方法,破坏热或产生热。”

至此,焦耳已经从磁电机这个具体问题的研究中领悟到了一个具有普遍意义的规律,这就是热和机械功可以互相转化,在转化过程中一定有当量关系。

1849 年 6 月，焦耳作了一个《热功当量》的总结报告，全面整理了他几年来用桨叶搅拌法和铸铁摩擦法测热功当量的实验（图 1－9），给出如下结果（单位均以磅·英尺/英热单位表示）：水——772.692，汞——774.083，铸铁——774.987。焦耳的实验结果处理得相当严密，在计算中甚至考虑到将重量还原为真空中的值。对上述结果，焦耳作了分析，认为铸铁摩擦时会有微粒磨损，要消耗一定的功以克服其内聚力，因此所得结果可能偏大。汞和铸铁在实验中不可避免会有振动，产生微弱的声音，也会使结果偏大。在这三种材料中，以水的比热容最大，所以比较起来，应该是用水做实验最准确。因此，在他的论文结束时，取 772 作为最后结果，这相当于 4.154J/cal。

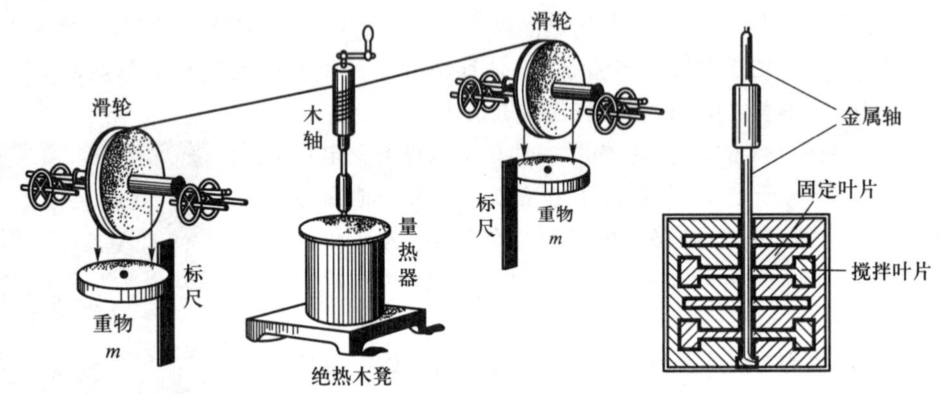

图 1－9　焦耳的热功当量实验装置，右图是左图中的量热器的内部结构

焦耳从 1843 年以磁电机为对象开始测量热功当量，直到 1878 年最后一次发表实验结果，先后做实验不下四百余次，采用了原理不同的各种方法，他以日益精确的数据，为热和功的相当性提供了可靠的证据，使能量守恒与转化定律确立在牢固的实验基础之上。

能量守恒与转化定律是自然界基本规律之一。恩格斯对这一规律的发现给予崇高的评价，把它和达尔文进化论及细胞学说并列为三大自然发现。能量守恒与转化定律这个全面的名称就是恩格斯首先提出来的。完整的数学形式则是德国的克劳修斯（1822—1888）在 1850 年首先提出的，他全面分析了热量 Q、功 W 和气体状态的某一特定函数 u 之间的联系，考虑一无限小过程，列出全微分方程：$dQ = du + AdW$，这里的 u 后来人们称作内能，A 是功热当量，W 是外功。克劳修斯虽然没有用到能量一词，但实际上已经为热力学奠定了基石。开尔文（1824—1907）在 1851 年更明确地把函数 u 称为物体所需要的机械能，他把上式看成热功相当性的表示式，这样就全面阐明了能、功和热量之间的关系。1852 年，开尔文进一步用动态能和静态能来表示运动的能量和潜在的能量。1853 年兰金（1820—1872）将其改为实际能和势能，他这样表述能量守恒与转化定律：“宇宙中所有能量，实际能和势能，它们的总和恒定不变。”1867 年在开尔文和泰特的《自然哲学论文》中将上述实际能改为动能，一直沿用至今。①

1.3.4　法拉第

法拉第（1791—1867，图 1－10）是英国伟大的物理学家。他生于伦敦近郊一个铁匠家庭，13 岁时就到一家书报店里当报童，不久又成为装订书的学徒。1813 年经化学家戴维推荐他做了皇

① 郭奕玲，沈慧君．物理学史．2 版．北京：清华大学出版社，2006：56.

家研究院的助理实验员。1821 年担任了皇家研究院实验室主任,同年发现了电磁旋转现象。1824 年当选为皇家学会会员,1825 年成为皇家研究院教授,1831 年发现了电磁感应现象。20 年后他从实验上确立了电磁感应定律。1852 年他引进了力线概念,强调电磁场是物理存在,在理论上做出了重大贡献。

电磁感应　1820 年,就在丹麦物理学家奥斯特(1777—1851)发现电流磁效应之后,人们自然会想到,既然电能生磁,磁是不是能生电呢?

图 1-10　法拉第

法国科学院院士阿拉果(1786—1853)1822 年在格林尼治附近的山上用磁针测量地磁时,偶然发现放在磁针下面的金属块对磁针的振荡会产生阻碍作用。1824 年,阿拉果把磁针当成单摆,让它在铜盘上方摆动,发现磁针的摆动会很快衰减。如果让磁针不动,转动其下面的铜盘,就会发现磁针也跟着转动。其实,这些实验都是磁生电的例证。但是,在当时阿拉果无力对自己的实验现象做出解释。在他如实公布实验结果后,毕奥(1774—1862)认为铜盘在运动中产生了磁性,而安培(1775—1836)提出铜盘在运动中产生了电流,都没有找到问题的实质。

1825 年,瑞士物理学家科拉顿做了如下实验:将磁铁插入闭合线圈,试图观察线圈里是否会产生感应电流。不过,为了避免磁铁对电流计的影响,他特意把电流计放在隔壁房间里。一个人做实验,只能来回奔跑。先在一个房间里把磁铁插入线圈,再跑到另一个房间里去观察电流计的偏转。他已经接近发现的边缘,可是由于实验的安排问题,失去了观察到瞬间变化的良机。

1821 年,英国哲学学报杂志编辑约法拉第写一篇关于电磁问题的述评,这件事导致法拉第开始了电磁学的研究。

他于 1822 年 12 月、1825 年 11 月和 1828 年 4 月做过三次集中的实验研究,想寻找导体中的感应电流:线圈接电池通电,一根导线置于线圈近旁,导线两端接电流计构成回路。结果在电流计中未发现感应电流。令导线穿载流线圈而过,再接于电流计,也未发现感应电流。再将导线绕成线圈置于载流线圈内,仍未发现感应电流……。多次实验,均以失败告终。原因在于法拉第认为,既然奥斯特的实验表明有电流就有磁场,那么,反过来,有了磁场就该有电流。所以,他在实验中总是使用恒定电流产生的恒磁场,考察这样的磁场是否会在附近的某个导线回路中产生感应电流。

尽管“磁转化为电”的迹象并未找到,法拉第的信念始终没有动摇。他在实验日记里多次记录了不成功的尝试,顽强的意志跃于纸上。

1831 年 8 月 29 日,他在软铁环的 A 边绕了三个线圈,可以串联起来使用,也可以分开使用。在 B 边以同样的方向绕了两个线圈。他把 B 边的线圈接到检流计上,把 A 边的线圈接到电池组上。当电路接通时,法拉第看到检流计的指针立即发生明显的偏转、振荡,然后停止在原来的位置上。这表明线圈 B 中出了感应电流。当电路 A 断开时,他又看到指针向相反方向偏转。把 A 边的三个线圈串联成一个线圈重做以上实验,对磁针产生的效应比以前更加强烈,他看到 B 边的感应电流是明显的,又是瞬时的,只在 A 边断开和接上电源时的瞬间产生。寻找 10 年之久的“磁生电”效应终于发现了!天道酬勤,成功属于坚持不懈的有心人。

首次成功的实验,让法拉第茅塞顿开,他领悟到,磁生电是一种在变化、运动的过程中才能出现的效应。于是他设计并动手做了几十个实验,之前深藏不露的各种磁生电现象喷涌而出。

图 1-11　法拉第用过的线圈

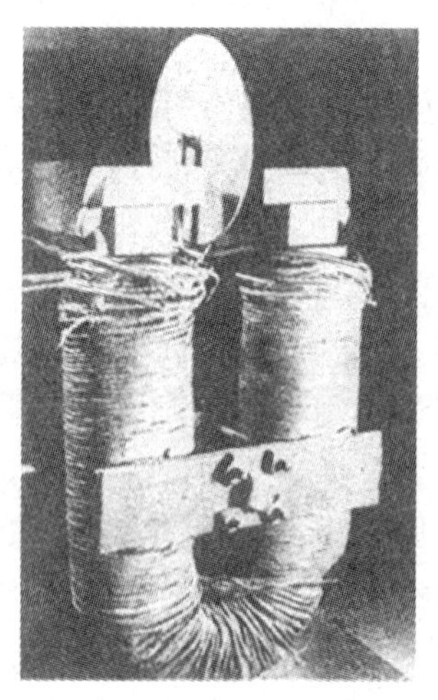

图 1-12　法拉第的圆盘发电机

从 1831 年 10 月底到 11 月初,法拉第做了著名的圆盘实验(图 1-12)。他在一个铜轴上安装了扁平的铜盘,把它放在磁铁的两极间,用一根导线从铜轴上引出,另一根导线与铜盘边缘接触,然后把这两根导线与电流计相连接。使铜盘转动时,指针就发生了偏转。当反方向转动时,指针的偏转方向相反。在铜盘继续转动时,指针持续地偏转。这就是一台原始的发电机,通过铜盘的机械转动而产生了电流。这一年圣诞节前夕,法拉第在朋友面前表演了这一实验。当时在场的一位贵夫人取笑地问:“先生,你发明这个玩意儿有什么用呢?”法拉第风趣地回答:“夫人,新生的婴儿又有什么用呢?”

1831 年 10 月 24 日,法拉第在提交给皇家学会的一篇论文中,把产生感应电流的情况概括成五类:变化着的电流、变化着的磁场、运动的恒定电流、运动的磁体、在磁场中运动的导体。在《电学实验研究》中,他还谈到感应电流的方向:“当一条载流导线与另一条与之平行的导线相互接近时,感应电流的方向与施感电流的方向相反。”“它们彼此排斥,反对相互接近。”“当两导线离开时,感应电流的方向与施感电流的方向相同。”“它们彼此吸引,反对相互分离。”他还指出:当一块金属通过磁极前面或两极之间时,所产生的电流与运动方向成直角。据此他解释了阿拉果实验,当圆盘在磁场中旋转时,感应电流的方向近似沿半径方向,在盘内形成闭合的感应电流,即涡电流,这个电流趋向于阻止磁针和圆盘的相对运动,因此磁针就随着圆盘转动起来。

科学史上许多重要的发现和发明,常被人们有意无意地罩上神秘的光环,似乎科学家都是呼风唤雨的魔术师。但是电流磁效应和磁的电效应发现过程中,我们看到具有闪光的创新思维的奥斯特和法拉第,也曾守着历史局限性的束缚,有过“可笑”的疏忽和失误。他们是伟大的,但并非高不可攀。麦克斯韦曾就法拉第的著作说道:“他既告诉我们成功的经验,也告诉我们不成功的经验;既告诉我们那些成熟的想法,也告诉我们那些粗糙的想法。他的读者的能力可能远不及他,但是感到的共鸣却常常多于钦佩,并且会引起这样一种信念:如果自己有这样的机会,也会成为一个发现者。"①

力线思想 法拉第用磁力线概念来解释电磁感应现象。1831 年 11 月,他在《电学实验研究》中指出:"当导线与电源接通时,磁力线向四周扩张,在它横穿过的导线中产生感应电流;在断开电源时,磁力线向着减弱的电流收缩和返回,因此在相反方向上横穿过导线运动,引起了与第一种情况相反的感应电流。"

1832 年 3 月 12 日,法拉第写了一封密封的信给英国皇家学会,信封上写着"现在应当收藏在皇家学会档案馆里的一些新观点",这封信直到 1938 年才被找出来启封公布。法拉第在信中写道:"……磁作用的传播需要时间,即当一个磁铁作用于另一个远处的磁铁或者一块铁时,产生作用的原因(我以为可以称之为磁场)是逐渐地从磁体传播开去的;这种传播需要一定的时间,而这个时间显然是非常短的。我还认为:电感应也是这样传播的。我以为,磁力从磁极出发的传播类似于起波纹的水面的振动或者空气粒子的声振动,也就是说,我打算把振动理论应用于磁现象,就像对声做的那样,而且这也是光现象最可能的解释。类比之下,我认为也可以把振动理论运用于电感应。我想用实验来证实这些观点。……"这表明,在法拉第那里已经孕育着电磁作用传播的波动性质以及它们传播的非瞬时性思想。

20 年后,法拉第进一步发展了他的力线思想。他在 1852 年 1 月 11 日发表的《关于磁力的物理线》一文中,强调力线是一种物理存在。他写道:"兹举太阳施加给地球的照明或热力为例。在这情况中,射线(即力线)通过中间的空间;但是我们也可以在它们的路径中间用不同介质来影响它们。我们可以用反射或折射变更它们的方向;我们在光源处切断它们,在它们到达目的物之前去寻找和发现它们。它们与时间有关,来自太阳的射线需要 8 分钟才能到达地球,所以它们可在离开它们的来源或老家之后而独立存在,事实上有个明显的物理存在。"

在论述了静电的力线后,他又转向动电的力线。他写道:"至于动电,则物理力线的证据更为确凿得多。与伏打电池相连接的导线,具有人们所讲的环绕电路的力流,但是这种力流具有一对大小相等方向相反的力轴,它所含的力线能根据导体的横向作用而收缩或扩张,并能随着导体的形状而改变方向;它存在于导体的各部分,并能经由适当的途径依我们的目的而从任何地方取出。毫无疑义,它们是物理力线。"

在谈到磁力线的物质承担者时,他指出:"它可能像光线一样靠以太而存在。光与磁已经联系在一起了。它的存在可能取决于与磁力密切有关的某种张力状态、振动状态或与电流有关的其他状态。"他认为磁力线依赖于物质才能存在,但不能把物质简单地理解为有质的或有重力作用的物质,他反对超距作用的观点,强调物质之间的电磁力是通过媒介传递的近距作用力。他说:"如果我们假定它须靠以太才能存在而承认以太是属于物质种类的话,那么这种力线可能要靠物质的某些作用才能存在。"

为了定量地具体地描述空间任何区域磁力的本性、情况、方向和大小,他提出了力管的思想。"如果在空间取一个任意小的闭合曲线,与这个闭合曲线相切的力线形成一个返回到自身的管状的表面,这个表面称为力管。"力管的设想,不只考虑到磁场强度的方向,也考虑到磁场强度的大小,沿着整个管的长度磁场强度和管的切面积的乘积是一个常量,即力线数的总和不变。在这个基础上法拉第设想把整个空间用力管分成许多部分,并使每个力管具有同样确定的值。为了简

---

① 赵凯华,张维善.新概念高中物理读本.北京:人民教育出版社,2006:136.

单起见,每个力管可以称为一个"力线单位",于是磁场强度就由单位力线的分散和集中来表示,在任何点通过垂直于力管方向上单位面积的力管数就表示了磁场强度。"

法拉第关于力线和场的概念对于电磁学的发展以及整个物理学的发展都是很有影响的。场的概念和力线的模型,对当时的传统观念是一个重大的突破,从此超距作用的观念逐渐衰败,新型的近距作用观念日益强化和完善。

法拉第是位伟大的实验物理学家,他始终把实验作为检验理论与概念的试金石。他不仅在实验上作出了一系列重大发现。在理论上特别是场的概念上也作出了重大贡献。他对自然力的统一性怀有坚定的信念,为揭示自然力间的相互联系和相互转化作出了不懈的努力。法拉第把他的全身心献给了科学事业。他谢绝了重金聘请,全力投入实验研究工作。他的学生和朋友丁铎尔(1820—1893)在《作为一个发现者的法拉第》一书中写道:"这位铁匠的儿子,订书商的学徒,他的一生一方面是可以得到十五万镑的财富,一方面是完全没有报酬的学问,要在这两者之间作出选择,结果他选择了后者,终生过着穷困的日子。然而这却使英国的科学声誉比各国都高,获得接近四十年的光荣"。1851 年,法拉第被一致选举为英国皇家学会会长,但他坚决辞掉了这个职务,并说:"我希望我一直保持只有一个称号,这就是法拉第。"①

1.3.5 爱因斯坦

学校生涯 爱因斯坦诞生于德国乌尔姆一个犹太小工厂主的家庭里,在慕尼黑度过了他的大部分中小学生涯。他幼年时讲话很晚,性格内向,总是一个人默默地在一边玩耍或者思考,父母曾担心他的智力有问题。上学后他依旧沉默寡言,不为老师同学所喜爱,而且学习成绩一般。

当时,德国中产阶级的家庭有一个传统,每周请一两个贫困大学生到家里吃晚餐。爱因斯坦家也是如此。那位来进餐的大学生发现小爱因斯坦喜欢看书,便每次都带几本书给他,包括科普读物、物理、化学、地质、矿物乃至数学和哲学等,五花八门什么书都有,爱因斯坦对所有的书都表现出极大的兴趣。这位大学生成为最受小爱因斯坦欢迎的朋友,每次见面爱因斯坦都兴奋不已,问这问那,这位大学生可能对爱因斯坦的智力开发产生了重大影响。

爱因斯坦还有一个特点,能够长时间集中注意力。每天放学后,他总是一个人躲在一边,兴致勃勃地读那些书,摆弄玩具或其他物品,不大注意大人在干什么。他有时会猛然向别人提出一两个古怪的问题,这些问题往往与大人们正在交谈的内容、正在做的事情毫无关系。

爱因斯坦的父母酷爱音乐,对小爱因斯坦产生了很大影响。他会拉小提琴,可以说小提琴和数学物理一起,伴随了他的一生。成年之后的爱因斯坦,自认为自己拉小提琴的水平超过研究数学物理的水平,但别人都不这么认为。

爱因斯坦的父亲是个不成功的生意人,工厂倒闭后,不得不举家迁到意大利去投靠亲友,临行前把小爱因斯坦安排在德国慕尼黑的一所优秀中学读书。校方一来歧视犹太人,二来由于爱因斯坦信仰无神论,再加上他的功课不够好,因此觉得他的存在有损学校的声誉。除去觉得他功课不行,记忆力较差,总是记不住单词和课文之外,老师们尤其讨厌他居然敢打断自己讲话,并经常提些古怪的问题。有的老师还认为他上课时注视自己的眼神似乎有一种嘲弄的意思。总之,老师们都不喜欢他,爱因斯坦也不喜欢这所学校严格的校规和呆板的教学方法。后来他对学校的一切都无法忍受了,就去找医生开了一份神经衰弱的证明,打算离开这所讨厌的学校休学半

---

① 向义和. 大学物理导论——物理学的理论与方法、历史与前沿. 北京:清华大学出版社,1999:114.

年。谁知学校比他更急不可耐，未等爱因斯坦递上生病证明，校方主动找他谈话，劝其退学，让他到意大利去找自己的父母。爱因斯坦最初为之一愣："退学！这怎么向父母交代？"转而又一想，总算能永远离开这所讨厌的学校了。于是，16 岁的爱因斯坦愉快地接受了校方的建议，背起行囊，翻越风景如画的阿尔卑斯山，幸福地回到了父母的身边。

年轻的爱因斯坦热爱数学和物理，但他不会意大利语，又不喜欢德国，于是决心到瑞士德语区去求学。他第一次投考苏黎世工业大学没有考上，于是进入瑞士的阿劳州立中学补习。这所学校给学生充分的自主和自由，爱因斯坦一生中对学校很少有好印象，只有阿劳中学的补习班是个例外。他晚年时回忆道："这所学校用它的自由精神和那些毫不仰赖外界权威的教师的淳朴热情，培养了我的独立精神和创造精神，阿劳中学正是孕育相对论的土壤。"这是因为，在阿劳中学学习时期，由于空闲时间较多，爱因斯坦曾思考过不少与课堂学习无关的东西。特别是他曾反复考虑过一个"思想实验"：当一个观测者追上光并与光一起运动时，会看到什么。这个问题的思考对他后来建立相对论有很大的帮助。

经过一年的补习，爱因斯坦终于如愿以偿地进入苏黎世工业大学师范系学习。这是一个培养数学、物理教师的系，所开课程主要是数学和物理。闵可夫斯基、韦伯（不是姓名用于命名磁通量单位的那个韦伯）等著名数学、物理教授在那里讲课。但爱因斯坦有他自己的一套学习方法，他愿意自己去读当时一些大科学家写的名著，而不愿去听课。

爱因斯坦并非完全不去学校，只不过经常在下午放学后才去，他或者到实验室一个人摆弄实验，验证一下白天自学的物理知识；或者与一两个知心同学到学校的咖啡馆去讨论学术问题。其中有几个同学很照顾爱因斯坦，一个是他的女友米列娃，常常帮助不去听课的爱因斯坦记笔记。米列娃相貌平常，而且脚有残疾，是一个善良、严肃、沉静、热爱数学与物理的塞尔维亚姑娘，是充满活力的爱因斯坦的忠实听众。另一个是好友格罗斯曼，经常在考试前夕将自己工整而漂亮的笔记借给爱因斯坦，他就硬着头皮苦读几天，勉强熬过考试这一关，而他对这些课程也就更无兴趣了。格罗斯曼的性格与爱因斯坦相差甚远，他是标准的、公认的好学生，总是衣冠整洁、遵守校规、认真听课、成绩优秀。然而，性格和作风上的差距并没有妨碍他们成为终生的好友。在米列娃、格罗斯曼的帮助下，爱因斯坦才没有补考留级，并有空读了不少有用的书籍，思考了许多物理学的基本问题。但是，爱因斯坦却得不到老师的重视和喜爱。由于他成绩一般，而且常不去听课，闵可夫斯基教授对爱因斯坦没有太多印象。韦伯教授起初喜欢爱因斯坦，觉得他热爱物理学。但爱因斯坦感觉韦伯的课过于陈旧，太偏重电工，逐渐对他的课失去了兴趣。韦伯对爱因斯坦的印象也逐渐变坏，韦伯不但烦他不来听课，还认为他没有礼貌，有一次居然称呼他"韦伯先生"，而不是"韦伯教授"。毕业时格罗斯曼等几个同学令人羡慕地留校工作，而爱因斯坦则不得不拿着文凭离开苏黎世工大。米列娃连文凭都没有拿到，只拿到结业证书。

离开校门的爱因斯坦在求职过程中尝尽了辛酸，没有一个大学接受他的求职申请。犹太血统和信仰无神论增加了他找工作的难度。经济的拮据使得爱因斯坦不得不在电线杆上张贴广告，试图讲授数学、物理和小提琴来赚钱糊口。他曾当过补习老师，也曾为老同学帮自己找到几个月的临时工作而喜出望外。好长一段时间，他没有固定的收入。米列娃对此忧心忡忡，爱因斯坦当时真是诸事不顺，四面碰壁，他与米列娃的婚事也遭到父母的坚决反对。

丰收之年 1902 年，幸运之神开始敲响爱因斯坦的门户。伯乐式的朋友格罗斯曼设法把他推荐给伯尔尼发明专利局（即瑞士联邦发明专利局）的局长。在那里，爱因斯坦终于得到一个固定的工作，虽然只是最低等的三级职员，但毕竟有了一份稳定的收入，使爱因斯坦有了结婚的经济基础。同时，由于爱因斯坦的坚持，他父亲终于在临终前同意了与米列娃的婚事（图1－13）。同米列娃结婚之后，两个儿子相继来到人间。家庭负担的加重，使他们的经济重新拮据起来。但是，爱因斯坦是"一只快活的小鸟"，他在艰苦的条件下，继续思考着科学中最重要的问题。人们时常看到他用小车推着两个儿子在马路上散步，并不时停下来用笔记下思考的心得。

图1－13　爱因斯坦和米列娃

爱因斯坦经常审理发明永动机的申请，这虽然费去他一些时间，但荒唐而活跃的思想多少也给他输入一些新的灵感。重要的是，专利局的工作使他有充分的闲暇时间来研究自己喜爱的东西。他把想看的书摊开放在抽屉里，没事时便打开抽屉偷看，一旦上司出现，就赶快把抽屉关上。有几次局长先生看见了，但没有干涉他，局长是一位开明宽容的领导。这件清闲的工作加上如此宽容的环境，对爱因斯坦真是再合适不过了。他的大多数成就，都是在这个职位上做出的。爱因斯坦发表相对论后，有些人评论说："看，我们的社会有多么不公！竟然没有一个大学要爱因斯坦，使他不得不在专利局浪费时间。否则，他一定会做出更多的成就。"爱因斯坦的朋友，数学家希尔伯特反驳道："没有比专利局对爱因斯坦更合适的工作单位了。"原因是显然的，那里空闲宽容，使爱因斯坦有充分的自由时间去研究他自己感兴趣的课题。

在专利局工作期间，爱因斯坦与他的几位热爱科学与哲学的好友组织了一个叫做"奥林匹亚科学院"的小组。这是一个自由读书与自由探讨的俱乐部，小组的成员都具有大学文化水平，他们工作单位不同，专业背景也不同，有学物理的，有学哲学的，还有学工程技术的。这几个年轻人利用休息日或下班时间，一边阅读一边讨论，内容海阔天空，以哲学为主，也包括物理和数学。他们充满热情地阅读讨论了许多书籍，其中包括马赫的《力学史评》，这本对牛顿绝对时空观展开猛烈批判的书，对爱因斯坦建立狭义和广义相对论都产生了极大的影响。还有庞加莱的名著《科学与假设》，这本书使他们一连几个星期兴奋不已。该书内容丰富，思维活跃，其中关于"同时性"的定义、时间测量和黎曼几何的描述对爱因斯坦建立相对论发挥了重要作用。

爱因斯坦高度评价了这个读书俱乐部，认为这个俱乐部培养了他的创造性思维，促成了他在学术上的成就。爱因斯坦曾经提醒一些记者，不要过分渲染他的童年和少年时代，希望他们注意"奥林匹亚科学院"对他的影响。

在此期间，爱因斯坦展开了自己的学术生涯。他最初研究毛细现象，然后研究布朗运动、光电效应和时空理论，发表了一系列重要论文。应该说，他发表的论文总数并不算多。1901年，发表一篇；1902年，两篇；1903年，一篇；1904年，一篇。这些论文水平一般，主要是研究毛细管的。1905年是爱因斯坦的丰收年，除去博士论文外，爱因斯坦连续完成了4篇重要论文，其中任何一篇都够得上拿诺贝尔奖。6月，发表了解释光电效应的论文，提出光量子说；7月，发表了关于布朗运动的论文，间接证明了分子的存在；9月，发表了题为《论运动物体的电动力学》的论文，提出了相对论（即后来所称的狭义相对论）；11月发表了有关质能关系式的论文，指出能量等于质量乘光速的平方 $E=mc^2$，此关系式可以看成是制造原子弹的理论基础之一。

爱因斯坦在1905年26岁时做出的成就，在科学史上，只有牛顿23至25岁在乡下躲避瘟疫那段时间取得的成就可以与之相比，当年被称为牛顿的丰收年，因此，人们称1905年为爱因斯坦的丰收年。

在爱因斯坦提出相对论的划时代论文中，充满了难懂的革命性的新思想，却只用了当时大学本科生就能看懂的数学工具，并且没有引用任何参考文献。如果放在今天，这样的文章恐怕很难通过审稿。一般的审稿人不是看不懂其中的物理内容，就是会轻视作者的数学水平，或者因作者不引文献而误认为文章的内容跟不上世界潮流，显得没有水平。爱因斯坦很幸运，这篇文章被送给水平高、思想活跃而又不压制年轻人的普朗克审稿，一下就被推荐发表在德国的物理年鉴上。此后，他又连续发表几篇论文，建立起狭义相对论的全部框架。

1915年，爱因斯坦(图1－14)又进一步发表广义相对论，提出时空弯曲的思想，建立起十分难懂的崭新的时空观。相对论的时空观念与人们固有的时空观念差别极大，很难被普通人所理解。人们都称赞爱因斯坦伟大，但又弄不懂这伟大的内容，有些人不禁想起了英国诗人波谱歌颂牛顿的诗句："自然界和自然界的规律隐藏在黑暗中，上帝说，'让牛顿去吧'，于是一切成为光明。"他们在后面续写道："但不久，魔鬼说，'让爱因斯坦去吧'，于是一切又重新回到黑暗中。"①

图1－14 爱因斯坦

2 教学方式

著名理论物理学家和物理教育家韦斯科夫说："科学不是死记硬背的知识、公式、名词。科学是好奇，是不断发现事物和不断询问'为什么，为什么它是这样的?'科学的目的是发问，问如何和问为什么。它主要是询问的过程，而不是知识的获得。"国际物理教育委员会主席焦塞姆说："最好的老师，是让学生知道他们自己是最好的老师。"

因此，教好物理学，需要改变以传授知识为主的传统教学方式，在教学中关键是教思路，教方法。通过教师的讲授，启发学生勤于思考，悟物穷理。另外，探究式教学、合作学习将物理学科的探究本质与学生自主学习的探究过程有机地统一起来，有助于激发学生学习物理的内在动机，充分发挥学习的潜能。

2.1 讲授式教学

教学中的主体问题是近些年来教学改革关心的热点。"以学生为主体，教师为主导"的思想已经深深植根于教师的教学理念中。这种理念迫使教师在教学中极力想使自己别与学生抢"主体"这个角色，使得教师只是在如何指导上下功夫。的确有些课效果不错。不过，在有些重点、难点的物理概念教学中常遇到了"时间紧、任务大、无法落实"的困难。

北京师范大学冯忠良教授认为，"以学生为主体，教师为主导"这种说法不当。不当之处在

① 赵峥．物理学与人类文明十六讲．北京：高等教育出版社，2010：98.

于教学应该分为“教”与“学”两个过程，在教师教授的过程中教师是主体，学生和教材等为客体；而在学生学习的过程中，学生是主体，教师和教材等为客体。这样看来，我们在上课时，可根据教学内容的差异，或采取以教师“教”为主的形式，或采取以学生“学”为主的形式。那么，许多重点难点内容的教学，由于学生预备知识有限，教师就不要客气了，大胆地去扮演“主体”的角色，铆足劲去讲，不过，讲之中要注意加强教学的启发性，调动学生积极思考、主动探索。这种讲授式教学算不算“满堂灌”呢？我看与“填鸭”式的“满堂灌”有区别，区别在于学生的思维是活跃的，并不是被动地听讲。

2.1.1 讲授

讲授就是教师在消化了教科书内容以后，根据教学目标和学生的实际，通过语言和其他辅助教学手段对系统的学科内容进行讲述的教学活动。教学前教师必须已经内化教学内容；课堂上教师必须通过自己的语言来正确、深入浅出地表达给学生；讲授的内容必须具有系统性和科学性；教授要按一定的目标和要求进行。①

讲授和教科书 教科书，也称教材或课本，是最基本、最重要的课程资源之一。在以往的一些教育理念和实践中，教科书是教学的中心，教师的作用只是讲解教科书，也就是常说的照本宣科，以使学生掌握教科书的内容，从而形成了这样一种关系：教学时教科书通过教师展现在学生面前，考试时教科书经过教师过滤变为考题去检查学生。这样，学生并不一定需要直接与教科书建立联系，以至于有相当一批学生不读教科书，只看“笔记”，只做“习题”。新的教学理念认为，教科书与师生的关系应该是教师、学生与教科书形成一个系统，相互影响、相互丰富、相互补充。教师应该努力促进学生与教科书的直接联系，在教师的影响下，发展和丰富学习的内容，从而使学生真正成为学习活动的主人，进入自主学习的境界。

当然，教科书不是唯一的课程资源。教师应引导学生利用更丰富的课程资源，如可列出参考书目和网站等。在网络时代，教师、学生、教科书都会在与图书馆、网络的互动联系中丰富自己，从而使学生的学习活动走向自主与开放。

教科书主要是供学生预习、复习时用的，是学生接受知识信息的主要书面文字渠道。教师应该倡导学生利用教科书的文字记述和图像表达的特长，指导学生反复阅读，速度可以由学生自己控制，学生可以根据自己的具体情况仔细地研读。这样，通过阅读教科书，既能让学生弄清物理概念、规律的来龙去脉，又能培养学生运用物理语言进行书面表达的能力。凡是学生通过阅读教科书就能搞懂的内容，在课堂上，教师应该少说甚至不讲了。

课堂上教师的讲授是学生通过口传心授接受知识的重要渠道。教师在课堂教学中应该发挥语言、行为、情感可以携带更多信息量的特长，发挥它的亲切、方便、及时、灵活等特点，可以着重讲透重点、难点，帮助学生理清思路，传授技巧，加强知识的吸引力。课堂教学中教师讲授的任务主要是帮助学生消化教科书上的内容，同时把教师所内化的知识传达给学生。

教师不要在教科书与学生之间挡着，要让开来，让学生与教科书直接联系。不过，教师的这种“让”不是消极避让，更不是放任不管，而是在自己积极地内化教科书内容的基础上，去启发学生、指导学生有效地自学教科书。

讲授与自学 许多教师擅长唱独角戏，在讲授时，总怕自己讲得不多，讲得不细，落实得不到

---

① 杜和戎．讲授学．北京：华语教学出版社，2007：13.

位。于是，讲课时，试图多讲一些，讲细一些，堂堂落实，管严一些。教师很辛苦。在教师的努力下，学生的考试成绩一般会是不错的。不过，教师把学生“背着走”“抱着走”“推着走”“拽着走”，时间长了，学生的许多能力不仅没有培养起来，甚至退化了，如学生的好奇心、主动思考、积极质疑、自主学习能力、独立工作能力、创造性思维等。很显然，这样的教育不利于学生的长远发展。

因此，学生要想既能学到知识，又能提高能力，除了要听教师的口传心授外，教师更应该加强教学的启发性，善于指导学生主动思考、积极质疑、自主学习、勇于探究、勤于反思总结。

除了指导学生自主阅读教科书，养成预习、复习、反思总结的习惯外，课内教师讲授过程中也可以培养学生自学的意识和能力，因为讲授是师生结合在一起共同进行的思维过程。教师在讲授时，既要输出信息，又要及时接受反馈。如果学生听得津津有味，他们的面部表情时而会意地微笑、时而不解地皱眉，甚至有学生打断老师提出质疑，那么，教师可以根据学生的反馈，顺应学生的脉搏，及时调整教授的内容、速度。这样的讲授，师生是互动交流的，学生是在积极思考、质疑的，这些都是在为培养学生的自学打基础的。

听一个有经验的优秀教师讲课时，学生往往会觉得好像自己的思维与老师的融在了一起，随着老师的点拨，学生的思维在原有的基础上步步提升，那么自然、和谐、流畅。班里会有一些学生的思路有时甚至微微比教师的讲授略超前一点儿，他们会审视教师接下来的表达与自己思考的异同，在困惑处及时提出质疑，引起教师和其他同学的关注，从而调整讲课的节奏；也会有一些学生，由于基础不好或是没有预习、复习，有点儿跟不上整体进度，可能会留下一些问题，这将激励他们养成课外良好的自学习惯。教师讲到精彩处，即师生产生强烈共鸣时，或大家喜形于色地表达自己的见解，或此时无声胜有声地深入思考。这样的课，达到了一种典型的、美好的讲授境界，讲授与自学有机结合了起来。

讲授的水平 教师讲授水平的提高与教师对讲授目的的认识、追求、体现是紧密相关的。而教师对讲授目的的认识、追求、体现，又基本上是按“好学”“想学”“会学”这样的顺序排列的①，因而，可以按照这一顺序将教师的讲授水平划分为以下五段。

第一段：正确

内容正确熟练，进度掌握适中，仪态端正亲切；

第二段：清楚

讲话清晰从容，板书工整，条理清楚，意图交代明白；

第三段：好懂

外在关系注意呼应，内在关系注意主次，难点注意举例说明；

第四段：独到

晓之以理、动之以情、感之以美，兼顾方法传授、能力培养、心理教育；

第五段：特色

独到的见解，特有的风格。

2.1.2 教学中的启发

(1) 启发式教学是我国的优秀教育传统

---

① 杜和戎．讲授学．北京：华语教学出版社，2007：299.

启发式教学是我国古代的教育家孔子（公元前551—前479）最先提出。在《论语·述而第七》中，子曰："不愤不启，不悱不发；举一隅不以三隅反，则不复也。"宋代朱熹的解释："愤者，心求通而未得之意；悱者，口欲言而未能之貌；启，谓开其意；发，谓达其辞。物之有四隅者，举一可知其三。反者，还以相证之意。复，再告也。"翻译成白话文就是，孔子说："不到学生苦苦思考而仍不理解的时候不去启发他，不到学生想说却又说不出的时候不去启发他；告诉他方形的一个角，不到他以此推知其他三个角就不要再教他。"

后来《学记》中进一步解释了启发式教学的思想，提出："故君子之教，喻也；道而弗牵，强而弗抑，开而弗达。道而弗牵则和，强而弗抑则易，开而弗达则思。和、易以思，可谓善喻矣。"

高明的教师、优秀的教师，教学中要善于启发引导学生，启发引导学生，绝不是牵着学生的鼻子走；高明的教师、优秀的教师，教学中要严格要求学生，当然，严格要求学生，绝不使学生感到压抑；高明的教师、优秀的教师，教学中要启发学生进行思考，启发学生思考，是在问题开头启发学生，绝不是把最终结果直接端给学生。内涵深刻的启发式，使我们看到最早形成教育理论、教育思想的是中国。行之有效的启发式，使我们看到最朴素、最重要的教育理念当属启发式。

启发式教学就是通过教师的"讲"诱导学生的"想"，通过学生自己思考而弄懂教师所讲的知识。有经验的教师讲任何概念、原理都是从实际出发，几乎每节课都启发学生思考问题。既要努力启发学生理解本学科知识，同时又要在传授知识过程中启发学生热爱本学科知识。启发学生发掘问题，因为有了问题才产生求知欲，学起来才有兴趣，才会主动。一个概念的形成，一种理论得到理解，学生自己动脑筋"想"是内因，教师的"讲"是外因。教师围绕着一个中心问题，运用各种方式的"讲"都是为了诱导学生围绕这个问题动脑筋"想"。两者相互呼应，密切配合，不离题、不脱节，使学生对概念、理论得到的理解，是通过自己思想而弄懂的，不是机械记忆的。这样才能对所讲的有体会、有心得、印象深刻、记得牢靠。

启发式教学已经根植于广大教师的思想理念，根植于广大教师的教育教学行为，根植于广大学生的学习过程，启发式早已成为我国教育教学的优良传统。课堂教学中无论采用讲授式，还是采用探究式等教学方式，"启发"都要贯穿在其中。尤其是讲授式的教学，如果没有对学生的启发，那么讲授式将失去灵魂，讲授式将达不到良好的教学效果，讲授式将蜕变成注入式。

（2）启发式教学让学生经历的三个过程

物理课堂教学中运用启发式，教师要善于创造条件使学生经历"心求通""达其辞""用其果"这三个过程。①

心求通　任何人在学习和理解新知识的时候，第一个过程都要经历"心求通"，即对新知识首先思想上要想通。没有思想上想通的过程，学习知识、理解知识、掌握知识则是一句空话。没有思想上想通的过程，则无法从事与此知识相关内容的进一步学习。

如何使学生对所学的知识达到"心求通"呢？课堂教学过程中，教师要给学生进行独立思考的时间。教师创设问题情境之后，要给学生思考的时间；教师提出问题之后，要给学生思考的时间；教师做完演示实验之后，要给学生思考的时间。即教学过程中教师要善于"留白"。

学生学习的过程是建构和完善知识体系的过程，而知识体系的建构和完善必须经历独立思考的过程。教师可以代替学生说，可以代替学生写，甚至代替学生做，但是教师不可能代替学生

① 陶昌宏．高中物理教学理论与实践．北京：北京师范大学出版社，2008：147.

想，即不可能代替学生思考。教学实践中教师常有这样的体会，对于一个新的物理概念、物理规律，课上自己讲得十分清楚，十分到位，学生的眼神也在告诉老师，这个概念和规律他们听懂了，不需要再做进一步的解释了。但是事实证明，学生听懂了并不一定达到“心求通”的效果。原因之一是，学生不一定听懂了教师所讲的物理概念和物理规律的内涵。原因之二是，“听”懂，与“想”通，不是一回事。“听”懂基本上解决了“是什么”的问题，而“想”通需要解决“为什么”的问题。

如何使学生对所学的物理概念和物理规律达到“心求通”呢？课堂上一定要给学生进行独立思考的时间，这是学习物理概念和物理规律必须经历的过程。课堂上教师在讲物理概念和物理规律的时候，心里一定要清楚，我们讲的目的不仅是为了学生“听”，而更是为了让学生“想”。课堂教学没有教师的讲不行，但是只有教师的讲没有学生的想，更不行。因此课堂上教师的“讲”要有讲究，要有水平，要讲到恰到好处。

达其辞　学生在学习的过程中，对于能够想通的知识并不代表他已经掌握。教学中教师经常会遇到这样的情况，学生对课堂上教师讲述的物理概念和物理规律听懂了，对教材上的内容也看明白了，对教师示范的解题过程也看得比较清楚了。但是，当学生独立解决问题时，甚至解决教师在课堂上刚讲过的类似问题时，常常找不到解决问题的切入点，不能用学过的物理概念和物理规律做出相应的推理和判断。这种现象说明，学生对新的知识仅仅是心里想通，达不到掌握的程度，掌握知识需要经历“达其辞”的过程。

“达其辞”，即用自己的语言将所学的内容进行表述，而且要能够表述清楚，能够让别人听得清楚，这是掌握知识要经历的第二个过程。让学生“达其辞”就要让学生做“解释”。如在学习物理过程中，要让学生用语言解释清楚“是什么”“为什么”“怎么做”等问题。如果学生能够解释清楚物理概念和物理规律的内涵，能够解释清楚物体运动过程中经历的物理过程，能够解释清楚根据哪个物理概念或物理规律做出的判断，能够解释清楚解决问题的关键性步骤是什么等，那么说明他的思维已经纳入物理学的思维轨道，对所学内容才能达到理解的程度。

在物理教学中，有一些教师会感到自己的教学效果不尽如人意。虽然教师在课堂上对物理概念和物理规律讲解得比较清楚，带着学生做的题目也不少，花费的时间也不少，留给学生的练习题已经足够多，给学生答疑也用了不少的时间，但是，学生学习能力的提高并没能达到预期的效果。造成这种状况的原因很多，但其中有一个重要的原因，那就是学生在高中物理学习过程中，教师引导和要求学生做出“解释”的环节重视不够。课堂教学中教师要给学生创造进行表达的条件，要鼓动学生用自己的语言进行表达。一个学生如果不能解释他是怎样认识这些知识的，那么这些知识的内涵他可能还没有理解，因为语言是思维的外壳。

用其果　在学习过程中，对于思想上想通的知识，并且能够用语言解释清楚的知识，还不一定达到掌握的程度。教学中常会遇到这样的事情，学生对教师讲述的物理概念和物理规律听懂了，想通了，而且也能够用自己的语言说清楚了，但是遇到具体问题时仍可能找不到解决此问题的切入点和方法。这种现象说明对一个新知识达到“想通”和“说清”的程度，还不能说已经掌握此知识了。要掌握知识，还要让学生经历“用其果”的过程。

“用其果”，即用自己想通、并能够用语言说清楚的物理概念、物理规律去解决问题。学生经历“用其果”的过程，对物理概念和物理规律的内涵及其适用条件才会有进一步认识和理解。经历“用其果”的过程，对运用物理概念和物理规律解决问题的方法和步骤才会有进一步的认识和感悟;经历"用其果"的过程,才会形成具体的操作行为。通过具体的行为,才能形成相应的思维习惯,有了思维习惯,才能形成思想意识,因为思想意识靠灌输是形成不了的。

经历"用其果"的过程,对学生来说就是经历探究的过程,因为任何一种新的认识、新的理解、新的感悟、新的经验、新的体验对学生来说都是探究的结果。学生做课本上的习题是经历"用其果";学生做实验是经历"用其果";学生解释现象是经历"用其果";学生研究问题是经历"用其果"。

从认识论的角度看,学生的"听讲"与解决问题是认识事物的两个过程,学生听讲是认识知识的过程,解决问题是运用知识的过程。认识知识与运用知识两个过程能力要求是不同的。从方法论的角度上看,物理教学一般采用归纳的方法,即从一些具体典型的事例中,从具体典型的实验中,分析、总结出共同的结论,得出相应的物理概念和物理规律。而解决问题一般采用演绎的方法,即从某个物理概念或某个物理规律推导出相应的结果,从而做出的判断。前者经历从个别到一般的过程,后者经历从一般到个别的过程,两者之间存在着思维上的跨越。要完成这个跨越,教学中要经历两个不可缺少的过程,一是教师进行示范性的展示解决问题的过程,二是学生个人要独立经历解决问题的过程。学生独立自主经历解决问题的过程,是学习物理的重要的过程,学生用已经认识的物理概念和物理规律独立解决问题的过程中,会通过具体的行为,获得直接经验,感悟其中的方法,养成习惯,形成意识,不断地提高综合能力和综合素质。

(3)运用启发式应处理好三个教学环节

物理课堂教学中实施启发式,教师应处理好以下三个教学环节:

创设合理的问题情境　课堂教学过程中如果没有合理的问题情境,很难引起学生的注意力和学习兴趣;没有问题情境学生就没有解决问题的期待;没有问题情境学生就没有假设、猜想的空间;没有问题情境师生之间、学生与学生之间的交流就缺乏共同基础。

问题情境的创设不仅仅靠教学语言,还可利用实验、多媒体视频技术、多媒体音频技术、学生的经验、学生的活动、现代信息技术等。

问题情境要符合学生的认知水平,符合学生的认知心理,问题情境要贴近学生的生活,要有利于学生获得体验,要有利于激发学生的学习兴趣和探究的欲望,要有利于教学目标的完成。

问题情境的创设,不仅仅是在上课开始引入课题之时,而且根据教学需要,要能够在教学过程的不同环节处创设问题情境。就是说对于需要学生思考,需要师生、生生之间研究和讨论的问题,都要想办法创设问题情境。

引发学生进行深入的思考　课堂教学实施启发式的重要目的是培养学生独立思考。首先,教师要能够适时地提出有思考价值、有思考深度,符合学生认知水平、符合学生认知心理,能够引发学生进行深入思考的问题。然后,学生通过深入的思考,调用头脑中已有的知识体系,使新旧知识发生联系,通过心智技能形成解决问题的方案,通过操作技能获得直接经验,经过加工、整理、归纳等一系列有意义的过程,得出相应的结论。这样的过程是有效教学的过程;这样的过程能够丰富和完善学生的认知体系,提高学生分析问题、解决问题的能力;这样的过程能够有效地培养学生的创新精神和实践能力。

教师提出的问题,首先是科学的,同时也应是艺术的。问题何时提出,用何种口吻提出,用何种方式提出,问题的难度、问题的角度、问题的呈现方式等都需要教师进行精心的设计,需要教师审时度势的教学智慧。

提出问题后,学生会有解决问题的期待,教师一定要给学生足够的思考和判断的时间。教师不能越俎代庖,否则事倍功半。在学生提出解决问题的方案后,要创造条件让学生经历自主解决问题的过程。

课堂小结使学生再受启发 课堂小结不是可有可无的,而是必须要做的,并且要做好。做好课堂小结,能使整节课的教学效果得到提升。课堂小结应包括三个方面的内容:一是组织学生回顾一下本节课主要的学习内容,二是向学生渗透物理学科的思想方法,三是提出新的问题。

做课堂小结时教师可以这样组织教学:"请同学们思考一下,这节课你的主要收获是什么?"教师这样的问话方式,必然会引发学生进行思考,学生会将本节课中研究的内容作回顾。回顾的过程对于学生来说是重要的。通过回顾使学生对研究的问题、形成的结论加深理解和记忆;通过回顾使学生将新的知识、新的技能再次纳入自己的认知体系和操作技能体系;通过回顾使学生重新感受曾经的体验。

几乎每一节物理课,都有研究问题的方法。如物理学中的复杂问题简单化、实际问题理想化、理论问题具体化等都是物理学中科学的思想方法。在课堂小结中,教师要结合本节课的教学内容,结合本节课的具体问题,结合本节课中所采用的研究方法,向学生渗透物理学科的思想方法。

每一节物理课,学生都会接触新的问题,都会研究新的问题,都会解决相应的问题。就某个物理问题而言,如果初始条件发生变化,如果观察视角发生变化,如果技术手段发生变化,如果学习领域发生变化等,那么随之将会出现种种新的情况、新的问题、新的结果。课堂小结的最后,教师要根据上述各种变化和向学生展望一下将要研究的新问题,这样可以激发学生进一步学习的兴趣和愿望,同时也为学有余力的学生留下很好的思考和研究的内容。

2.2 探究式教学

《普通高中物理课程标准(实验)》在基本性质中提出:高中物理课程有助于学生继续学习基本的物理知识与技能;体验科学探究过程,了解科学研究方法;增强创新意识和实践能力,发展探索自然、理解自然的兴趣与热情。新课程标准实施以来,广大教师都在积极探索和实践探究性教学方式。这种教学方式,使课堂教学发生了变化:课堂上学生过去不曾看见的内容现在看见了;过去不曾想的问题现在积极思考了;过去不曾做过的实验现在亲手做了;过去不曾研究的问题现在自主研究了。通过探究式教学,学生的学习兴趣提高了,视野开阔了,思维活跃了,动手能力增强了。

2.2.1 科学探究

探究 《辞海》中探究是指"深入探讨,反复研究"。《现代汉语词典》将探索定义为"多方寻求答案,解决疑问";将研究定义为"探求事物的真相、性质、规律等"。《牛津英语辞典》中将探究界定为"求索知识或信息,特别是求真的活动;是搜寻、研究、调查、检验的活动;是提问和质疑的活动"。可见,探究的基本前提是提出问题,探究的实质是发现问题和解决问题。

科学探究 美国《国家科学教育标准》对"科学探究"进行了界定,科学探究指的是科学家们用以研究自然界并基于此种研究获得的证据提出种种解释的多种不同途径;科学探究也指学生们用以获取知识、领悟科学的思想观念、领悟科学家们研究自然界所用的方法而进行的各种活动。

在基础教育阶段，所谓科学探究是指学生们用以获取知识、领悟科学的思想观念、领悟科学家们研究自然界所用的方法而进行的各种活动。

课堂探究的基本特征和探究性程度如下表：①

基本特征		探究的不同程度			
1. 问题	学生探究的科学性问题	学生自己提出一个问题	学生从所提供的问题中选择，据此提出新问题	学生探究的问题来自教师、学习材料或其他途径，但问题并不直接，需要有所改变或自己体会其含义	学生探究直接来自教师、学习材料或其他途径的问题
2. 证据	学生针对问题收集事实证据	学生自己确定什么可作为证据并进行收集	学生在他人的指导下收集某些数据	数据直接给出，学生进行分析	数据和分析方法提供给学生
3. 解释	学生从证据出发形成解释	学生总结事实证据后做出解释	学生在得到指导的情况下收集证据形成解释	使用证据形成解释的可能途径已知	证据已知
4. 评价	学生使解释与科学知识相联系	学生独立地考察其他事实来源，建立事实与已有解释的联系	学生被引导到科学知识的领域和来源	可能的联系被给出	
5. 发表	学生阐述和论证自己的解释	学生用合理的、合乎逻辑的论据表达自己的解释	学生阐述自己解释的过程得到他人一定指导	学生阐述自己解释的过程得到广泛的指导	表达的步骤和程序都被给出
		多←………学生自主探究的程度………→少 少←……教师和学习材料指导的程度……→多			

在探究过程中，学生在提出和处理问题、设计探究方法、总结并交流学习成果等方面的自主性越多，探究程度就越开放。而教师给定得越多，就越是有指导的探究。即使在问题由教师、学习材料或其他途径完全给出的情况下，只要学生的学习过程是围绕科学性并能激发学生思维的问题展开，仍然可以组织探究性教学活动。

科学探究七要素 我国《普通高中物理课程标准（实验）》中明确地提出了关于科学探究的七大要素，如下表所示。

---

① 王晶莹．科学探究论．上海：华东师范大学出版社，2011：19.

科学探究要素	对科学探究及物理实验能力的基本要求
提出问题	能发现与物理学有关的问题 从物理学的角度较明确地表述这些问题 认识发现问题和提出问题的意义
猜想与假设	对解决问题的方式和问题的答案提出假设 对物理实验结果进行预测 认识猜想与假设的重要性
制订计划与设计实验	知道实验目的和已有条件,制定实验方案 尝试选择实验方法及所需要的装置与器材 考虑实验的变量及其控制方法 认识制订计划的作用
进行实验与收集证据	用多种方式收集数据 按说明书进行实验操作,会使用基本的实验仪器 如实记录实验数据,知道重复收集实验数据的意义 具有安全操作的意识 认识科学收集实验数据的重要性
分析与论证	对实验数据进行分析处理 尝试根据实验现象和数据得出结论 对实验结果进行解释和描述 认识在实验中进行分析论证是很重要的
评估	尝试分析假设与实验结果间的差异 注意探究活动中未解决的矛盾,发现新的问题 吸取经验教训,改进探究方案 认识评估的意义
交流与合作	能写出实验探究报告 在合作中注意既坚持原则又尊重他人 有合作精神 认识交流与合作的重要性

科学探究包括七个要素,27 条内容。这给教师在进行探究教学时提供了一个重要的参考依据和标准。这几十条内容可归为以下三个重要方面:①探究问题:问题意识,问题来源,质疑精神;②探究过程:探究方案,合理分工,分析论证;③交流展示:写出报告,同伴交流,质疑修改。

探究问题 这是学科教学中进行科学探究的前提。如果没有发现问题、不能明确地提出问题和规范地表述问题,科学探究便无从谈起。课上学生进行的科学探究活动始终是围绕着所探究的问题而开展的。有了明确、具体的探究问题,才能使探究活动具有明确的方向,使探究活动沿着制定的探究方案一步一步进行。只有这样才能够在有限的时间内完成探究的内容。

另外,发现问题和提出问题的过程是极具创造性的过程。教师会有这样的体会和经验,要想从平常的、已经习惯的、熟视无睹的事情中发现不平常的因素,是一件非常不容易的事情,它比在已有问题下寻求解决问题的方法更具创造性,更具挑战性,更具智慧。

对学生来说,他们在生活和学习中,遇到问题的机会可能比教师多一些,因为他们正处在全面发展的阶段,处在一个童心未泯的阶段,处在富有激情、充满理想的阶段。但是遇到问题,与发现问题、提出问题不是同一层面上的事情。遇到问题是每个人、每个学生身上都会发生的事情。但发现问题和提出问题对学生来说是极具创造性的能力。

科学探究的终极目标之一,就是发展学生的创造力,而发现问题和提出问题对实现这一终极目标起着重要的作用。要培养学生发现问题和提出问题的能力,首要是要培养学生的问题意识、发散思维和批判性思维。

探究过程 探究活动的关键性内容是要制定科学、合理、可行的探究方案。在制定探究计划或探究方案时,要把对问题的猜想与假设落实到具体的探究方案中。探究方案可以是个人设计完成的,也可以由小组几个成员共同设计完成。学生制定的探究方案教师要进行适当的指导,并提出合理化的修改建议。制定探究方案时,要有探究过程中所应用的物理学原理,要明确收集信息的途径和方式,要建立分析数据的思路和选择处理数据的手段。探究方案中要有关键性的探究步骤。探究活动,如果没有探究方案,往往会使探究的操作失去根据。如果探究方案不妥,将直接影响探究过程的科学性和探究结果的可靠性。学生制定探究方案的过程,就是经历把陈述性知识、程序性知识组合应用在一个具体情境中的过程,这将对提高学生分析问题、解决问题的能力,提高学生的综合素质起到非常积极且重要的作用。

在探究过程中,学生的探究活动常常是以小组为单位进行,学习小组在进行共同的探究活动时,需要几个同学共同配合,因此在进行探究活动之前要进行合理的分工。分工的基本原则是要让每一位学生都能参与探究活动,并尽可能地发挥每一位学生的作用。分工的方式可以由教师根据每个学生的特长进行指定性安排,也可以由学生自荐的方式进行分工,每个学生可以主动要求承担哪项具体任务,还可以是学习小组长进行商量式的安排。由于组内进行了分工,所以实质上是明确了每个人的职责,在探究的过程中使每一位学生都能够各司其职。

学生在实验探究过程中,要学习科学地收集实验数据的方法。在探究活动中,要想科学地收集数据,除了需要理解实验的原理,掌握实验的步骤,具有正确地使用、操作实验仪器和实验器材的基本技能之外,更为重要的是要有实事求是的科学态度。教师组织学生进行科学探究的过程中,要重视对学生进行科学态度的养成教育。学生科学态度的养成不是教师进行说教的结果,而是教师言传身教、行为示范的结果。进行数据收集的过程,是培养学生科学记录的意识和科学记录能力的过程。

实验数据是对实验事实的客观记录,而结论是在实验数据的基础上,通过分析和论证所得出的具有普遍意义的规律。如果没有数据处理,没有对数据处理的分析和相关的论证,就难以形成正确的结论。可以设想,科学探究如果只有收集数据而没有对数据的分析和论证,科学结论将无法形成,探究等于半途而废。收集数据得到的是证据,分析论证靠的是逻辑推理,在科学探究中,这两者相辅相成,两者缺一不可。高中生在分析、处理实验数据的思路、方法和手段方面都有很大的提高,如对测量数据可以采用数量计算的方式,可以是字母运算的方式,可以是列表的方式,可以是图像的方式,可以是手工、可以是计算机、可以是人工智能进行处理等,这为发展学生的逻辑思维能力、逻辑推理能力提供了一个很好的途径。同时,分析处理数据时,事实与假设的差异,也为学生发现问题、提出问题提供了机会。

交流展示 学生进行科学探究的过程中，一个重要的方面就是要进行交流展示活动。通过交流与展示，同学之间互相学习，互相欣赏，互相借鉴，互相启发；通过交流与展示，同学之间互相沟通，互相质疑；通过交流与展示，对探究过程中的问题及不足之处、不妥之处，做出改进，对探究的结论做必要的修正等。

高中生应该在进行探究活动后写出探究报告，即能在探究报告中初步陈述探究的问题、探究的过程和探究的结论。写探究报告时，要能够实践对不同的探究问题，进行阐述的内容和表述的方式等具有不同的侧重和各自的特点。学生要在明确探究目的、理解探究过程、对探究过程有自己独立见解的情况下写出探究报告。写探究报告时，对探究的问题要尽量准确、简捷地进行表述，对探究方案要学会做整体性介绍，实验数据记录的呈现要准确，要尊重原始数据，对探究中关键过程要做一些说明。实验数据处理的定量化水平要更高一些，实验结论的表述要有逻辑，阐述的语言尽量地简练和准确。写的探究报告，应体现“事实 + 理性”的原则。“事实 + 理性”是科学探究中的基本理念，探究的结论应该建立在事实基础上，加上理性分析的结果。根据事实进行理性分析是物理学发展的基础，这种研究方法应该贯穿在整个探究活动的过程之中。

探究过程中小组内的同学之间需要沟通和交流，需要理解和协助。沟通和交流、理解和协助是确保本组的探究获得成功的基础。小组获得探究结果后，可能会向全班同学展示探究成果，这种交流可以使学生之间互相学习，互相欣赏，互相借鉴，互相启发。通过组内成员的沟通和交流，通过全班性的展示交流，可以培养学生的合作意识和合作能力，培养学生的表达能力，通过展示和交流使学生获得成功的体验。

探究活动中交流展示活动，一般会引起学生的注意力和兴趣。由于展示交流是在探究活动之后进行的，所以学生对探究的问题和探究经历也有自己的结论和体会，因此在其他小组成员进行展示的过程中，他们一方面可能会受到启发，同时可能对一些问题会有不同意见和看法。如果班上的学习氛围、研究氛围比较好，同学之间能够敞开心扉，进行坦诚交流，提出不同的意见，供全班同学思考和讨论，这就是科学的过程，就是科学的魅力，就是教师的智慧。

2.2.2 教学中的探究

探究教学是指以探究作为教学方法的探究式教学或以探究作为课程内容的教学。前者是将科学探究作为一种教学方式来进行科学知识的教学，其教学目标是科学知识，或者是科学知识和科学探究。后者是以科学探究的技能、过程和本质作为内容的教学，它以科学探究为教学目标，并不重视科学知识，而是强调探究的方法和步骤及其本质。从目前来看，后者在我国的课程中较少出现。我们常用的探究教学其实是探究式教学，即一种教学方式。探究式教学的本质内涵是在教学中有效地组织学生进行探究活动。在探究活动中学生要有独立的思考，有问题意识，有经验获得，有对研究方法的感悟，有思想认识上的收获。

探究式教学的重要特征 ①学生参与围绕科学问题、事件或现象展开的探究活动，探究要与学生已有的认识相联系，教师要设法造成他们思想冲突，鼓励他们学到更多知识；②学生通过动手做实验探究问题，形成假设并验证假设，解决问题，并为观察结果提供解释；③学生分析、解释实验数据，并将他们的观点进行综合，构造模型，利用教师和其他来源所提供的科学知识阐述概念及解释；④学生拓宽新的理解、发展新的能力，并运用所学知识于新的情境；⑤学生和教师共同回顾并评价所学内容和学习方法。

探究式教学的基本模式 以科学探究为主的教学不仅要安排探究活动，还要指导或协助学生主动探索知识以及寻求对科学知识的理解，以满足学生的好奇心。它的种类很多，有的强调学生主动参与动手做的学习活动及实验，有的重视教学活动中帮助学生发展与科学方法相关的过程技能。根据教学方法的不同，可分为结构探究、实验探究和理论探究三类。其中结构探究包括一般课堂教学中的演示性和互动性探究；实验探究主要是实验活动中的指导性、半开放性和自由探究；理论探究指思维探究。其探究程度从教师到学生的控制点也依次升高，如下表所示：

<table>
<tr><td colspan="2">结构探究</td><td colspan="3">实验探究</td><td>理论探究</td></tr>
<tr><td>演示性探究</td><td>互动性探究</td><td>指导性探究</td><td>半开放探究</td><td>自由探究</td><td>思维探究</td></tr>
<tr><td colspan="6">低 ←………探究的复杂程度………→ 高</td></tr>
<tr><td colspan="6">教师 ←……………控制点……………→ 学生</td></tr>
</table>

探究式教学的“魂” 独立的思考、探索的实践是探究式教学的“魂”。提高探究式教学的实效性，关键在于要理解和抓住探究式教学的“魂”。

独立的思考主要是指，在形成问题，做出假设和猜想，设计探究方案的过程中学生所进行的独立思考。这样的独立思考，对提升学生的探究能力十分重要。因为这种思考的价值在于，能够改变学生的思维习惯，即面对纷繁复杂的物理现象有形成问题的意识，能够对问题的结果，或者是问题发展的趋势做出基本假设，能够根据自己的能力自信地设计科学合理的探究方案。

探索的实践主要是指，按照探究方案所拟定的程序，进行探索性实践。这样的探索性实践，能够有效地提高学生的探究能力。因为这种探索性实践的价值在于，学生亲身经历探究活动，会获得直接经验，会感悟到物理学的研究方法，能体验探究的艰辛，能体验探究成功后的喜悦。在探索的实践中，创新精神和实践能力能够得到有效的培养。

抓住探究式教学的“魂”，就能够比较从容、清晰地进行探究式教学的教学设计，就能够发挥探究式教学在培养学生创新精神和实践能力方面的强大作用，同时容易使探究式教学成为常态课。抓住探究式教学的“魂”，教学中让学生经历独立的思考和探索的实践，就能够有效地提高探究式教学的实效性。

物理教学与科学探究 科学探究体现了物理学的本质特征，是物理教学的重要组成部分。物理学的本质特征可以看作由两个方面组成，一方面是其过程性特征，即对自然界的观察和探究，体现了自然科学的共性；另一方面是研究对象和追求目标上的特征，以无生命的世界为研究领域，力图确认世界最基本的原理，追求内在的统一性。物理学是在不断追求认识统一性的探究过程中发展的，在科学探究过程中寻求事物的本质特征及统一规律的思想方法是物理学的本质特征，是物理学首先要体现的。

中学生对物理的理解和认识是通过亲身经历的学习过程而逐渐形成的。物理课不应当只是听课、记笔记、做实验、做习题的结合，而应当是在教师的指导下不断探究物理现象的本质与内在联系的过程，从而体现物理学的本质与促进学生科学素养发展相统一。

在物理教学改革中，有不少人担心强调科学探究会影响学生掌握物理知识。事实上，用科学探究的思想指导物理教学不是忽视物理知识的学习，而是重视了学生对物理知识的自主建构过程，科学探究与物理知识的建构是一个统一的过程。

建构知识与传授知识的本质区别在于：传授是自上而下的，知识的来源是教师和教材，接受者是学生;而建构则是自下而上的,学生的头脑本来就不是一张白纸,他们对于物理现象和问题存在着大量的前概念和特殊的认识和思维方式,这些原有认识只有在科学探究的过程中,经过冲突和挑战才可能真正转变,科学的观念和思维方式才能真正建立起来。

探究式教学比较符合学生的认识和发展过程。科学探究将物理学科的探究本质与学生学习的探究过程有机地结合起来,学生从原有的认识出发,积极参与寻找解释和答案的过程,真正成为探索物理世界的主体。因此,科学探究可以激发学生学习物理的内在动机,充分发挥其学习的潜能。

在探究过程中,学生要明确研究的问题,自己收集和分析信息,做出假设或预测;在教师的指导下,在师生、生生共同讨论证据、比较结论以及把自己的结论和科学知识进行比较和建立联系的过程中,获得新的观点和新的思维方式,主动地构建、修正或放弃自己原有的认识和解释,从而扩展对科学的理解和认识。这个过程涉及深层次思维过程结构的重组和元认知意义上的建构,可以提高学生的质疑、推理和批判性思考的能力,增强他们对自己学习的控制力和责任感,从而更加有效地学习物理。①

讲授式教学与探究式教学 高中阶段的物理教学,仍要以讲授式教学为主、探究式教学为辅的教学策略。这种观点,好像是对教育改革的一种不积极的态度。其实不然,就目前的课程设置、教学软硬件环境、教学评价机制来看,这是一种比较客观的、符合课堂教学规律、符合高中物理教学实际的教学常态。

这里所说的讲授式教学,指的是教师运用教学语言对学生进行启发和指导,学生根据教学讲授的问题进行积极、主动、深入地思考与实践等一系列活动的教学方式。教学实践中教师常采用讲授式,学生在教师的启发下,将物理学中成熟性知识进行自主建构,形成的认知体系和知识网络是科学、合理的,记忆、调用等都是比较方便的。通过一定数量的问题解决,使学生建构的知识体系是比较完善的。从学生认识、理解知识的层面看,讲授式的教学方式简单、简捷、高效。高中阶段,一方面学生要学习的基础知识比较多,这是培养学生全面发展能力的需要,是学生进一步学习的需要,是提高学生科学素养的需要。另一方面高中物理学基础知识当中,有很多都是将来高考要进行重点考查的内容,学生必须在有限的时间内完成这些内容的学习。因此采用讲授式的教学方式,仍应成为我们目前首选的主要教学方式。

当然,每学期我们必须要有一定的学时采用探究式教学,必须要让学生经历科学探究的过程。如果没有这个过程,我们的课程、我们的教学是有缺陷的。没有探究式的教学方式和学习方式,学生的认知就会比较单一;没有探究式的教学方式和学习方式,学生很难获得直接经验;没有探究式的教学方式和学习方式,学生无法亲身体验和感悟科学的研究方法;没有探究式的教学方式和学习方式,学生可能缺少必要的行为;没有探究性的教学方式和学习方式,学生就不容易养成某些习惯;没有探究性的教学方式和学习方式,学生不容易形成正确思想意识和正确的思想观念;没有探究式的教学方式和学习方式,学生之间的交流与沟通会受到一些影响;没有探究式的教学方式和学习方式,学生的合作意识与合作能力难以在高中阶段得到明显增强。因此,在高中物理课堂教学中,我们需要有目的、有计划、有针对性地开展探究式教学。让学生体验科学探究的过程,实践一种新的认知方式,感悟科学探究过程的深刻性,形成问题意识,关注过程的意义,

① 郭玉英. 用科学探究思想指导高中物理教学改革. 中国基础教育,2003(4).

提高分析问题和解决问题的能力,培养学生的创新精神和实践能力。

2.3　合作学习

合作学习是20世纪70年代初兴起于美国,并在70年代中期至80年代中期取得实质性进展的一种富有创意和实效的教学理论与策略。由于它在改善课堂气氛,大面积提高学生的学业成绩,促进学生形成良好的非认知品质等方面实效显著,很快引起了世界各国的关注,并成为当代的主流教学理论与策略之一,被人们誉为近几十年来最重要和最成功的教学改革。

2.3.1　合作学习的概念

合作学习是以现代社会心理学、教育社会学、认知心理学等为基础,以研究与利用课堂教学中的人际关系为基点,以目标设计为先导,以师生、生生、师师合作为基本动力,以小组活动为基本教学形式,以团体成绩为评价标准,以标准参照评价为基本手段,以大面积提高学生的学习成绩、改善班级内的社会心理气氛、形成学生良好的心理品质和社会技能为根本目标,是一种极富创意与实效的教学理论与策略体系。①合作学习是指学生为了完成共同的任务,有明确的责任分工的互助性学习。合作学习鼓励学生为集体的利益和个人的利益而一起工作,在完成共同任务的过程中实现自己的理想。

合作学习是一种以社会性活动为中介的学习,良好的社会性活动的构建是合作学习的前提和基本保障。没有社会性的组织、交往、交流活动,就不会有真正意义的合作学习。因此,相对个体的学习而言,这种学习活动必须有其特定的社会组织形式(如混合编配的活动小组)、社会规则(如全员参与、互助、竞争、激励等)、人际关系(平等、民主、尊重、信任等)、角色定位(如消除权威、同舟共济等)。合作学习不能是个体学习的简单累加,小组不能变为传统课堂的缩影,实质性的合作必须全员参与,突现主体,成员必须要有合作者的角色心理,在学习活动过程中,成员的认知、情感和行为必须要有互动。

合作学习是充分运用社会思维或集体思维的学习,通过思维的相互激发和共鸣而求得发展是合作学习的基本特征。社会思维学理论认为,人的思维从本质上讲是社会性的,是社会性地发生和发展的。群体的学习思维活动能产生一种“社会思维场”,这种“社会思维场”是个体思维的精神环境,制约和影响个体的思维。良好的思维互动可以推动和启发个体的思维,达到良好效果。

合作学习不仅要注重提高学生的认知能力,更要着眼于提高学生的主体性、社会性素质,这是合作学习的基本目标。合作学习既是一种学习(认知)活动,也是一种社会人际交往活动,合作学习尽管以具体的学习形式和学习成果显现,但是不应仅仅停留于认知层面,要在认知活动中通过认知超越认知,培养健全的人格和社会性品质,真正做到“学会认知”“学会合作”“学会共存”。

2.3.2　课堂上生生间的合作学习

(1) 课堂上生生间合作学习的分组方式

拼板模型:这种合作学习的方式类似于拼板或拼图游戏。在此模型中,每个学生分别参加两个小组——学习小组和研究小组。在确定学习目标后,小组成员先到各自的研究小组研究分析

① 卞秀静. 高中物理小组合作学习常态化教学策略的研究. 硕士学位论文,2010.

要解决的问题。研究工作完成后，研究小组成员再回到各自的学习小组。学习小组共享各研究小组的研究成果。

调查模型：这种模型可用三种方式分组：一种是按兴趣爱好分组，一种是按感情友谊分组，一种是按特长搭配分组。分组后，教师给学生介绍课堂所要学习的内容后，全班学生讨论学习内容并拟定出一套需进一步讨论的命题来。每个学习小组选一个命题，并把这一个大命题划分为若干个分支问题分配给小组内的每个成员。每个成员负责研究自己的问题，将研究结果写成报告。小组把每个成员的报告汇总起来，形成总报告，再与全班同学共享他们的研究成果。每个小组陈述自己的研究结果之后，给出时间让全班进行讨论。班级评价可使该小组获得有价值的反馈信息，以便纠正自己的观点。

编号模型：该模型是用于复习教学，特别适合于一些十分明确的问题。应用这一模型时，将学生分成 4 人小组，将小组进行编号。教师提出问题后，每个小组的全体成员共同讨论问题答案。之后，教师叫一个编号，所叫编号的小组全体成员协同回答问题。回答问题后，教师再征求其他组的意见，如有意见，就让其他组对该组进行帮助。

配对模型：学生先两人一组互相讨论学习，后与全班共享他们的讨论结果。最后让持其他意见的同学发表自己的看法，帮助这个两人小组。

现有的教室里的学生座次，大多数学校采用“秧田式”的排列结构。在生生合作学习中，“秧田式”座位排列方式具有一定的局限性。最好在分组学习时，座位排列方式呈圆形、马蹄形和小方块形等，组间应当保持一定的距离。这些排列方式不仅有助于减少合作学习时小组之间的干扰，也有助于教师在合作学习活动中的分组个性指导。

（2）课堂上生生间合作学习中教师的作用

营造氛围　教师要善于营造合作学习的氛围，创设真诚的激励环境，使学生心理放松、具有研讨自由、民主平等的安全感，让学生拥有充足、宽裕的发言、补充、更正、辩论的时间和空间，使不同程度学生的智慧、潜能得到尽情的发挥，为学生提供必要的启发式帮助，引导学生各抒己见、相互交流，使每个学生真切地体验到合作学习的成功与快乐，产生进一步合作的欲望。

教师根据教学内容和学生实际，想方设法创造条件，为学生提供自主探索的机会，让学生有更多的动脑思考、动手操作、讨论交流、提出问题、解决问题的时间和空间。在合作学习课堂教学中，要努力做到“七允许”和“八让”。即想说允许说，说错了允许重新说，说不完整允许补充，说完了允许自由坐下，不同意见允许争辩，不清楚问题允许提问，老师错了允许指正；现象让学生观察，规律让学生发现，方法让学生寻找，结语让学生概括，公式让学生推导，思路让学生探索，说理让学生讲解，结论让学生验证。

布置任务，把握时间　课堂上生生的合作学习，任务一般需要教师明确布置。说明合作学习任务时，要告诉学生学习的任务是什么，如何来完成，在完成的过程中有什么要求，达到什么样的效果。一般来说，合作学习中教师对合作学习任务说明得越清晰，合作学习的效果越好。

合作学习实施中，教师在合作学习的时间上容易产生两种倾向：一是，合作学习时间过短。其原因主要是教师为合作学习设计的问题缺乏整体性，过于零碎；教师担心教学任务完不成；教师采用的不是真正的合作学习方式，只有形没有神。二是，合作时间过长。其原因主要是教师设计合作学习的问题过难，或小组人数过多、小组成员合作技能缺乏。要解决合作学习时间过短或过长的问题，其根本在于教师在合作学习设计过程中要有时间意识，要注意根据不同合作任务确定恰当的合作学习时间。

树立学生主体意识　学生的学习过程事实上是学生进行再创造的过程，也就是由学生本人把要学的物理知识，自己去发现或者“创造”出来。教师的任务就是帮助和引导学生进行这种再创造工作，而不是简单地把现成的知识直接“灌输”给学生。因此，在课堂教学中，教师要根据教学内容的特点、学生的认知规律，或启发式讲授，或学生探究，或开展学生分组合作学习，努力为学生创设再创造的条件，让学生通过有目的地观察、独立思考、动手操作以及合作学习、交流等自主探索的行为，从外到内主动建构自己的认知和经验，使自己得到发展。

在课堂教学中，“教”的过程教师是主体，“学”的过程学生是主体。生生间的合作学习是以学生合作为主体的活动，在合作学习中，学习任务的完成要通过学生的主动学习来进行，学生在合作学习之前积极思考而提出的问题、教师在合作学习中适时地提出的问题，两者要有机地结合，以此来提高合作学习的效果。学生合作学习的自主性还体现在学生自己主持学习活动，合作学习以小组为单位，学生在合作学习中享有充分的自主权，教师只能成为学习活动的指导者和促进者，教师不能控制或者过多地干预学生的活动。

有针对性的适度指导　由于我国多数中学的班级规模比较大，学生人数相对比较多，教室空间有限，采用分组合作学习的方式，教师在一堂课中很难每个小组都能照顾到。除了有选择性地做小组整体指导外，教师要关注学生的参与情况，注意提醒参与性低的学生积极参与合作学习。教师还要关注教学重点难点的分组落实情况，创设能引起学生认识上产生矛盾和冲突的问题情境，启发思维，引导学生讨论，让学生在自主探索中享受乐趣，在享受乐趣中深入理解重点难点知识。

在课堂教学中，学生常常会就某一个问题提出自己的疑惑，这时教师就要看看这个疑惑是否具有普遍性，如果是，就要及时引导其他组学生参与讨论。这样，在讨论中及时释疑，消除了学习的疑团，学生体验了发现问题、解决问题的快乐。学生的好奇心很强，课堂上常常会出其不意地有新发现。这时教师就要鼓励学生，有针对性地引导学生对新发现展开讨论，让学生在发现中加深对课本知识的理解。当然，有些不适合在课堂上当堂讨论的问题，建议他们放在课后继续研究。在同一个班级里，由于学生存在差异，对同一个问题往往产生不同的思考。当学生间产生争执、组长难以掌控时，教师应当适时介入，引导他们在激烈的讨论中注意方式方法，注意相互启发，发扬团结协作的团队精神。

在合作学习中，的确要强调学生学习活动的自主性，但绝不是教师让学生放任自流，而是要在宏观上加以系统指导，发挥教师在合作学习中指导者的作用。上好这样的课，比自己讲授还要累，还要难。

（3）课堂上生生间合作学习中学生的责任

组长　组长在合作学习中的主要职责是主持、协调。组长要带领小组成员紧扣教师布置学习任务有序学习；合理分工，使每个成员有事可做；澄清问题，提示问题，引导发言；征求各成员的意见，要求各成员贡献自己的观点，接纳组员的意见和建议；鼓励组员积极参与，提供解决问题的思路和资源；对讨论的内容过程进行重点记录，整合小组讨论的有关观点和建议，并敦促小组达成一致性意见；与小组共享奖励和赞誉，公正务实，能够促进和推动小组活动积极有效地进行。

组员　合作学习是靠小组成员之间相互信任、相互支持、积极地相互依存来完成的。为了避免合作学习中的责任分散、责任流失现象，每个成员都应当有自己的责任，有强烈的个人责任感。

这种个人责任感一方面会推动学生积极参与合作学习,另一方面也防止组长或其中一两个成员过于操纵一个小组。

当教师布置好合作学习的任务后,分组学习伊始,最重要的一步就是,小组全体成员都静下心来,围绕学习任务进行各自独立的思考。只有在独立思考后,每个成员都有了自己的想法以及新的问题,接下来的合作学习才有意义,才能真正发挥每个人的主动性,积极献计献策,才有可能避免人云亦云、随波逐流,不求甚解,游离于合作学习之外。因此,这一独立思考阶段,一定要有时间上的保证,每个组员都要认识到这一阶段的责任和重要性。

在合作学习中,除了独立思考外,学生还需要练习、掌握的合作技能主要有:①和平共处的技能。具有良好的"和平共处的技能"的学生,能够以有序的方式进入小组;表现出兴趣和参与;对其他成员抱有乐观的态度;不使用伤害他人的言语;压低声音说话,服从示意安静的信号等。②团结协作的技能。具有良好的"团结协作的技能"的学生,能够请求得到别人的信息或建议,并主动提供自己的信息或建议;帮助大家组织材料;主动敦促小组的工作进度,协助监督合作学习各阶段的时间;听从或发出组织管理的指示;鼓励他人参与,帮助解释他人的观点;一次只与一个人交谈,轮流与组内成员交流;合适的时候分享情感,表现出对他人的欣赏,开适当的玩笑等。③达成目标的技能。具有良好的"达成目标的技能"的学生,能够自主做计划;提的问题具有深刻的批判性和创造性;积极重复和总结;通过核查、改正提出更准确的信息或建议;区分组内不同观点,融合自己观点,将不同的观点或视角加以整合;批评自己认为不正确的观点,对观点而不对人等。

(4) 课堂上生生间合作学习的评价

合作学习是一种结构化的、系统的学习策略,由 2 ~4 名能力各异的学生组成一个小组,以合作和互助的方式从事学习活动,共同完成小组学习目标,在促进每个人的学习水平的前提下,提高整体成绩,获取小组奖励。合作学习学生评价理念摒弃了传统教学中所注重的个体在整体中的成绩和名次的评价观,其评价标准和奖励依据是以合作学习小组为基本单位,是一种按照小组总体成绩来进行奖励的评价策略。这种评价机制有利于把个人之间的竞争转化为小组间的竞争,使竞争从"消极"转为"积极",促使小组内部各成员之间的合作,使小组成员在各自小组中各尽所能,得到最大程度的发展。

合作学习的评价,要着眼学习的整个过程,对合作学习的不同阶段采取不同的评价方式,从而将评价贯穿于整个过程。在分组之前,可以实施预备性评价,以了解学生的基本情况,预备性评价为教师提供了分组依据。在合作学习过程中,教师需要进行适时的监督与介入,对合作学习过程的予以适度引导,诊断性评价和过程性评价可以发挥这一作用。如,小组成员可能还没有明确学习的任务、缺乏必要的合作技能等,这时教师可以采用诊断性评价对学生是否在知识或能力上存在障碍进行诊断。过程性评价是为了引导教学过程正确、完善的前进而采取的评价,通过评价结果教师可以了解学生学习的情况,发现学生的潜能,为下一阶段的教学做好充分的准备。在合作学习结束后,教师可以采取总结性评价,即在某一相对完整的教学活动结束后,为了解学生是否达到预期的教学目标而进行的评价活动。

合作学习评价的目的是为了促进学生的发展,评价要尊重学生的个性和兴趣,保护学生的自尊心和自信心,关注学生的学习热情和求知欲望。在合作学习学生评价中,教师采取预备性评价、诊断性评价、过程性评价和总结性评价等相结合的方式,这些评价发挥着不同的作用,在合作学习的不同阶段采用不同的评价方式，它们的功能是结合在一起的，它们最终的目标指向也是一致的，那就是促进学生的发展。在合作学习中，小组成员之间相互交流、共同提高，课堂教学也因此变得更加复杂，课堂教学评价的指标需要具有开放性，能够使教师的“教”和学生的“学”根据实际情况进行适当的调整，从而为教师和学生的发展创设更广阔的空间。

2.4 教学十原则

1962 年，北京市第四中学(图 1 - 15)印发了源自该校许多著名教师教学经验的《课堂教学基本要求》，共计十条，标题都是通俗易懂而又含义深刻的教育成语。如今重温之，笔者深感作为一名教师若做到了这十条要求，就一定是一位好教师了。下面我把这十条课堂教学基本要求(教学十原则)分享给大家。

图 1 - 15 北京四中

(1) 循序渐进

① 知识有其系统性。平时传授知识，分章分节，一部分一部分地教给学生，但随时应注意要使新知识和已学过的旧知识联系起来，要用观点把有关的感性材料统帅起来，使学生逐步了解本科知识的轮廓全貌及其内在联系，随全部知识讲完而形成系统。有了系统，则抓住要领，高屋建瓴，所学知识就不再是支离破碎分割孤立的东西。

学生的知识有无系统性，往往是决定其学习质量高低和以后成就大小的一个重要因素。

② 教必须循序。教学须由简到繁，由易到难，由部分到整体，由片断到系统。教师讲授，不仅是引导学生了解各个局部，还须引导学生掌握总体。到总复习时，更要讲求综合系统。此外教师讲授知识，还必须符合学生的认识过程，从感性到理性，引导学生通过具体事例总结出理性知识，返回来再引导学生去解决实际问题，这也是教学必循之序。

(2) 举一反三

要使学生以较多精力学好各门学科中主要的概念、定律、公式，对主要知识力求达到深刻理解、牢固掌握、举一反三、熟练应用，教师在此等处要讲解精透，善于启发，并使学生学会独立思考。同时也要妥善地处理一般知识，使重点和一般有机地结合起来，才能举一(重点)反三(一般)。

抓关键就是通过主要知识寻求出基本规律并牢固掌握，从而可以触类旁通，认识同一范畴的其他事物，这是以简驭繁的一条法则，也是培养学生思考能力所不可忽视的一条法则。

(3) 深入浅出

教师在透彻理解所讲问题的本质的基础上,善于用学生知识领域中已有的、或生活中较为熟悉的一些事例,来恰当比喻学生目前尚属不可捉摸、难于理解的理论或问题。这是教学中常用的一种方法。举个浅显的例子把复杂深奥的道理轻易地说懂了,想做到这一点是不容易的,教师必须对所讲事物的本质的确是透彻地理解了,并且知识相应广博,能从丰富的事例中选择恰足以说明问题的一个例子。只有这样,才不致问题没有说清,反而增加学生的困惑;也不致使学生因不恰当的比喻而对所讲问题作了歪曲的理解。

借助感性材料讲明理论和概念,也是深入浅出的一种方法。这也叫做"把抽象的教材讲得具体化"。把理论的本源,抽象的过程,使学生清楚了解,并且能够应用理论去解决实际问题,则难自可转化为易,深奥自可转化为浅显。

(4) 直观形象

① 语言的直观:讲课语言必须清楚、简练,文史课更须形象、生动。备课时要考虑话怎么说?选什么例子会使学生感觉兴趣,效果更好?……能经常在这方面注意,则语言修养就会提高,表达能力就会增强。

② 实物的直观:直观教具、实验、演示等。

直观教具的作用有二:

使学生对研究的问题有更生动深刻的观念。

把教材的难解部分通过直观形式加以表达,减轻学生理解的困难。

理化生各科教师对学校有关本科的仪器、标本、药品应比较熟悉,此外,还应为解决教学中的某些问题制造一些直观教具。制造直观教具,只能是为了解决教学中的实际问题,而不应是为了展览或应付参观,否则都是追求形式。

直观教具的使用也应讲求实效,使用在关键处及真正疑难处,不可陈设过多,点缀课堂,反而冲淡主题,影响教学目的的完成。

实验必须尊重科学,尊重实际,在什么条件下只能有什么效果,要真实地告知学生,不可为增强效果而弄虚作假。

(5) 文以载道

① 文史各科应注意利用教材所具有的思想性去感染学生。思想教育只能是在讲懂讲透所授知识的基础上进行,只能是通过教养进行教育。对教材本身讲解不透,而附加一些政治说教,并不能真正收到思想教育的效果。教师必须首先把载道之文钻研透彻,才能弄清文中所载何道。因此,讲好知识,是进行好思想教育的先决条件。

② 此外,教师必须不断提高政治水平,加强思想修养;关心形势,热爱教育工作,使观点正确,爱憎分明,讲授时有所联系和发挥,自可热情洋溢,感染力强。

(6) 温故知新

学生对新知识理解困难,其主要原因是对做这些新知识基础的旧知识没有理解和熟练掌握。任何新知识都是在熟练掌握旧知识的基础上提出的,教学最忌旧的还未讲清,又添上新的,一直继续下去,使学生在许多地方模糊含混,作业也经常出错。

学生知识学得巩固,才能日积月累,根基日厚。古人说:"日知其所亡,月无忘其所能,可谓好学"。我校教师刘伯忠(北京市化学特级教师刘景昆,图 1-16)同志说:"教师教学生,主要是使学生把知识掌握巩固,能够不丢。"这些话都说得极好,都指出了巩固的重要。但人的精力有限,所学知识岂能全部永远记住?只是要求学生对所学的重要知识、关键知识不忘不丢而已。对这些能不忘不丢,则所学虽少,得寸为己之寸,得尺为己之尺;随得随失,即便敏捷过人,知识有如过眼云烟,终非己有。

图 1－16　刘景昆(伯忠)

因此有经验的教师非常重视学生知识的巩固,堂堂有复习,讲新知识联系有关的旧知识,从旧知识自然地引入新知识。对某些最关紧要的知识更是步步为营、环环扣紧、反复重视、不断深化,这正是掌握了温故知新的原则。

凡是应该记忆背诵的知识,应使学生在理解的基础上切实背熟记牢,本学科的重要知识可以不限年级地进行复习和检查。

(7) 循循善诱

教师启发学生学习的自觉性,培养学生良好的学习方法和习惯。

① 培养学生学习的兴趣,主要靠教师把课讲好。

关键处讲得清楚明白,使学生能够懂得和掌握,学生可以跟得上,可以独立完成作业,学生自然有兴趣。如讲授含混不清,学生感到困难重重,则视这门功课为畏途。

教师讲课不平淡、不沉闷、方法灵活、集中紧凑、师生关系融洽,学生对此课有兴趣。相反,课堂空气沉闷、讲课不注意方法,语言也不形象生动,师生情感对立,学生必厌烦这门功课。

教师讲课材料充实,深入浅出,每堂给予学生的知识,都是学生迫切需要,且又是学生当前水平及知识领域所不能独自见到的东西,通过教师讲授,每堂均有收获,学生对此科必然十分感兴趣。相反,教师备课不充分,讲课内容贫乏,拖延时间,重复不已,给予学生的东西,实际不讲课学生自己也可获得,则学生不会积极。

② 启发学生积极思维,培养学生思考能力。

教师讲课,能注意引起学生兴趣,(如上所述)语言逻辑性强,层次条理分明,善于运用比较、对照、分析、综合、归纳、演绎等方法分析教材,揭露事物的本质和规律,均可活跃学生的思维。

启发学生积极思维,不能只从形式上去考虑,课上要求学生参加一定的活动是必要的,但如讲课内容不能吸引学生,而大量提问,且问题过于简单;或提问之后,不讨论、不启发、不交流,教师总结也与学生回答各不相关,认为此即启发学生积极思维,纯属误解。

几年来,我校教师学习实践论、矛盾论后,在教学中注意抓关键,使学生能够举一反三;讲课注意符合学生的认识过程,从具体问题引入,抽象概括,得出结论,再用以解决实际问题,这些都是培养学生思考能力的重要经验。

③ 培养学生正确的读书方法和读书习惯。

学生要进行刻苦的脑力劳动。不能使学生只承受现成的结论,因此教课不应咀嚼过细,要给学生进一步钻研思考留余地。刘伯忠同志常对学生说:"不是我把你们讲懂的,而是在我的指导下,通过你们自己的钻研然后弄懂的。"正是这个道理。

培养学生有正确的学习方法和习惯,比讲懂几项知识尤有重要意义。因此教师须以全面负责的精神,严格要求学生,培养学生良好的学习方法和习惯。要求学生认真听讲,先复习再做作业,认真阅读教科书,能标重点和做简明提要,书面作业整清、不出错,一定独立完成。

(附1)注意使用课本

巩固新知识时,可以使学生从课本中了解新课的主要内容,有时可以让学生诵读课本主要部分,低年级布置作业应标明要复习课本的节数、页数及内容重点。语文、历史、政治科应逐步培养学生做课文提纲,数理科应指导学生掌握课本中的概念原理法则,地理课应注意培养学生使用书中的地图。

凡是应该记忆背诵的,应使学生在理解的基础上切实背熟记牢。

(附2)严格基本训练

① 培养学生的基础技能技巧。

语文注意提高学生的写作能力。

数学提高计算解题能力,综合运算能力,培养空间想象能力,逻辑推理能力。

理化培养实验基本操作能力,提高解题能力。

语文和外语都要增加朗读和背诵作业的比重,都要训练学生查字典。

② 除习字课临帖外,教师板书、学生一切书面作业,须使用公布的简化字,未经公布的不得使用。

教师板书必须整齐、疏朗、有条理,给同学示范。

③ 各科作业在字迹卷面、行款、格式方面都要有统一的基本要求。及时检查和批改作业,注意培养学生精确、迅速、细心、整洁的作业习惯。对共同的重要错误应在课内分析,并督促学生改正。

(8) 有的放矢

① 对教材难易和学生程度要心中有数。

克服教学中的盲目性和主观主义,搞好师生关系,使教学有好的效果,必须加强了解学生的工作。通过课堂提问、课外辅导、批改作业、试卷分析等方式了解学生的学业程度、接受能力、知识上存在的问题、学习上存在的困难,不断积累材料,从实际情况出发,有的放矢地讲新课或进行复习。

有经验的教师,对所授教材何处为难点、何处学生易有疑问、有什么样的疑问、如何解决这些疑问,都能做到心中有数。

② 估计学生的程度要避免下述两个方面。

过高地估计学生的水平。教学上常出现的问题是:讲课跳步过多,学生思维跟不上。或对理解新教材的旧知识未经提示复习,认为学生已经学过,应该懂得,而实际学生早已忘记,造成理解新知识的困难。或从理论到理论,从概念到概念,不从具体问题引入,不依赖实物直观,学生对理论概念不理解。

过低地估计学生水平。教学上常出现的问题是:简略的内容,重复不已,把课程中精彩之处完全冲淡,没有回味余地。

从我校教学情况看,数理科课程须多注意前一种情况,文科课程须多注意后一种情况。

(9) 因材施教

在了解学生的基础上,除一般要求之外,对成绩较好的学生可以有特殊的要求。平日作业,除规定全体学生必须完成者外,还可以选择一些较深的题目自由选做,使精力时间有余的学生,可以根据所好,进一步培养对本学科的兴趣。

教师发现对本学科学习突出优秀的学生,应在与有关方面(行政、班主任)联系后,适当进行培养。在不妨碍其学好各门基础课程的前提下,多方启迪诱导,指定有关参考读物,给予参加本学科有关活动的机会,进一步培养其正确的学习方法,……使这一科能出现一些拔尖学生。

对较差学生的辅导亦须及早抓紧,防止日久无法补救。

由于客观条件、主观努力不同,学生学习成绩必然有好坏的差别,不可能也不应该一律拉平,有若干差距是正常现象。我们应承认这种差距,并根据此情况认真进行培养工作。

(10) 教学相长

师生关系融洽,课堂气氛和谐,有如春风化雨,学生自然勤学乐业;教师也可毫不分心地传授知识,情绪高、讲得兴奋,这对教学工作至为有利。

所谓师生关系好,应该是教师热爱学生,学生尊敬师长,师生思想一致,团结一心,共同为社会主义事业搞好教与学。教师应热爱学生、热爱科学知识、热爱教学工作;防止个人主义、主观主义和急躁情绪。把功课特别优异的学生看做迫使自己提高业务的老师,把功课差的学生看做迫使自己改进教学方法的老师。

一定不要满足于目前的成就,应该清醒地知道,教学还有更高的境界,只有虚怀若谷、刻苦努力的人,才会不断提高教学质量,才会受到学生的欢迎,才会感到教学的乐趣。这一点对工作初步胜任的教师来说尤为重要,教书三五年之后,不肯再在教学上下苦功,俨然以老教师自居,是业务不能继续提高的根本原因。

此外,必须教育学生尊师,尊师是纪律教育的中心环节,学生扰乱课堂秩序,谩骂老师,应看成是不可容忍的现象,必须严肃处理。学生对教师提意见是允许的,但须有礼貌,并注意场合。①

3　教学案例

【案例1】加速度

说明:概念教学,讲授式,启发式

概念是科学的细胞,概念是科学的最高成果。没有概念,人们就无法思考。物理概念是物理知识的重要组成部分,准确建立物理概念是学好物理的基础。物理学中有许多概念,它们从实际中抽象而来,又常常与人们在生活里形成的直觉或潜意识(前概念)相左,这是学生学习物理过程中必须排除的障碍。因此,如何使学生准确地理解概念,澄清对于概念可能产生的某些误解,并使他们的思维能力在这个过程中得到发展,是中学物理教学中的核心问题。

物理概念的教学,一般来说,包括"感知活动""建构结构""掌握方法""巩固深化"等基本环节。"加速度"是力学中的重要概念之一,也是高一学生比较难懂的概念。教师可以联系实际,创设情境,激发学生的潜意识,鼓励学生积极思考,引导学生自主建立新概念,从而内化为学生自身的科学知识。

教学过程如下:

---

① 中国名校丛书——北京四中. 北京:人民教育出版社,1997:162.

环节一 感知活动

感知活动是物理概念形成的基础，物理概念的教学必须围绕学生丰富的感性认识进行。

变速运动是学生常见的运动，先让学生根据生活中的见闻举出大量的变速运动的实例。如：苍蝇、蜜蜂、蝴蝶、小鸟、老鹰的起飞和降落，野兔、羚羊、乌龟、蜗牛的运动，发现猎物的狮子、猎豹的运动；自行车、汽车、火车的启动或制动，飞机的起飞或降落；操场上各种球类的运动，田径运动会上运动员的运动；子弹、炮弹的运动；火箭、卫星、天体的运动；等等。

教师还可以引导学生认识诗人用诗的语言描述变速运动：

池上絮（唐 韩愈）——池上无风有落晖，杨花晴后自飞飞。为将纤质凌清镜，湿却无穷不得归。（诗人描述了杨花轻轻地飘落到水中的运动。）

下江陵（唐 李白）——两岸猿声啼不住，轻舟已过万重山。（诗人描述了小船在江水中的运动。）

拟古（东晋 陶渊明）——翩翩新来燕，双双入我庐。（诗人描述了燕子轻快地飞翔的情境。）

春日（北宋 晁冲之）——鹅鸭不知春去尽，争随流水趁桃花。（诗人描述了鹅鸭不管花飞花落，只知顺着流水追逐桃花的情境。）

倡导学生向诗人学习，热爱生活，用心观察自然，因为物理源于自然、源于生活。

以上，结合学生对生活的观察和感性认识让学生自然而然地“从生活走向物理”，认识变速运动，认识速度的变化。

环节二 建构结构

建构结构是物理概念教学的关键。一个物理概念的建立，关键是形成此概念对应的系统结构，即定义、公式以及与其他概念的联系等。

1. 指导学生主动建立加速度的概念

变速运动很复杂，本着从简单到复杂的研究问题的方法，从简单的变速运动——变速直线运动（速度大小变、方向不变）入手。例如：玩具车、火车、汽车做变速直线运动（见下表）。

	t/s	0	1	2	3	4	5	…
玩具车	$v/(\mathrm{m\cdot s^{-1}})$	0	0.2	0.5	0	0.7	0.4	…
火车	$v/(\mathrm{m\cdot s^{-1}})$	5.0	5.3	5.6	5.9	6.2	6.5	…
汽车	$v/(\mathrm{m\cdot s^{-1}})$	30	25	20	15	10	5	…

指导学生根据上表提供的信息分析三个物体速度变化的特点：

玩具车——速度的变化规律不明显（走走停停，时快时慢）；

火车——速度随时间均匀增大；

汽车——速度随时间均匀减小。

让学生总结火车、汽车的运动的共同特点：速度均匀变化，即在相等的时间里速度的变化相等。

像火车、汽车这种速度均匀变化的直线运动，是自然界存在的最简单的变速直线运动——匀变速直线运动。

指导学生分析研究：不同的匀变速直线运动，速度变化得快慢一般不同。上例中，火车速度改变得比较慢，汽车的速度改变得比较快。那么，怎样来描述速度变化的快慢呢？

教师可以用比较的方法(跟速度概念的建立比较)引发学生思考:描述物体运动的快慢,可以有两种方法。一种是在位移相同的情况下,比较所用时间的长短,时间短的运动得快;另一种是在时间相同的情况下,比较位移的大小,位移大的运动得快。因此,位移跟发生这段位移所用时间的比值可以描述物体运动的快慢,这个比值定义出来的就是速度,速度是描述物体运动快慢的物理量。

这种比值定义的方法能够启发学生认识到用一个比值来描述速度变化的快慢。

火车速度变化的大小与所用时间的比值是个常量:

$$\frac{0.3\ \text{m/s}}{1\ \text{s}}=\frac{0.6\ \text{m/s}}{2\ \text{s}}=\frac{0.9\ \text{m/s}}{3\ \text{s}}=\cdots$$

汽车速度变化的大小与所用时间的比值也是一个常量:

$$\frac{5\ \text{m/s}}{1\ \text{s}}=\frac{10\ \text{m/s}}{2\ \text{s}}=\frac{15\ \text{m/s}}{3\ \text{s}}=\cdots$$

这个比值的大小反映了物体速度变化的快慢。

这样,在教师的启发下,学生经历了主动建构加速度概念的过程。

定义:在匀变速直线运动中,速度的变化和所用时间的比值,叫做匀变速直线运动的加速度。

公式:用 v_0 表示运动物体开始时刻的速度(初速度),用 v_t 表示经过一段时间 t 末了时刻的速度(末速度),那么速度的变化量为 $\Delta v=v_t-v_0$,用 a 表示加速度,则

$$a=\frac{\Delta v}{\Delta t}=\frac{v_t-v_0}{t}\quad 单位:\text{m/s}^2(米每二次方秒)。$$

2. 比较加速度与速度

让学生讨论两者的区别和联系:

速度 v 和加速度 a 都是比值定义(某一个量对时间的变化率,表示这个量变化的快慢)。

速度 v 表示物体运动(位置变化)的快慢。

速度变化量 Δv 表示速度变化的大小。

加速度 a 表示速度变化的快慢。

帮助学生理解:a 不是 v,也不是 Δv,而是$\frac{\Delta v}{\Delta t}$(速度对时间的变化率)。

环节三　掌握方法

掌握方法是物理概念教学的手段,物理概念的形成需要应用多种数学、物理方法。

从上文不难看出,在建立加速度概念的过程中,已经涉及了“从简单到复杂的研究问题的方法”“比较的方法(跟速度概念的建立比较)”“比值定义的方法”。

为了让学生理解匀变速直线运动的加速度的方向,教师可以用“同一条直线上矢量运算”的数学方法帮助学生理解。

先让学生根据上表的数据计算火车、汽车的加速度。

火车:$v_0=5.0\ \text{m/s}$,$v_t=6.5\ \text{m/s}$,$\Delta v=1.5\ \text{m/s}$,$t=5\ \text{s}$,则 $a\ =\ 0.3\ \text{m/s}^2$。

汽车:$v_0=30\ \text{m/s}$,$v_t=5\ \text{m/s}$,$\Delta v=-25\ \text{m/s}$,$t=5\ \text{s}$,则 $a\ =\ -5\ \text{m/s}^2$。

提出问题:哪个加速度大?(引发学生思考负号“ - ”的物埋意义。)

指导学生用矢量图(图 1-17)示表示出初速度 v_0、末速度 v_t 和速度的变化量 Δv:

图 1－17

同一条直线上的矢量运算可简化为代数运算，规定一个正方向（一般取 v_0 方向为正方向），则

若 $v_t>v_0$，$a>0$，表示 a 与 v_0 方向相同，加速；

若 $v_t<v_0$，$a<0$，表示 a 与 v_0 方向相反，减速。

可见，负号“－”表示速度变化量的方向、加速度的方向跟初速度方向相反，加速度是矢量，匀变速直线运动的加速度方向与速度变化量的方向相同。

而后，教师采用“从特殊到一般”的方法，让学生初步了解：一般的变速运动的加速度常常大小、方向都在不断变化，可以引入平均加速度和瞬时加速度来描述速度变化的快慢。

环节四　巩固深化

巩固深化是物理概念教学的必要措施，它是指学生把所建立的概念和规律牢牢地保持在记忆里，不断地丰富概念的内容，发展概念的外延，并能顺利应用新知识解决物理问题。

为了巩固“加速度”的概念，可以让学生完成以下作业：

1. 让学生举例说明自然界哪些动物运动的加速度大？哪些动物运动的加速度小？

（龟、兔，猎豹、羚羊，蝴蝶、苍蝇，等等。）

2. 汽车的加速性能是发动机的重要参量之一，对赛车尤其重要。让学生在课外搜集这方面的资料，以加深对加速度概念的理解。

（0～100 km/h 加速时间：夏利 15 s，宝来 10.5 s，奔驰 6.5 s，宝马 5.6 s，F－1 赛车 2.3 s，等等。）

通过把所学的“加速度”概念联系自然、生活、科技，学生从物理走向自然、社会，将学习延伸到课外，在应用中加深了对“加速度”的理解。

（附）“身边的事”引起的反思

曾有一位青年教师谈到这么一个故事：“去年国庆，我的第一届毕业生聚会，因我曾经是他们高中阶段的班主任，同时任教他们的物理课，故被他们邀请到场，大家非常开心，兴致勃勃，嘘寒问暖，他们都大学毕业三年了，有的高中毕业后就未曾谋面。一朝相聚，不免要回忆高中阶段的一些学习片段，一位医科大学毕业的学生顺手拿起桌上的一个苹果向空中抛去，然后用手接住，笑着对我说，老师，加速度多大？

旁边一大帮同学笑嘻嘻地抢着回答：

- 你是指抛上去还是落下来的过程？（另一个医科大学毕业生回答）
- 上升加速度朝上，下降时加速度朝下。（一个军事指挥院校的毕业生干脆利索地回答）
- 上升过程中速度都没增加，哪有加速度？下降才有加速度吧？（一个师范大学的非物理专业的毕业生回答）
- 最高点苹果都停下来了，肯定没有加速度。（竟然是一个重点大学理工科毕业生在回答）
- 老师，我忘得一干二净了，全还给你了，白学了。（后来转文科的一个学生回答）

第一次听这个故事的时候，引起了我深深的思考和强烈的共鸣，这可以说是一件发生在我们

身边的事，许多物理教师都曾遇到过。我想，对于“加速度”这么重要的一个物理概念，不仅在高一新课教学时我们会很重视，之后的高中物理学习中还会经常用到，而且，一个量的变化与所用时间的比值，即这个量的变化率，表示的是这个量变化的快慢，这种概念几乎伴随我们一生。可是，离开我们仅仅几年的学生，这么重要的物理概念竟然没有建立起来，他们对“加速度”的认识，对“变化率”的理解，似乎又回到了高一学“加速度”之前。天哪！我们高中三年的物理教学究竟留给了学生点儿什么？如果想给学生多留下一些有用的东西，那么我们的物理教学，尤其是概念、规律的新课教学，必须注重过程和方法，让科学概念与学生的前概念彻底交锋，从感性到理性，帮助学生建构新概念，最好是学生能自主建构起来，绝不能是教师告知，学生记忆。

【案例 2】 电动势

说明：概念教学，探究式，启发式

在物理概念教学中应当充分调动学生学习的积极性和主动性。通过提出问题、联系实际、观察实验，使学生认识到建立一个新概念的必要性。引导学生通过分析、综合等思维活动，激发学生的潜意识，建立新旧知识的联系，认识新概念的物理意义和实质，从而形成比较完整的科学概念。

电动势是高中物理电学部分一个很难建立的概念，首先要求学生课前阅读教材自学，然后，在课堂教学中精心设计演示实验、分组实验，通过实验探究帮助学生逐步建立起电动势这个新概念。这节课不仅能很好地体现教师的主导作用，而且以学生为主体的教学理念也能得到充分展现。即使由于实验条件限制，不能做分组实验，只有教师演示（图 1－18），看似学生活动不多，但是，学生的思维自始至终都是高度活跃的。

教学过程如下：

环节一　引入

演示实验：如图 1－19 所示，用干电池（6 V）和蓄电池（6 V）分别点亮四盏并联的小灯泡，通过观察、比较实验现象，引导学生认识这两种电源的内部有区别。引出本节课的课题——研究电源和电源内部的电路。

图 1－18

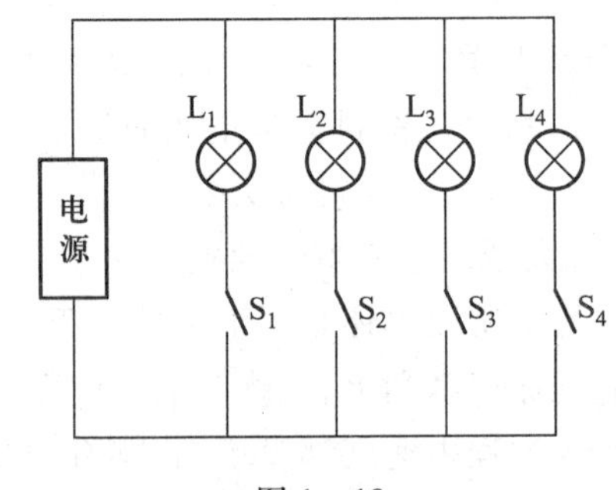

图 1－19

环节二　电源的电动势

（1）电源的作用

复习：电源是把其他形式的能转化为电能的装置，能够保持电路两端有电势差，使电路中有持续的电流。在电源外部,自由电子从负极向正极定向运动;在电源内部,自由电子从正极向负极定向运动。等效地看,在电源外部,正电荷从正极向负极定向运动;在电源内部,正电荷从负极向正极定向运动。

提出问题:在电源内部,正电荷是如何从负极移到正极,负电荷是如何从正极移到负极的呢?

(2) 电源的原理

以铅蓄电池为例(如图 1-20 所示)。

电池的结构:两个极板(正极板 a 为氧化铅,负极板 b 为海绵状铅),置于 22% ~28% 硫酸溶液中。

引导学生认识:在电池内部,极板与硫酸发生化学反应,负电荷从正极上被拽下来,积聚在正极附近;正电荷从负极上被拽下来,积聚在负极附近。

提出问题:正极,正极附近,负极,负极附近,电势哪高哪低?

实验探究(最好分组实验):用电压表测正极 a、负极 b、正极内侧附近 d、负极内侧附近 c 两两之间的电势差,其中 c、d 为插入负极内侧附近和正极内侧附近的两根探针。

实验结果表明,从负极 b 到负极内侧附近 c、从正极内侧附近 d 到正极 a 电势有两次提升。

理论分析:如图 1-21 所示,在电池内部,正电荷从负极移到负极附近、负电荷从正极移到正极附近,是非静电力作用(化学反应,即化学作用)的结果,引起电池内部电势的两次提升。非静电力移动电荷做功,把其他形式的能转化为电能。

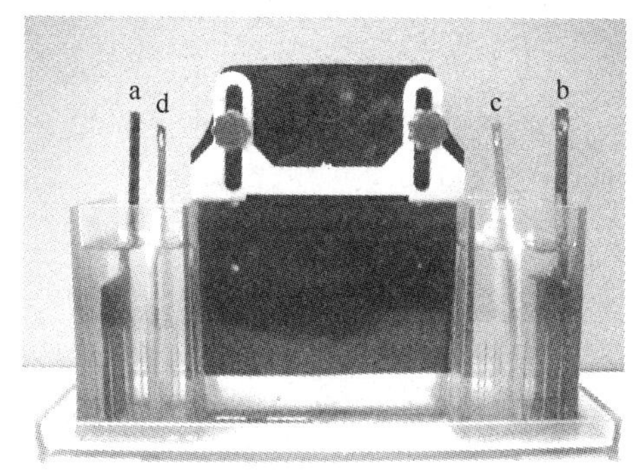

图 1-20

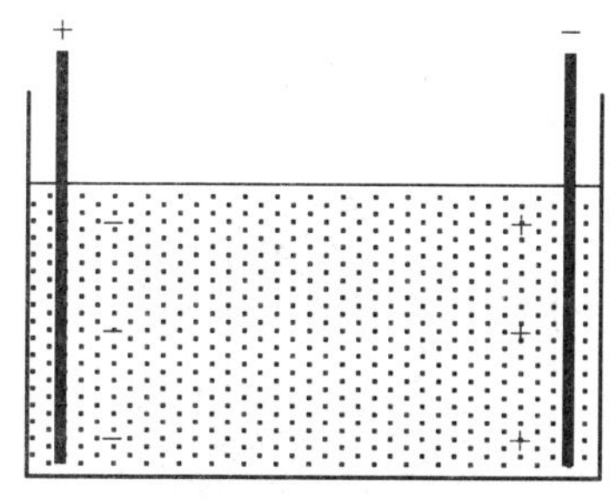

图 1-21

思维拓展:改变电极的材料,更换为其他电解液,在电池内部电势提升的情况就会不同,即非静电力做功的情况不相同。也就是说,把一定数量的正电荷在电源内部从负极搬运到正极,有些电源中非静电力做功较多,电荷的电势能增加较多;而在另一些电源中,非静电力对同样多的正电荷只能做较少的功,电势能增加也较少。(说明:可提供苹果、橙子、西红柿、黄瓜等蔬果,以及不同的导体片,如铜、铁、锌等,让学生研究不同的"水果电池"。测电势差时,最好给学生提供数字多用电表,如图 1-22 所示。)

可见,从能量转化的角度看,电源是通过非静电力做功把其他形式的能转化为电势能的装置。为了表征电源的这种特性,我们可以定义一个新的物理量,来描述电源把其他形式的能转化为电能的"本领",即非静电力做功的"本领"。

(3) 电动势的定义

电源内部单位正电荷从负极移到正极非静电力所做的功叫做电源的电动势。用符号 E 表

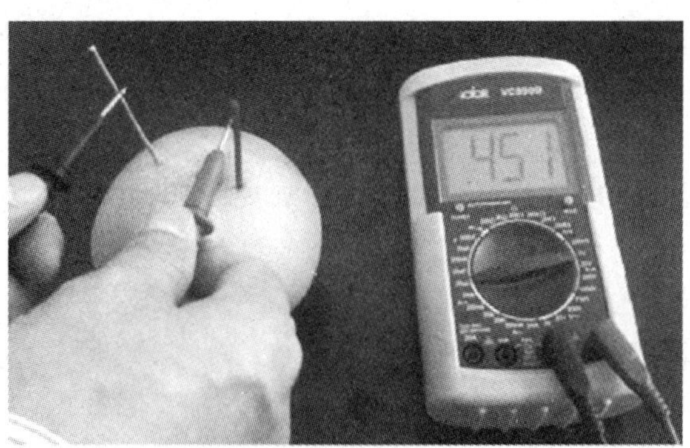

图 1－22

示，$E=\frac{W_{非}}{q}$，单位是伏(V)。

环节三　闭合电路中电势的变化

(1) 引导学生认识闭合电路、外电路、内电路、电源的内阻

(2) 通过实验研究闭合电路中电势的变化情况

实验探究(最好分组实验)：按图 1－23 连接好实验电路。动手操作，将观测到的数据记录在下表内。

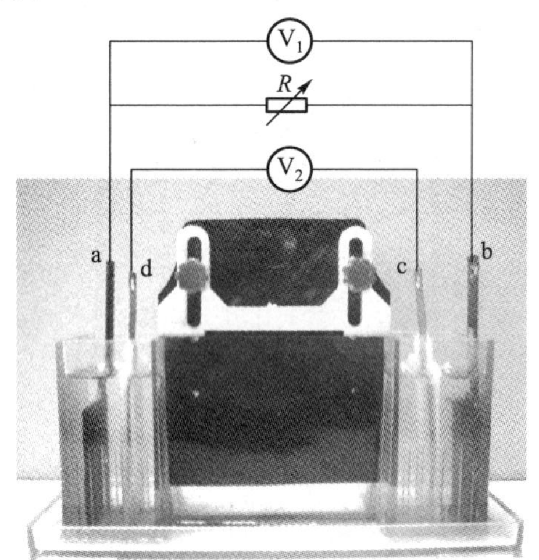

图 1－23

	$U_{外}$	$U_{内}$	$U_{外}+U_{内}$
1			
2			
3			

改变外电路上的电阻 R，观测内、外电路上的电势降落 $U_{外}$、$U_{内}$；改变电源的内阻(升降隔板，改变硫酸溶液通道截面积大小)，观测内、外电路上的电势降落 $U_{外}$、$U_{内}$(说明：如时间紧，可放到下节课再研究)。

师生共同总结出规律：$U_{外}+U_{内}=E$，即在闭合电路中，电源的电动势在数值上等于内外电路上电势降落的数值之和。

(3) 通过与重力场比较，帮助学生弄清楚闭合电路中电势的变化情况

化学电池的正负极附近分别存在着化学反应层，反应层中的化学作用(非静电力)把正电荷

从电势低处移到电势高处,在这两个地方,沿电流方向电势分别有一次提升。这样,整个闭合电路的电势高低变化情况就是:从电源正极 a 沿外电路到负极 b 的电势降落为 $U_{外}$,内电路 c、d 间的电势降落为 $U_{内}$,而 b、c 和 d、a 间电势两次提升之和就等于电源的电动势 E。

如图 1-24 所示,电势的升降组成一个闭合回路,回路中电势降落的总和($U_{外}+U_{内}$),必定等于电势升高的总和 E。

播放 Flash 动画:如图 1-25 所示,水循环升降。通过与重力场类比的方法,帮助学生加深对闭合电路中电势变化的理解。

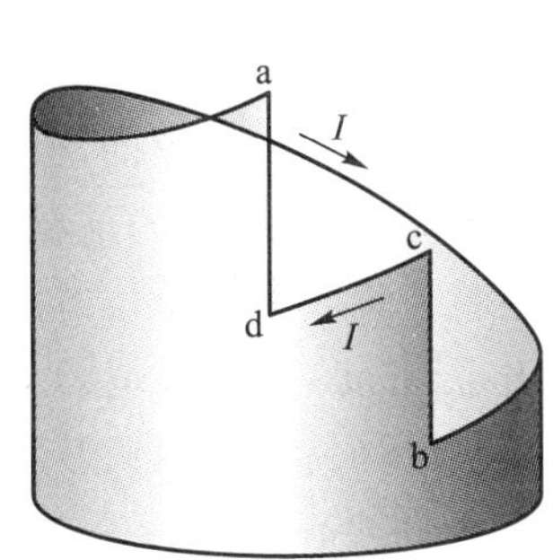

图 1-24

图 1-25

环节四　对电源内阻的再认识

演示实验:将学生制作的水果电池串联起来,用数字电压表测量这个串联水果电池组的两极之间的电势差(电动势),如图 1-26 所示。用这个电动势足够大的水果电池组去点小灯泡,灯泡不亮。

图 1-26

引发学生思考,并与“引入”中的演示实验联系起来,通过理论分析认识到,电源的内阻的差异,影响电源对外提供电能。

环节五　课后思考

用能量守恒的思想如何从理论上证明 $U_{外}+U_{内}=E$。

(附)对“直流电源的电动势和内阻”的深入理解

(1) 电动势的两种研究方法

在高中阶段,可以采用理论的方法和实验的方法研究电源的电动势。电源电动势的理论定义是“等于非静电力把单位正电荷从电源负极沿电源内部移到正极过程中所做的功”,而对于真实电源很少有人做如此的计算,因为电源内部作用于电荷的非静电力既不容易用实验直接进行精确测量也很难用理论进行精确计算。因而多是采用实验测量:“电源电动势等于开路路端电压”。教材中将上述的理论定义与实验测量方法先后给出,此后再无任何相关的评说。但是,我们的教学应该让学生都知道,遇到实际问题可以采用实验测量方法去找寻一个电源的未知电动势。

（2）“真实”和“理想”两种情况下的电源的内阻

在中学阶段，物理教学中对于电阻概念的介绍似乎有些片面，只是强调了其阻碍电流流动的作用，没有说明其保证电路各部分电势（电压）分布的作用。正是由于电路中电阻的存在，才能够做到一个电路可以仅仅由一个电源供电，而电路中的各点均可以得到不同的预设电势值。

直流电源的内阻问题可以分为“真实”和“理想”两种情况认识。

直流电源内阻的真实情况比较复杂。真实直流电源的内阻并不是一个常量，这一点以普通干电池为例就可以说明。首先从长期应用效果来看，一个旧电池比它自己原来的内阻要大些，尽管在正常使用的情况下这是一个比较缓慢的长期过程。此为大家都知道的常识。再从短期应用效果来看，如果做比较精确的测量可以发现，放电电流大时，电池的内阻大些；放电电流小时，内阻也小一些。相关的情况比较复杂，也因此不得不说一说电池（电源）内阻的另外一层含义，这与电源单位时间提供电荷的数量（电流大小）有关。电源在单位时间内可以提供的电荷数量是有限的，即电源不仅在提供电动势方面是有限的，在提供电荷数量方面也是有限的，也就是说，实际电源的短路电流不是无穷大的。我们以普通干电池为例，在材料、结构相同的情况下，由于规格尺寸的差异，其短路电流有明显的不同。究其原因，电池极板单位面积上在单位时间内可以溢出的电荷（或者为了叙述简便，我们在下面暂且将它称为溢出电流密度）是有极值的。同样在短路状态下（或者说在溢出电流密度相同的情况下），1 号干电池的极板面积大，因此其短路电流就大。而当电池用旧了，其极板的有效面积因腐蚀而减小时，它的短路电流也就随之减小了（这一点是实验常识，我们常常说旧电池的内阻增大了）。另外，如果放电电流很大，由于电池内的化学反应需要一定的时间，在极板附近会出现极化效应（正极附着一部分氢气，而去极剂来不及反应），极板附近的电解液的浓度会有较大的下降（稀释），这也会造成单位时间电荷溢出数量的大幅下降。反映在电源参量之中，就是电源内阻的增大。干电池中的去极剂是二氧化锰，它跟氢气发生反应后生成三氧化二锰和水。随着时间的推移（电池用旧），二氧化锰逐渐消耗，去极化效果逐渐减弱，从而导致电池内阻变大；新电池大电流工作时，附着在正极上的氢气迅速增多（极化效应显著），由于二氧化锰不可能及时与之发生反应（去极化效应），所以内阻在很短时间内就会变大。正因为如此，干电池不适宜连续工作。由上述分析可见，电源内阻至少包含了两个要素，一个是反映电解液对于流过电流的阻碍作用的大小，另外一个是反映电源提供电荷能力的强弱。总之，这样的两个要素综合由电源内阻这个参量反映出来，并形成内阻在时间上的长期变化与短期变化。

现在我们仍然以干电池为例，再来讨论直流电源内阻问题的理想模型。如果是正常使用的情况，直流电源内阻的变化是缓慢的（长期效应）、微小的（短期效应）——正如上面我们已经谈到的。因此，中学教材基本都有“直流电源内阻是一个常量”的类似表述。可见，这是在对于真实电源内阻的一种建模基础之上得到的结论，而这个结论符合正常使用直流电源的大多数情况，因此是合理的理想模型。对此，我们可以再多说几句。首先，“直流电源内阻是一个常量”是对于真实情况的一种简化结果，不是直流电源的真实情况，更不能成为直流电源的构成要素，并以此作为判断是否直流电源的依据。其次，直流电源还可以有其他多种建模的方式，例如常见的恒压源、恒流源等，帮助学生理解物理研究中的建模是实现由真实情况到研究对象的关键环节。建模过程包含对于真实情况要素的舍取，保留不同的要素，可能会形成不同的理想模型，研究问题的指向就会不同，所解决问题的方面就会不同。

（首都师范大学 郑鹉教授）

【案例 3】 法拉第电磁感应定律

说明:规律教学,探究式,合作学习

法拉第电磁感应定律是高中物理电磁学的核心内容,是电磁感应现象的本质内容。教科书中只是根据几个定性实验,说明感应电动势与磁通量的变化率有关,没有用定量实验研究。在课堂教学中,由于磁通量的变化率不易测量,变化的感应电动势也不好测定,所以多数教师只是进行定性或半定量的实验后,便直接给出感应电动势的定量表达式。

随着技术的不断进步,不少教师尝试着做探究或验证法拉第电磁感应定律的定量实验。下面的这一课例,利用信号源和双踪示波器,对法拉第电磁感应定律进行了比较好的定量的实验验证,仪器不复杂,方法也比较直接。这样做的目的旨在降低教学内容上的理论分析的难度,体现推理和实验相结合的科学研究方法。

教学过程如下:

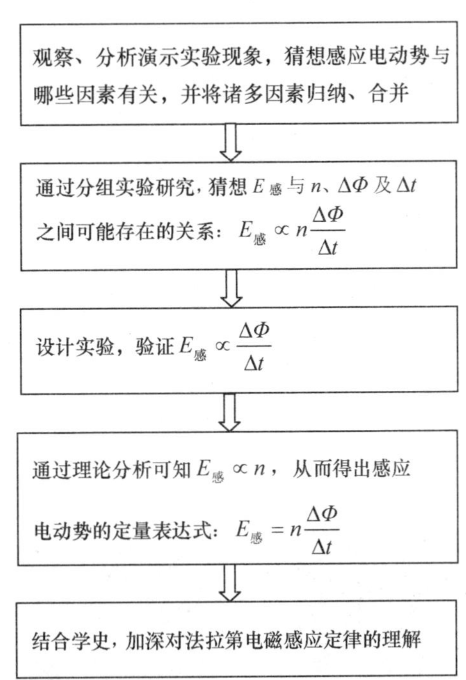

环节一

师:同学们,奥斯特通过实验证明了电能生磁。法拉第受他的启发,通过十年坚持不懈的实验研究,揭示了磁也能生电。两年后,楞次通过自己的潜心研究又告诉了人们,感生电流方向符合能量守恒定律。那么感应电流的大小又如何计算呢?

这节课我们就来研究这个问题。首先,我们做一个实验,同学们注意观察、分析实验现象。

演示实验:落磁点灯(如图 1-27 所示)

① 线圈套在竖直放置的长玻璃管外,将其与小灯泡串联,磁铁(钕铁硼)自管的上端顺着玻璃管落下,小灯泡被点亮。

② 保持线圈位置不变,将磁铁增大一倍、两倍,引导学生观察小灯泡的亮度的变化。

③ 磁铁不变,将线圈沿玻璃管向下移动一段距离,即改变磁铁下落的高度(相对线圈),引导学生观察小灯泡的亮度的变化。

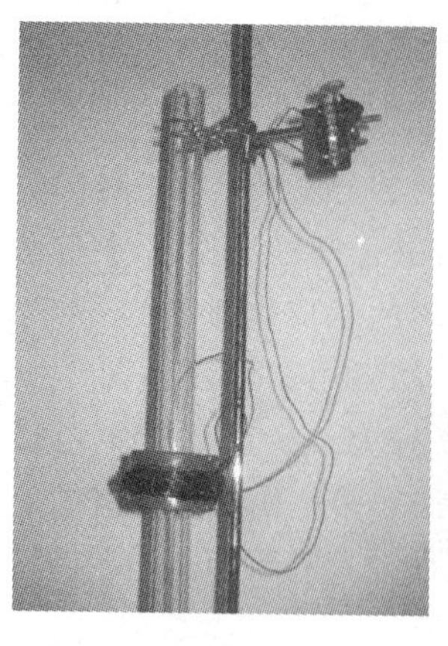

图 1-27

师：从以上实验中，我们看到小灯泡亮度发生了变化，说明经过它的电流大小发生了变化，即线圈产生的感应电动势发生了变化，大家想想，决定感应电动势大小的因素有哪些呢？

（学生 4 人一组，思考讨论）

学生分组汇报，教师在黑板上板书：磁感应强度 B、磁铁下落的速度 v、磁铁通过线圈的时间 Δt、线圈的横截面积 S、穿过线圈横截面的磁通量 Φ、线圈的匝数 n 等。

师：这么多因素啊，大家能不能根据有些因素之间的联系，加以合并，把相关因素减少点儿？

经学生分析归结，可以只研究感应电动势 $E_{感}$ 与 n、$\Delta\Phi$、Δt 之间的关系。

环节二

师：$E_{感}$ 与 n、$\Delta\Phi$、Δt 之间究竟满足怎样的关系呢？同学们结合刚才的演示实验猜想一下，还可以利用桌子上的实验器材（条形磁铁、钕铁硼、线圈、电流表等，图 1-28）动手研究研究，一会儿，希望你能提出自己的一个观点。

（学生 2 人一组，动手做实验；而后 4 人一组，讨论 $E_{感}$ 与 n、$\Delta\Phi$、Δt 之间的关系）

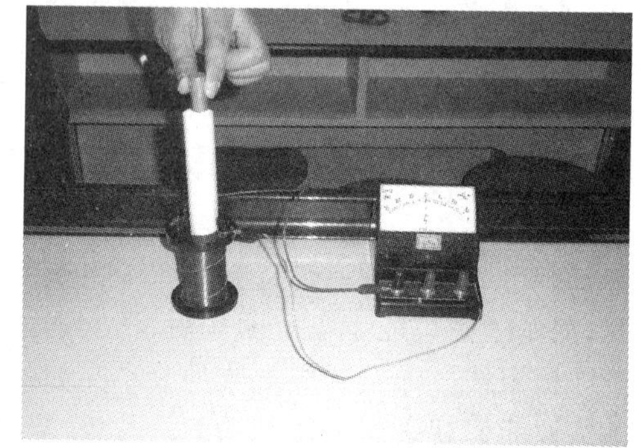

图 1-28

学生分组汇报（总结起来，有如下观点）：

① 将磁铁插入、拔出线圈，发现磁铁运动越快产生的电流越大，看来有可能 $E_{感}$ 与 Δt 成反比；

② 改变磁铁的个数，发现磁铁磁性越强，即穿过线圈的磁通量变化越大，产生的电流越大，看来有可能 $E_{感}$ 与 $\Delta\Phi$ 成正比；

③ 将两个线圈串在一起，即匝数增多，产生的电流变大，看来有可能 $E_{感}$ 与 n 成正比。

教师板书：$E_{感}$ 与 Δt、$\Delta\Phi$、n 之间可能的关系式 $E_{感}\propto n\dfrac{\Delta\Phi}{\Delta t}$。

师：同学们分析总结得非常好！在定性实验的基础上，大家从定性的关系一下子就猜想到可能是正比、反比的定量关系，看来我们深受前面学习的影响。的确，科学家一再发现，自然界的规律总是简洁的。根据大家的猜想，我们可以作出如下假设：$E_{感}\propto n\dfrac{\Delta\Phi}{\Delta t}$。

环节三

师：一个量与多个量存在关系，我们可以用控制变量来研究。保持线圈匝数 n 一定，我们先来通过实验验证 $E_{感}$ 与 $\dfrac{\Delta\Phi}{\Delta t}$（磁通量的变化率）是否成正比。

如图 1－29 所示，如果给线圈Ⅰ通电，线圈Ⅰ便产生磁场，那么，通过改变线圈Ⅰ中的电流就可以使磁场发生变化，在线圈Ⅱ中就会产生感应电动势。若线圈Ⅰ中通有如图（甲）所示电流，则磁场的磁感强度 B、穿过线圈Ⅱ的磁通量 Φ 随时间 t 变化的示意图如图（乙）、（丙）所示。

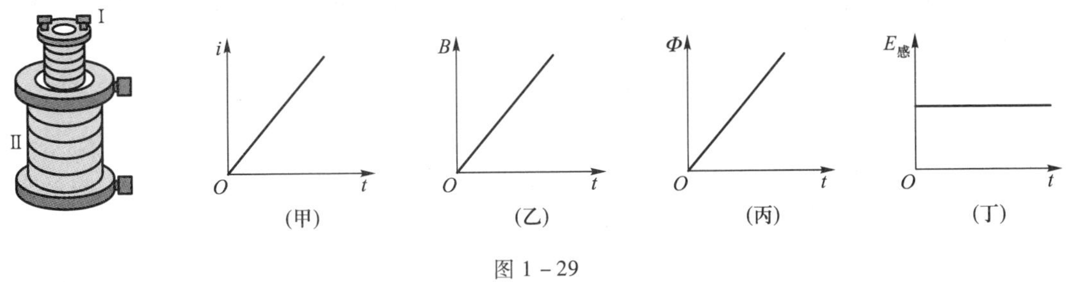

图 1－29

$\Phi-t$ 图线的斜率即$\dfrac{\Delta\Phi}{\Delta t}$，如果 $E_{感}$ 与$\dfrac{\Delta\Phi}{\Delta t}$成正比，那么，线圈Ⅱ中的感应电动势 $E_{感}$ 随时间 t 变化的示意图应该是图（丁）所示的样子。

演示实验：验证 $E_{感}\propto\dfrac{\Delta\Phi}{\Delta t}$，用信号发生器给线圈Ⅰ提供一个变化的电流，使其产生变化的磁场。用双踪示波器可以同时观察线圈Ⅰ中的电流随时间的变化图线，以及线圈Ⅱ产生的感应电动势随时间的变化图线。实验电路如图 1－30 所示。

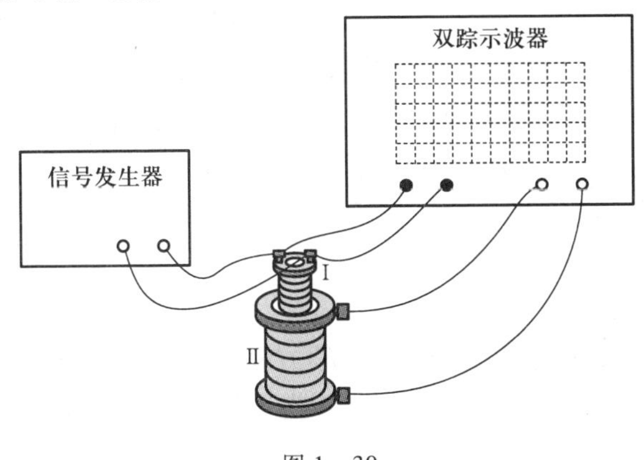

图 1－30

当信号发生器给线圈Ⅰ提供一个“三角波”的电流时，线圈Ⅱ产生的感应电动势为“方波”，如图 1－31 所示。

增大输入信号的频率（从图 1－31 到图 1－32），可以在示波器的屏幕上看到线圈Ⅰ中的电流变化更快了，相应的穿过线圈Ⅱ的磁通量变化更快了，即$\frac{\Delta\Phi}{\Delta t}$更大了。不难看出，线圈Ⅱ产生的感应电动势 $E_{感}$ 随着变大。

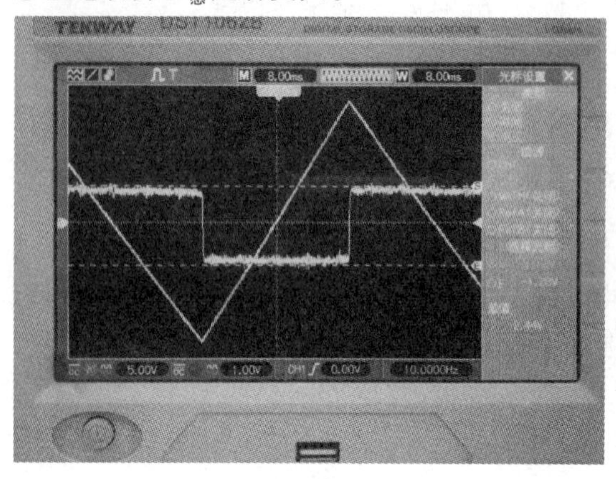

图 1－31

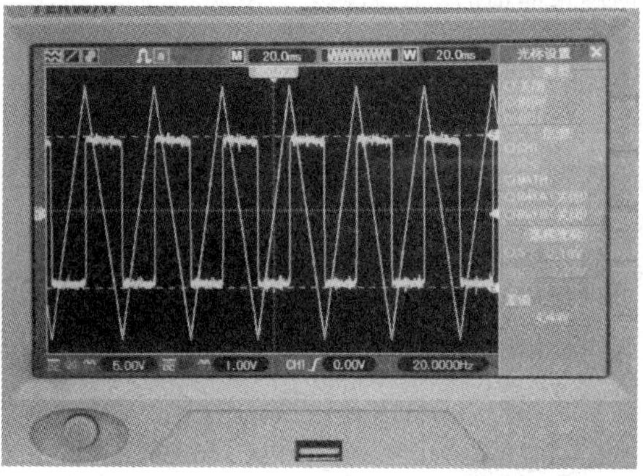

图 1－32

线圈Ⅰ中电流的频率、线圈Ⅱ中感应电动势都是可以在示波器上定量测量的。实验表明，将电流频率加倍，感应电动势大小也加倍，由此可证实 $E_{感}$ 与$\frac{\Delta\Phi}{\Delta t}$成正比，即 $E_{感}\propto\frac{\Delta\Phi}{\Delta t}$。

环节四

师：通过以上实验，我们验证了感应电动势确实与磁通量的变化率成正比，即 $E_{感}\propto\frac{\Delta\Phi}{\Delta t}$。那么，感应电动势 $E_{感}$ 与匝数 n 是正比关系吗？怎么研究？

（学生 4 人一组，思考讨论）

学生分组汇报：

当然，可以设计实验进行研究。不过，通过理论研究，就能解决问题。如果将两个相同的线圈串联起来，放到同样变化的磁场中，这个“大线圈”产生感应电动势，就相当于两个相同的电源串联，与一个线圈相比，感应电动势会是原来的两倍。所以，感应电动势 $E_{感}$ 与线圈匝数 n 成正比。

师：很好！到此为止，我们证明了 $E_{感}\propto n\frac{\Delta\Phi}{\Delta t}$，写成等式为 $E_{感}=kn\frac{\Delta\Phi}{\Delta t}$。在国际单位制中，电动势的单位是伏（V），磁通量的单位是韦伯（Wb），时间的单位是秒（s），这时 $k=1$。于是 $E_{感}=n\frac{\Delta\Phi}{\Delta t}$。

环节五

这个规律是德国物理学家纽曼（1798—1895）在法拉第工作的基础上，经过理论分析后，于 1845 年最先提出的，可以表述为：闭合电路中感应电动势 $E_{感}$ 的大小，跟穿过这一电路的磁通量的变化率$\frac{\Delta\Phi}{\Delta t}$成正比。后人称之为法拉第电磁感应定律。虽然这一数学公式并非法拉第亲自给出，但是由于他对电磁感应现象的丰富的、开创性研究,将这一发现的荣誉归之于他是当之无愧的。

(附)对"感应电动势"的深入理解

$E_{感}=\frac{\Delta\Phi}{\Delta t}$,只适用于单匝导线电路。如果回路是多匝的,那么,磁通量变化时,每匝回路中都将产生感应电动势。由于匝与匝之间是互相串联的,整个线圈的总电动势就等于各匝所产生的电动势之和。

设 Φ_1、Φ_2、…、Φ_n 分别是通过各匝线圈的磁通量,则

$$E_{感}=\frac{\Delta\Phi_1}{\Delta t}+\frac{\Delta\Phi_2}{\Delta t}+\cdots+\frac{\Delta\Phi_n}{\Delta t}=\frac{\Delta\Phi_1+\Delta\Phi_2+\cdots+\Delta\Phi_n}{\Delta t}=\frac{\Delta\Psi}{\Delta t}$$

其中 $\Psi=\Phi_1+\Phi_2+\cdots+\Phi_n$,叫做磁通匝链数或全磁通。若穿过每匝线圈的磁通量相同,均为 Φ,则 $\Psi=n\Phi$,$E_{感}=n\frac{\Delta\Phi}{\Delta t}$。

如果磁通量随时间的变化是不均匀的,则 $E_{感}$ 随时间变化,$E_{感}=n\frac{\Delta\Phi}{\Delta t}$是 Δt 时间内的平均值。当 $\Delta t\to 0$ 时,$E_{感}=\lim\limits_{\Delta t\to 0}n\frac{\Delta\Phi}{\Delta t}$是某时刻的瞬时感应电动势。

另外,感应电动势的"方向",实际上是指回路中非静电力的方向。用楞次定律判断的感应电流方向是电路闭合时"电源"内部的电流方向,即非静电力移动正电荷的方向。规定一些正负号法则后,可以用法拉第电磁感应定律的表达式把感应电动势的大小、方向统一表示出来。

在电磁感应这一章里,有许多喜欢思考的学生,常常联系"恒定电流"一章中在建立电动势概念时提出的"非静电力"的概念。所谓非静电力,是指在使电荷移动的效果上与力相当的一种"等值力"。

在不同类型的电源中,形成非静电力的过程和原因不同。如,在化学电池中,非静电力起源于物质的物理化学作用;在热电偶中,它起源于"电子气"的扩散作用;在磁流体发电中,它起源于磁场对等离子体的作用;在电磁感应中,起源于磁场对运动电荷的作用(动生电动势)或涡旋电场对电荷的作用(感生电动势)。尽管不同电源中非静电力的物理化学机制不同,但是作为各种电源都能移动电荷做功这一共同点,我们是可以抽象出一个统一的"非静电力"的概念的。这种抽象是人们对某种现象在认识上的概括,也是一种认识上的升华。其实,这种抽象在日常生活中并不少见。例如,世界上并没有什么"水果",真正有的是苹果、梨、香蕉、柑橘等,它们都是水果,水果是比它们都抽象的概念,因而也是比它们更高一个层次的概念。

(北京教育学院 张维善教授)

【案例4】 超重和失重

说明:规律应用教学,探究式,启发式

在进行"超重和失重"一课的教学时,不仅应当在知识上做文章,更应当在培养能力、激发学习热情上下工夫,从知识与技能、过程与方法、情感态度与价值观三个维度来构思和实现这节课的总体目标。

(1) 对学生进行科学方法教育

在这节课的教学中,自始至终从大量的事实和实验现象出发,用归纳的方法指导学生认识超重和失重现象,总结产生超重和失重的条件。在此基础上,再用牛顿运动定律分析产生超重和失

重的原因。最后运用超重和失重的知识分析实验现象,理论联系实际。在学生获取新知识的过程中,潜移默化地对学生进行了科学方法教育。

(2) 激发学生课上思维的活跃性和课后反思

这节课是从测体重、看学生在课前自摄的录像(电梯中体重计的读数变化)引入的,一开始就激发了学生的好奇心和求知欲,整节课学生在教师的指导下不断地把感性知识上升到理性知识,思维高度活跃。

教师在课上对学生的引导和帮助,在学生的头脑中形成了一定的波澜,足以引起学生课后的回味与反思,可以肯定,不少学生在课外会亲自做一做“电梯中测体重”和“瓶中水完全失重”的小实验,上网查一查“宇航员面对的超重和失重”,物理学习从课内延伸到了课外。

(3) 让学生体会到学习物理的乐趣

创设情境,让学生体验建构新知识的乐趣。教师在进行物理教学时应该了解学生现有哪些知识经验,联系来自学生身边的事例,让他们基于以往的经验进入学习的情境,在过去知识经验的基础上主动建构新的物理知识。这样的学习,学生是自信的,认为物理不难理解,对物理是感兴趣的。在这节课的教学中,教师在课上为学生创设了“测体重”“在电梯中测体重”和“蹦极”的情境,在热烈的气氛中,结合学生已有的生活经验和现场直接得到的体验,在不知不觉中知道了什么是超重和失重现象。

设计实验,让学生体验探索研究、学以致用的乐趣。在这节课的教学中,教师为学生准备了如下实验:

学生分组:弹簧秤下悬钩码(钩码与弹簧秤之间以橡皮筋相接),快速向上、向下移动弹簧秤,观察弹簧秤读数变化。

学生演示:教师提供纸糊的支持面(或细棉线)、重物等器材,让学生设计实验,研究产生超重的条件。

教师演示:在饮料瓶靠近底部的地方戳有两个小孔,盛上水时水从小孔喷出,将瓶自由释放、竖直向上抛出,观察瓶离开手后水是否继续喷出。教师可以在教室的多个位置演示,让学生都看清楚。

教师演示:较粗的塑料管,底部蒙以橡皮膜,内装适量水,用线和滑轮控制其由高处下落,观察橡皮膜的形状变化。

奇妙的实验现象吸引着学生自然而然地去分析、探究:认识超重和失重现象,从大量的想象和事实中总结产生超重和失重的条件,研究其产生的原因,用所学新知识分析实际问题。学习自始至终在宽松、愉悦的气氛中进行。

(4) 合理运用多媒体教学手段

经过精心设计,用 Microsoft PowerPoint 编制了计算机教学课件,将课前学生拍摄的录像、现场摄像以及文字和图片投影到大屏幕上,在 45 分钟之内给学生提供了大量的信息。通过多媒体教学手段,为学生创设了一个个仿真情境,如身临其境,有利于学生建构新知识,极大地提高了课堂教学效率。

教学过程如下:

环节一 认识超重和失重现象

虽然用体重计测体重是司空见惯的,可是,当教师在课堂上让一个学生演示如何测体重时,

课堂气氛还是极其活跃的(图 1-33)。在活跃的气氛过后,教师可以指导学生冷静思考,总结出如下结论:

(1) 体重计的读数等于人给它的压力。

(2) 当人和体重计的加速度为零(静止或匀速运动)时,体重计读数等于人的重力。

图 1-33

接下来教师提出问题:哪一位同学在电梯中测过体重?

有这种体验的学生很少,教师可以把在课前指导几位学生自拍的录像片段展示给大家看:在运动的电梯中(从低层到高层,再从高层到低层),一同学站在体重计上,摄像机记录了体重计的读数变化。播放完后,教师可以把参与制作录像的学生介绍给大家(导演、摄像、照明、解说、模特等)。体重计示数的变化已经引起了学生的好奇,自己熟悉的同学所做的研究更觉亲切,令人信服。

在看完录像后,教师可以指导学生在接下来的分组实验中得到更直接的体验:弹簧秤下悬钩码(钩码与弹簧秤之间以橡皮筋相接),快速向上、向下移动弹簧秤,观察弹簧秤读数变化。

通过以上生活中的经验和实验现象,学生逐步认识到:物体对支持物的压力(或对悬挂物的拉力),有时大于物体所受的重力,有时小于重力。教师可以适时告诉他们:物体对支持物的压力(或对悬挂物的拉力)大于物体所受重力的现象叫做超重,小于重力的现象叫做失重。

环节二　分析产生超重和失重的条件

提出问题:产生超重、失重的条件是什么?

实验研究:教师可提供纸糊的支持面(或细棉线)、重物等器材,让学生设计实验,研究产生超重的条件(图 1-34)。

学生演示:请一位学生介绍自己的实验方案,并演示给大家看(如,把重物放在纸糊的支持面上,缓慢上提纸不破,快速上提重物破纸而落),分析实验现象,总结产生超重的条件。

图 1-34

实验结论:物体做向上的加速运动时,弹力大于重力,发生超重现象。

再看录像:从 1 层到 4 层,电梯启动时人处于超重状态;而从 4 层到 1 层,电梯制动时人也处于超重状态。

思考讨论:产生超重的条件是什么?

进一步总结:当物体有向上的加速度时(加速上升或减速下降),发生超重现象。

产生超重的条件清楚了,通过比较,不难总结出产生失重的条件:当物体有向下的加速度时(加速下降或减速上升),发生失重现象。

教师演示:在饮料瓶靠近底部的地方戳有两个小孔,盛上水时水从小孔喷出,令瓶自由降落,观察水是否继续喷出。教师可以在教室的多个位置演示,让学生都看清楚。

指导学生分析：

瓶静止时，水因自重而对瓶的底部和侧面有压力（水往低处流），故水喷出。

瓶自由下落时，没有水喷出，说明水对瓶的底部和侧面不再有压力。

总结：物体对支持物的压力（或悬挂物的拉力）等于零的这种状态，叫做完全失重状态。当物体加速度向下且 $a=g$ 时，物体处于完全失重状态。

环节三 研究产生超重、失重的原因

以电梯中的人为研究对象，受力分析如图 1－35 所示。

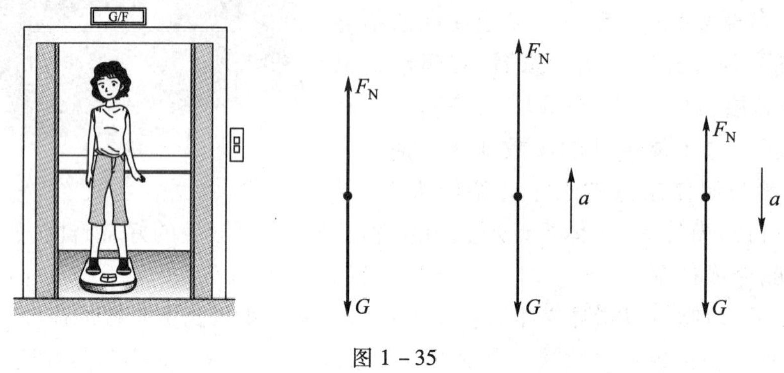

图 1－35

根据牛顿第二定律，有

（1）当电梯静止或做匀速运动时，$F_N=G=mg$；

（2）当电梯向上加速或向下减速时，$F_N+(-G)=ma$，则 $F_N=m(g+a)>mg$，超重；

（3）当电梯向下加速或向上减速时，$G+(-F_N)=ma$，则 $F_N=m(g-a)<mg$，失重；

若电梯自由下落（钢丝绳断），$G+(-F_N)=mg$，则 $F_N=0$，完全失重。

总结：在超重和失重现象中，重力没变，变的是弹力。

环节四 生活中的超重和失重

教师演示：如图 1－36 所示，较粗的塑料管，底部蒙以橡皮膜，内装适量水，用线和滑轮控制其由高处下落，观察橡皮膜的形状变化。

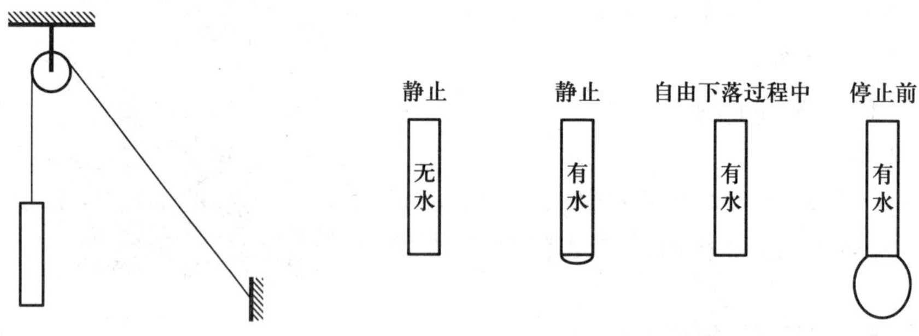

图 1－36

现象：管内没有装水时，橡皮膜是平的。往管内装入适量水后，静止时，橡皮膜有凸起；自由下落时，凸起消失；管下落至最低点，在线绷紧的瞬间，橡皮膜凸起巨大。

说明：借助网络摄像头（让摄像头跟管一起落下）将橡皮膜的变化放大到投影屏幕上，现场直播会有更强烈的视觉效果，学生兴奋地一片惊呼，甚至爆发出热烈的掌声。

运用所学“超重和失重”知识，让学生分析发生以上现象的原因：自由下落时，凸起消失，是因为水处于完全失重状态；在线绷紧的瞬间，橡皮膜凸起巨大，是由于超重所致。

图 1－37

联系实际：以上实验所创设的情境，很容易让学生联想到“蹦极”。让有“蹦极”体验的学生谈谈感受（体验的是超重、失重的刺激），谈谈生活中其他的超重和失重现象。如，人从高处摔下会摔伤；起重机在吊起重物的过程中应缓慢上升；飞机起飞、降落过程中乘客的超重、失重体验；等等。

教师还可以谈谈宇航员面对的超重和失重现象（图 1－13）：

航天器在发射和返回的过程中，出现超重现象。早期的火箭超重值是 7～8g，新式火箭已降低到不超过 5g。近年来由于推进技术的发展，航天飞机发射时的峰值可控制在 3g 水平。航天飞机正常返回时，超重一般不大于 3g。

重力作用于人体的方向由头至足的则称正超重；反之，重力的方向由足至头时称负超重。正超重时，血液由于惯性而从上身转移到下身，引起头部、上身缺血，视力障碍，严重时可发生晕厥。高 g 值的超重，人采取坐姿难以适应，所以宇航员通常采取仰卧姿势，这对人体的影响较轻。人对 8g 值的横向超重可耐受十多分钟。航天中经受的这种横向超重，一般时间较短，经过训练的宇航员能够耐受。

宇航员进入太空后，随航天器一起绕地球运动，宇航员处于失重状态。失重可引起心血管功能的改变，血液和其他体液不像正常条件下那样惯常地流向下身。相反，下身的血液回流到胸腔、头部，可引起宇航员面部浮肿，头胀，颈部静脉曲张，鼻咽部堵塞。长期失重会引起人体骨钙的丢失，会造成两个后果：骨质疏松和增大发生肾结石的可能性。长期失重还可引起对抗重力的肌肉出现失用性萎缩。

在发射阶段超重作用对人体影响不大，航天员都能忍受。但是，经过一段失重飞行，航天员心肺系统调节能力下降，因此，相对来说，返回阶段的超重对人体影响就更大了。

（附）用数字化实验技术与现有实验结合的方法研究“超重和失重”

将数字化实验技术引入中学物理课堂，与传统的实验手段进行整合，不失为提高课堂探究活动质量的一个好的办法。两者的结合既能发挥传统演示实验在展示物理现象、获得感性认识、引发学生思考等方面的作用，同时也能够借助新技术将过去不容易做到的动态实验现象展示在学生面前，能够将瞬间的过程定格，在短时间内取得大量实验数据，并能将实验过程、结果定量化、直观化。

探究目标 1　认识超重、失重现象，建立超重、失重的概念

传统实验 1：请一位学生在体重秤上起立、下蹲，用摄像头将示数变化投至大屏幕。

传统实验 2：弹簧秤下悬钩码，快速向上、向下移动弹簧秤，观察弹簧秤读数变化。

通过以上实验现象，学生逐步认识到：物体对支持物的压力（或对悬挂物的拉力），有时大于物体所受重力，有时小于重力。

以上两实验的优点在于简单、直观，能够激发学生兴趣，建立对超重失重的感性认识，但由于

该实验现象发生时间较短,不便于观察,也不便于保存第一手实验资料。

改进实验:在上述两个实验的基础上,请学生手持吊有砝码的力传感器沿竖直方向上下运动,计算机采集数据,可以获得清晰的 $F-t$ 图像,如图 1-38 所示。

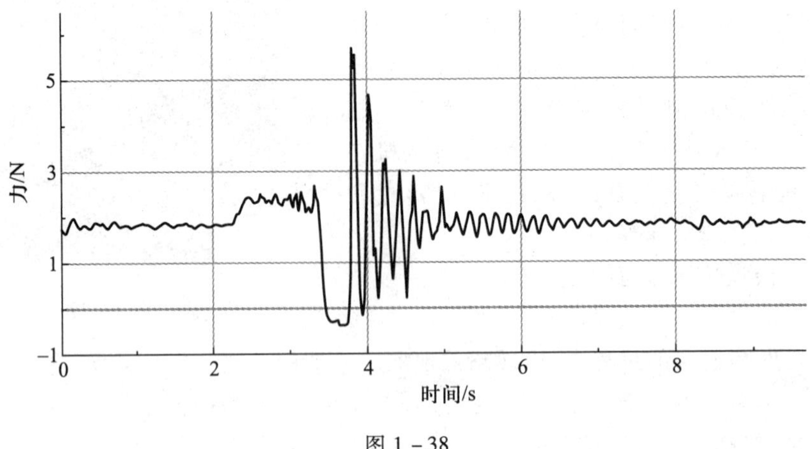

图 1-38

由图像可以非常容易地看出,砝码对传感器的拉力,有时大于砝码所受重力,有时小于砝码所受重力。此时,可以水到渠成地建立超重、失重的概念。

探究目标 2　研究超重和失重产生的条件

传统实验:提供细线、砝码等器材,让学生设计实验,研究超重产生的条件。

学生可能的方法:用细线拴上砝码,缓慢上提细线不断,快速上提细线断裂。

学生探索完后,请一位学生介绍自己的实验方法,并演示给大家看,分析实验现象,总结产生超重现象的条件。

该实验的优点在于能让学生充分动手探究,但研究失重条件时不便用上述方法,若改用弹簧秤来做实验仍然存在超重或失重过程时间过短、不容易观察到的问题。

改进实验:请一位同学用力传感器在竖直方向向上由静止→运动→静止,计算机采集数据,得到图 1-39。

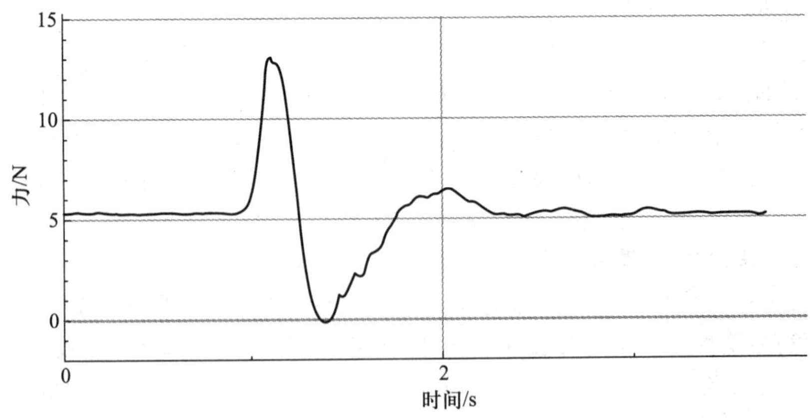

图 1-39

再用传感器在竖直方向向下由静止→运动→静止，计算机采集数据，得到图 1-40。

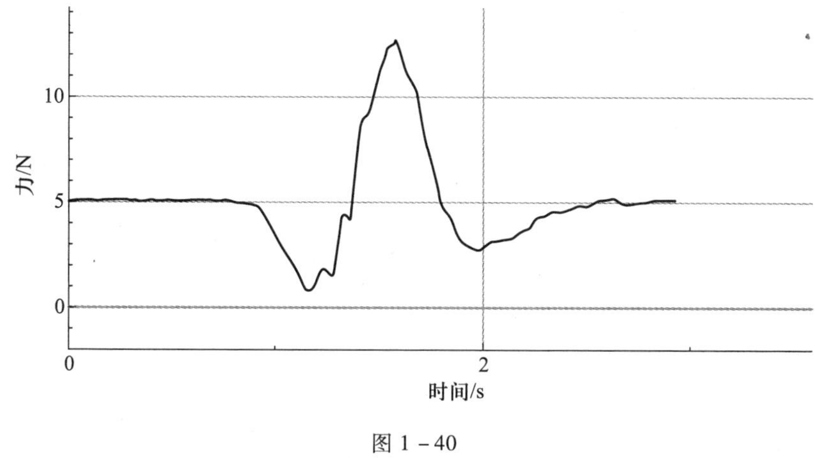

图 1-40

学生通过对图像进行分析容易发现：前一个图对应的是先向上加速再向上减速，先出现超重现象再出现失重现象；后一个图对应的是先向下加速再向下减速，先出现失重现象再出现超重现象。

学生分组讨论后，不难总结出两个图的共同点(亦即产生超重、失重的条件)：加速度向上时出现超重现象，加速度向下时出现失重现象，与运动方向无关。

探究目标 3 完全失重现象及其产生条件

传统实验 1：在两个大铁块之间压上一薄薄的面巾纸，如何将面巾纸拉出而不会被拉断，让学生设计实验方案并上台演示。

学生可能的方案：将两铁块释放让其自由下落，在释放的同时拉出纸片，纸片完好无损。

学生分析原因，可能的回答：当铁块自由下落时，上面铁块对下面铁块的压力为零。

传统实验 2：在饮料瓶靠近底部的地方戳两个小孔，盛上水时水从小孔喷出，让瓶自由降落，观察水是否继续喷出。

学生分析原因：瓶自由下落时，没有水喷出，说明水对瓶的底部和侧面不再有压力。

以上实验直观有趣，学生推理也正确。但能“看到”压力为零吗？

改进实验：在力传感器下挂上重物，然后将橡皮绳一端固定在高处另一端系在传感器上作为保护，让传感器连同重物一起从高处自由下落，计算机采集数据，获得清晰的 $F-t$ 图像，如图 1-41 所示。

由图可看出，在释放后很短的时间内，传感器示数迅速变为零(实际可能会因为传感器本身原因而在零值附近波动)。课堂上学生为亲眼看到的“完全”失重现象而欢呼，兴奋之余同时得到了完全失重条件。

在以上案例中，使用的设备是计算机、数据采集器及力传感器。力传感器能将瞬间力的大小及其变化情况通过数据采集器传输到计算机，从而得到不同情况下力随时间变化的关系。计算机将数据图表化，直观简明。再结合前面传统的演示实验，学生对数据的理论分析难度将大大降低。

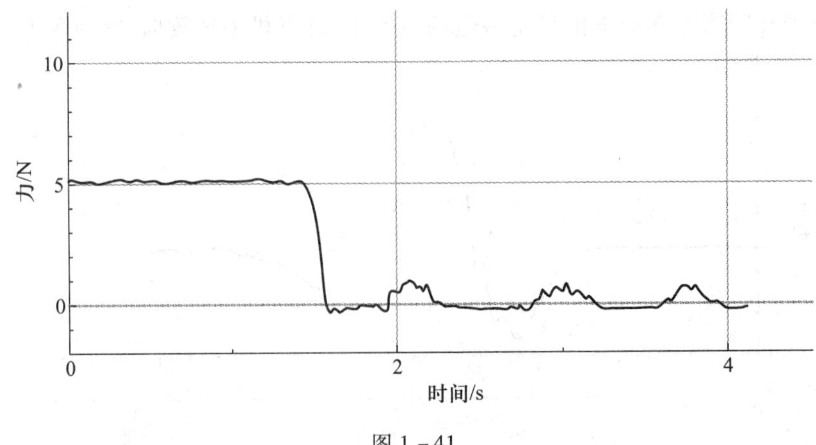

图 1－41

【案例 5】 运动的合成与分解

说明:教学研究

多年来,高中物理教科书中在讲“平抛运动”之前,总是先介绍“运动的合成与分解”,然后再用这种方法研究平抛运动的规律。可是 2007 年以后的人教社课标教科书(物理 2)中却干干净净地删掉了“运动的合成与分解”这部分内容,这是为什么呢?另外,在研究“波的叠加”时,字里行间透露出来的是“波的独立传播原理”和“波的叠加原理”的内容。那么,“波的叠加原理”和“运动的合成与分解”之间又有什么关系呢?

1. “运动的合成与分解”和“波的叠加原理”

在高中物理教科书中介绍“运动的合成与分解”时,常常是以船渡河或类似的实例、实验引入的:

船渡河的运动可以看作是由两个分运动组成的。如图 1－42所示,假如河水不流动,而船在静水中沿 AB 方向行驶,那么经过一段时间轮船将从 A 点运动到 B 点;假如船没有开动,而河水流动,那么船被河水冲向下游,经过相同一段时间,船将从 A 点运动到 A'点;现在船在流动的河水中行驶,它同时参与上述两个运动,经过这段时间将从 A 点运动到 B'点。船从 A 点到 B'点的运动,就是上述两个分运动的合运动。

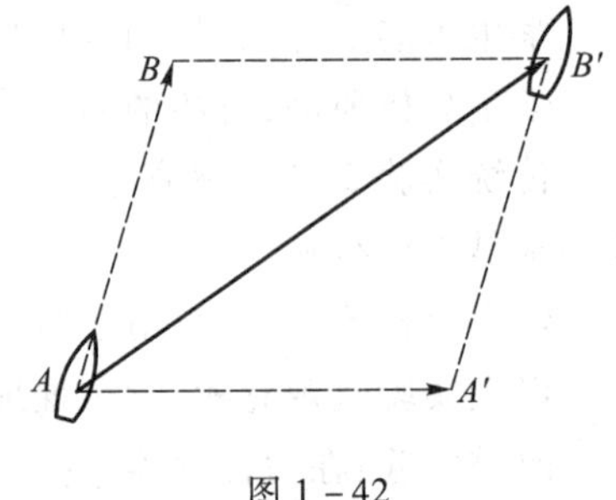

图 1－42

已知分运动求合运动,叫做运动的合成;反过来,已知合运动求分运动叫做运动的分解。

而后进一步指出:一些常见的曲线运动往往可以分解为两个方向上的直线运动,分别研究这两个方向上的受力情况和运动情况,弄清楚作为分运动的直线运动的规律,就可以知道作为合运动的曲线运动的规律。这是研究曲线运动的基本方法。

在讲到“波的叠加”时,通过观察实验总结出:事实表明,几列波相遇时能够保持各自的运动特征(频率、波长、振幅和振动方向)不变,继续传播,就像没有跟其他波相遇一样。(这被称为波的独立传播原理。)在几列波相遇的区域里,介质中的质点同时参与这几列波引起的振动,质点的位移等于这几列波单独传播时引起的位移的矢量和。(这个结论成为波的叠加原理。)

质点运动问题中的“运动的合成与分解”和波动问题中的“波的叠加原理”都是在描述运动的物理量如位移、速度等在运动叠加时所服从的原理，具有理论上的一致性，不妨统称为“运动叠加原理”。

2. “运动叠加原理”的条件

在所有高中物理教科书中，对“波的叠加原理”成立的条件比较明确，这就是几列波相遇时保持各自的特征独立传播（波的独立传播原理）。多数高中物理教科书在介绍“运动的合成与分解”时指出：当物体同时参与多个分运动时，各个分运动的位移、速度、加速度遵守各自的力学规律，相互独立。

由此看来，“运动叠加原理”的条件是：各个分运动是相互独立进行的。

不过，把一个比较复杂的运动分解为两个（或多个）分运动时，分运动是不是一定相互独立呢？下面，我们结合一些具体的实例看一看。

2.1 不计空气阻力的抛体运动

以平抛运动为例。在研究平抛运动规律时，可以把平抛运动分解为水平方向和竖直方向上的两个分运动。这两个分运动是不是相互独立的呢？

如图 1－43 所示，用小锤打击弹性金属片，A 球水平飞出做平抛运动，B 球被松开做自由落体运动。无论 A 球的初速度大小如何，也无论两球开始距地面的高度如何，A 球总是与 B 球同时落地。图 1－44 是一幅平抛物体与自由落体对比的频闪照片。

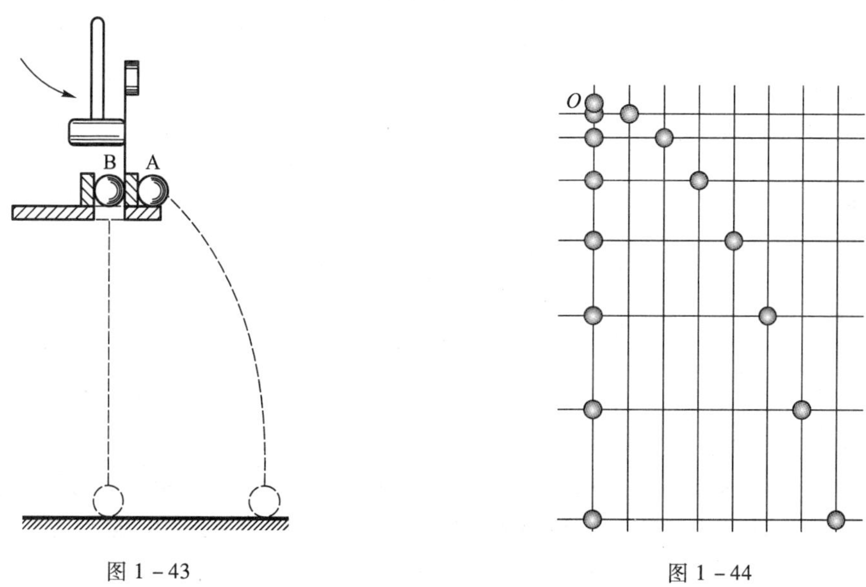

图 1－43

图 1－44

图 1－43、图 1－44 所示的实验可以表明，水平方向的分运动与竖直方向的分运动互不影响，是相互独立的。

平抛运动的动力学方程为：$m\frac{\mathrm{d}\boldsymbol{v}}{\mathrm{d}t}-m\boldsymbol{g}=0$。

2.2 空气阻力与速度成线性关系的抛体运动

设质量为 m 的质点以速度 $\boldsymbol{v}_0$ 水平抛出，运动过程中受到重力 $m\boldsymbol{g}$ 和空气阻力 $\boldsymbol{f}=-k\boldsymbol{v}$ 作用，那么该质点运动的动力学方程为

$$m\frac{\mathrm{d}\boldsymbol{v}}{\mathrm{d}t}-(m\boldsymbol{g}-k\boldsymbol{v})=0 \tag{1}$$

如果将该运动分解为水平方向和竖直方向上的两个分运动,那么

水平方向上:
$$m\frac{\mathrm{d}v_x}{\mathrm{d}t}+kv_x=0 \tag{2}$$

竖直方向上:
$$m\frac{\mathrm{d}v_y}{\mathrm{d}t}+kv_y-mg=0 \tag{3}$$

可见,方程(2)中没有 v_y,方程(3)中没有 v_x,也就是说,每个方向的方程都不包含另一个方向上的运动分量。那么,可以分别独立地解这两个微分方程,得到 $v_x(t)$ 和 $v_y(t)$,再通过积分就可以求得 $x(t)$ 和 $y(t)$。这说明水平方向的分运动与竖直方向的分运动互不影响,是相互独立的。

类似的运动还有,以一定速度进入匀强电场、垂直进入匀强磁场中的带电粒子的运动等,动力学方程分别为:$m\frac{\mathrm{d}\boldsymbol{v}}{\mathrm{d}t}-q\boldsymbol{E}=0$,$m\frac{\mathrm{d}\boldsymbol{v}}{\mathrm{d}t}-qv\times\boldsymbol{B}=0$。

这些运动都可以分解为两个相互独立进行的分运动,从而可以运用“运动叠加原理”求解,它们的共同特点是:动力学方程都是线性微分方程。

2.3 空气阻力大小与速度二次方成正比的抛体运动

设质量为 m 的质点以速度$\boldsymbol{v}_0$水平抛出,运动过程中受到重力 $m\boldsymbol{g}$ 和空气阻力 $\boldsymbol{F}=-kv^2\cdot\frac{\boldsymbol{v}}{v}$ 作用,那么该质点运动的动力学方程为

$$m\frac{\mathrm{d}\boldsymbol{v}}{\mathrm{d}t}-\left(m\boldsymbol{g}-kv^2\cdot\frac{\boldsymbol{v}}{v}\right)=0$$

如果将该运动分解为水平方向和竖直方向上的两个分运动,那么

水平方向上:$m\frac{\mathrm{d}v_x}{\mathrm{d}t}+kv^2v_x=0\Rightarrow m\frac{\mathrm{d}v_x}{\mathrm{d}t}+k\sqrt{v_x^2+v_y^2}\cdot v_x=0$

竖直方向上:$m\frac{\mathrm{d}v_y}{\mathrm{d}t}+kv^2v_y-mg=0\Rightarrow m\frac{\mathrm{d}v_y}{\mathrm{d}t}+k\sqrt{v_x^2+v_y^2}\cdot v_y-mg=0$

可见,每个方向的微分方程中都包含另一方向上的速度分量。这说明水平方向的分运动与竖直方向的分运动之间彼此关联,并不是独立的。

类似的运动还有,质点在引力场中的运动,带电粒子在点电荷电场中的运动等。它们虽然可以分解为两个分运动,但是这两个分运动不是相互独立的,因而不能运用“运动叠加原理”求解。它们的共同点是:动力学方程不是线性微分方程。

因此,我们可以用归纳的方法得出一个结论:如果质点运动的动力学方程是线性微分方程,该运动就可以分解为两个相互独立进行的分运动,从而可以运用“运动的叠加原理”求解。

可以证明,动力学方程为线性微分方程的振动系统,也可以运用“运动叠加原理”求解(振动的合成与分解)。波动是振动的传播,波函数 $u(x,t)$ 满足偏微分方程,如果波动方程是线性偏微分方程,那么这样的几列波相遇是互不干扰的,可以运用“波的叠加原理”求解。

3. “运动的叠加原理”的速度合成与“相对运动”的速度合成

“相对运动”的速度合成解决的是质点相对于两个不同参考系(它们之间有相对运动)的速

度之间的变换关系。

设参考系Ⅰ静止，参考系Ⅱ相对Ⅰ运动。质点相对静止参考系Ⅰ的运动叫做绝对运动，速度表示为$v_{绝}$；质点相对运动参考系Ⅱ的运动叫做相对运动，速度表示为$v_{相}$；运动参考系Ⅱ相对静止参考系Ⅰ的运动叫做牵连运动，速度表示为$v_{牵}$。那么，“相对运动”的速度合成公式为：$v_{绝}=v_{相}+v_{牵}$。

“相对运动”的速度合成与“运动叠加原理”的速度合成是有区别的，前者是不同参考系间的速度变换关系，而后者是同一参考系（在中学阶段，凡没有说明参考系的，都默认为是以地面为参考系）中的速度合成关系。它们的含义不同，适用范围也不同。“运动叠加原理”的速度合成公式是在同一个参考中由矢量合成的平行四边形定则推出的，从速度很小到速度 $v\to c$ 的广大范围内都成立。“相对运动”的速度合成是由伽利略变换导出的，因而只在 $v \ll c$ 时才成立。

其实，船渡河的问题是相对运动问题：$v_{船对岸}=v_{船对水}+v_{水对岸}$。在这个问题中，涉及三个物体：船、河水、河岸，解决的是船相对于两个不同参考系（河岸、河水）的速度之间的变换关系。

不过，现行高中物理教科书对“相对运动”的速度合成与“运动叠加原理”的速度合成并没有作区分，但是，物理教师还是应该知道它们有什么不同。

4. 关于“运动叠加原理”的教学建议

“运动的合成与分解”放在“平抛运动”之前介绍，并称之为研究曲线运动的基本方法，长期以来引起颇多争议。争议的原因，并不代表“运动的合成和分解”这个问题不存在或不重要，恰恰相反，它仍然是中学物理教学中一个很重要的问题，只是不可能在高一阶段、面向全体高中学生，一步到位，讲全讲透。

不过，将比较复杂的问题分解为几个比较简单的问题，并找出它们之间的联系，是一种研究问题的方法，也是一种解决问题的能力，是高素质人才必须具备的能力，特别是面向理工方向发展的学生，应该在学习高中物理的过程中，通过学习“运动的合成与分解”“波的叠加原理”等知识，掌握把复杂运动分解为简单运动的方法，培养这种解决复杂问题的能力。

因此，在高中阶段，有关“运动叠加原理”的教学，要注意避虚就实、循序渐进。

4.1 在进行“平抛运动”教学时初步认识“运动叠加原理”

在研究平抛运动之前，还是可以通过船渡河或类似的实例、实验介绍“运动的合成与分解”的。在研究平抛运动的过程中，更不要刻意回避“运动的合成与分解”，而是作为一种研究复杂运动的方法渗透在整个教学过程之中。

（1）提出问题

平抛运动是一种比较复杂的曲线运动，其速度大小、方向都时刻发生改变，能不能对这个比较复杂的运动进行分解，将它转化为我们熟悉的、比较简单的运动呢？

（2）理论分析

在水平方向上，物体不受力，由于惯性而做保持初速度不变的匀速直线运动；在竖直方向上，初速度为零，物体受到重力作用，做自由落体运动。

（3）实验研究

通过图 1－43、图 1－44 所示的实验证实水平方向的运动和竖直方向的运动是相互独立的。

（4）方法引导

适时介绍“运动的合成与分解”，指出水平方向和竖直方向上这两个相互独立的运动是平抛运动的两个分运动，平抛运动则是这两个分运动的合运动。说明合运动与分运动在位移、速度、加速度等方面的关系，指出分运动、合运动的等时性，从而得出平抛运动的规律。

(5) 了解“运动的合成与分解”的适用范围

在解决动力学问题时，由牛顿第二定律建立的方程是矢量方程。对于比较复杂的运动，常常选取适当的坐标系分解为几个标量方程求解，分量方程之间可能是独立的、不相关的，也可能是不独立的、相关的。因此，分运动的独立性不宜推广，更不能总结出所谓的“运动的独立性原理”去无条件地应用“运动的合成与分解”解决一切问题。

4.2　在解决带电粒子运动问题时深入理解“运动叠加原理”

通过解决带电粒子在电场、磁场中的运动问题，不断加深学生对“运动的合成与分解”的理解，进一步提高学生运用这种研究方法解决复杂运动问题的能力。

问题 1：

如图 1 - 45 所示，空间中存在着方向水平向里的匀强磁场，磁感应强度大小为 B，由静止释放一个重力不能忽略的带电微粒，其质量为 m，带电荷量为 $+q$。试定性分析该微粒的运动情况。

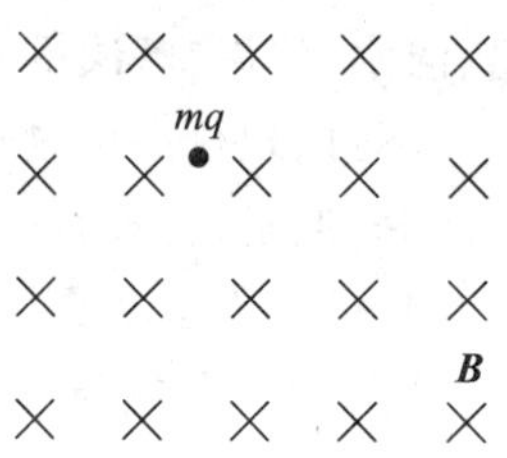

图 1 - 45

分析：

带电微粒在运动过程中受到两个力的作用，重力 mg 是恒力，其方向沿竖直向下；洛伦兹力是变力，其大小和方向都在变化。

微粒的初速度为零，根据矢量的分解法则，它等于两个矢量 v_0 与 $-v_0$ 之和（设向右为正），且令 $v_0 = mg/Bq$。

若只考虑存在向右的速度分量 v_0，由 v_0 引起的洛伦兹力 F_1 与重力平衡，则微粒将向右做匀速直线运动；若只考虑向左的速度分量 $-v_0$，微粒在由 $-v_0$ 引起的洛伦兹力 F_2 作用下做匀速圆周运动。微粒的实际运动就是上述两个分运动的叠加。

我们还可以进一步做定量讨论：速度分量 $-v_0$ 引起的匀速圆周运动的轨道半径 $R = \dfrac{mv_0}{qB}$，运动周期 $T = \dfrac{2\pi m}{qB}$；它与速度分量 v_0 引起的匀速直线运动叠加后，就是一条“轮摆线”，大致如图 1 - 46 所示，这就是该带电微粒的运动轨迹。在一个周期时间内的水平位移 $l = v_0 T$，上下运动的幅度为 $2R$。

问题 2：

将一带电粒子在匀强磁场中以速度 v_0 垂直磁场方向抛出，我们知道粒子做匀速圆周运动。可是，有一位同学通过以下分析，得出了不同的结论：设想将一带电粒子在无磁场的空间中以速度 v_0 抛出，粒子做匀速直线运动；再设想空间有一与 v_0 方向垂直的匀强磁场，但粒子无初速度，则粒子静止不动。那么，粒子的实际运动应该是前一个分运动（速度为 v_0 的匀速直线运动）与后一个分运动（静止）的合运动——速度为 v_0 的匀速直线运动。显然，这位同学的分析存在问题，可是问题出在哪了呢？

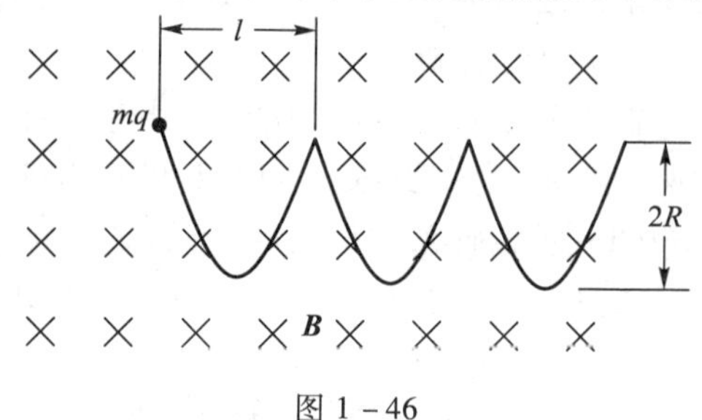

图 1 - 46

通过这类问题可以引导学生进一步理解“运动

的合成与分解”的适用条件：把一个较复杂的运动分解为几个较简单的分运动，首先是在物理上可以分解；其次才是分解后的运动能够独立进行。

4.3 在研究“波的叠加”时熟练运用“运动叠加原理”

在进行“波的叠加”“波的干涉”教学时，首先要做好绳波、弹簧波、声波、水波的叠加实验。通过观察分析实验现象，引导学生自主总结出“波的独立传播原理”和“波的叠加原理”。熟练运用“波的叠加原理”定性分析两列相干水波引起的“波的干涉”现象，用波的图像定量解决两列简谐波叠加的简单问题。

例如，两列简谐波沿 x 轴相向而行，波速均为 $v=0.4\ \text{m/s}$，两波源分别位于 A、B 处，$t=0$ 时的波形如图 1－47 所示。当 $t=2.5\ \text{s}$ 时，M 点的位移为________ cm，N 点的位移为________ cm。

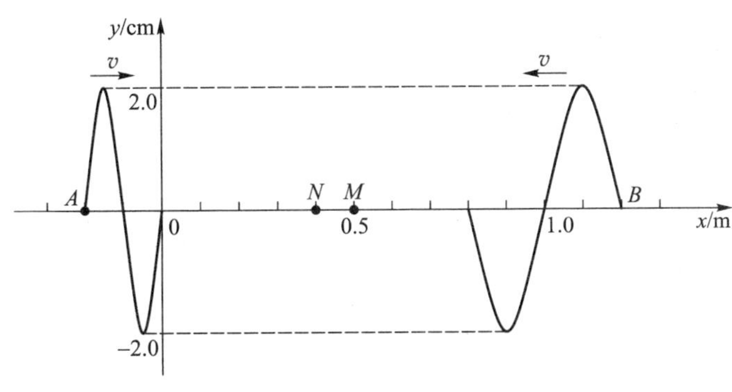

图 1－47

分析：

由图 1－47 所示的波形图可知，波源 A 所激发波的波长 $\lambda_A=0.2\ \text{m}$，波源 B 所激发波的波长 $\lambda_B=0.4\ \text{m}$。

根据波的公式 $T=\lambda/v$ 可以计算出它们的周期 $T_A=0.5\ \text{s}$，$T_B=1\ \text{s}$。

从 $t=0$ 到 $t=2.5\ \text{s}$ 的这段时间 $\Delta t=5T_A=2.5T_B$，在这段时间里，两列波各自独立传播的距离分别为 $5\lambda_A$ 和 $2.5\lambda_B$，根据“波的独立传播原理”在图 1－48 中画出 $t=2.5\ \text{s}$ 时的两个波形图，再由波的叠加原理不难求出：当 $t=2.5\ \text{s}$ 时，M 点的位移为 2.0 cm，N 点的位移为 0。

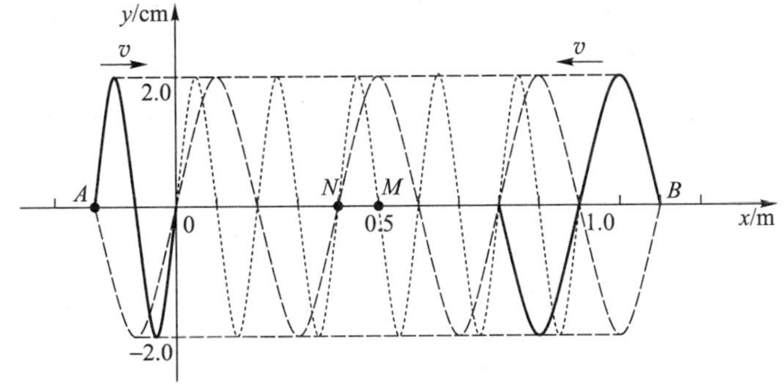

图 1－48

从高一到高三不同的学段，从认识、理解到熟练运用不同的层次，结合各阶段的具体问题，循序渐进地进行“运动叠加原理”的教学,是符合学生认知规律的。通过实例,既要让学生认识到这是一种常用的把复杂运动分解为简单运动的方法,又要让学生明白“运动叠加原理”是有条件的,不能盲目推广。在教学过程中,最重要的是培养学生科学运用“运动叠加原理”解决实际问题的能力,至于“运动叠加原理”的深层条件(动力学方程是线性微分方程)不必要向全体学生做具体的推导,不妨把这个问题留给有兴趣的学生在课外或以后的学习中继续研究。

第二章

高中物理课堂教学的艺术性

高中物理课堂教学是一门科学,也是一门艺术。课堂上教师的一言一行、一举一动、思想情感都会直接影响并感染着学生。科学求真,艺术求美,一堂好课不仅能让学生学到知识、方法,还会带给学生一种美的亨受。因此,教师在课堂上既要把握教学的科学性,又要追求教学的艺术性,以理服人,以情动人。影响课堂教学艺术的因素很多,诸如教师的语言、行为、情感以及上课的节奏等。每位教师都应该在遵循教学规律的前提下,根据自己的特点,发挥自己所长,创造出一堂堂有声有色、情理结合的具有艺术特色和美学价值的优秀课,让学生在思想活跃、和谐融洽的氛围中快乐地学物理。

1 锤炼课堂教学的语言

在谈"教师语言"之前,我们想重申一个观点:教师,不管你是文科教师还是理科教师,有一项任务是永远不变的——创造一个有利于孩子们学习的课堂氛围。尽管现代化的教学手段日新月异地改进,但是,不可改变的是:没有任何一种机器,无论它多么精密多么先进,都无法担任这项工作。创造有利于学生学习的教学氛围,教师的语言在其中承载着不可忽视的重要作用。所以,教师在职业生涯之初乃至职业生涯的全部过程,都将行进在追求语言艺术更上一层楼的道路上。

教育功能的实现依赖于良好的师生关系,处理好师生关系会取得事半功倍的效果。教师的语言,有的是关切的、鼓励的、带有殷切希望的,有的是风趣的、幽默的、有深度的,不要低估了它们在教育中的力量。所以,我们要特别强调教师的语言要有艺术性,教师要追求语言的艺术性,做一名优秀的教师尤其要在自己的教职生涯中历练和实践,得以臻至教育之最佳境地。

1.1 教学语言艺术的具体特征

"语言精美"是对教师教学语言艺术的要求,它有以下四个方面的具体特征:①

(1) 科学规范是第一要务,所以要求教师的教学语言要严谨精练,具有逻辑性

物理学科是一门严谨的学问,有其明确的教学目标及其育人功能。这就决定了对教师语言规范性与科学性的高期待。教师语言必须严谨精练,重点突出,具有鲜明的逻辑性。

教师严谨精练的语言,能引导学生系统地掌握理论知识,发展学生的抽象思维能力。而教师用精练简洁的口语,传达大量的信息,有利于在教学中突出重点,突破难点,有利于学生及时作出反馈,从而取得理想的教学效果。在传达信息的过程中,教师组织语言必须有严谨的设计,让自己整体的讲授具有鲜明清晰的思路,符合听者接受的期待,这就是在语言背后的逻辑性。

---

① 倪三好. 优秀教师的语言艺术. 合肥:安徽师范大学出版社,2013:3.

（2）表达方式也很重要，所以要求教学语言要幽默风趣，机智巧妙，具有创造性

不用引经据典，作为常识，我们也能理解一个优秀的教师应该善于运用幽默生动的语言艺术，激发学生的学习兴趣。

尤其是物理教学，基本概念和理论性的教学内容本来就让学生感到抽象，理解起来比较难。教师也往往感到棘手。在讲授时，教师要尽可能调动自己的积累，运用风趣的语言，恰当的联想和比喻，化抽象为具体、生动，尽最大可能达到让学生在轻松愉快的氛围中掌握知识，同时，又在笑声中引发思考和联想，在不知不觉中推动学生的领悟，让学生感受到学习的乐趣。

幽默对教师而言，是更高的要求。在做到严谨精练，科学性逻辑性强的前提下，达到幽默生动的讲述，确实更见得一名教师的职业技能和基本素养。这显示的是教师的智慧，需要精心磨炼和锻造自己的语言功力。这个学习和提高的过程见证了作为教师的职业情怀，代表了一名专业教师对学生的关爱，而幽默风趣、机智生动的语言风格，也会成就一名教师的教学风格乃至教学艺术。诚然，准确熟练地运用幽默风趣的语言是一名教师聪明才智和职业素养的表现。

幽默是教师在课堂教学中不可多得的优异品质。它打破了课堂内的枯燥，让整个教学过程达到师生和谐、充满情趣的美好境界。它不仅提高了教学语言的品位，而且优化了课堂教学的效果。

（3）教育教学的目的在于培养学生，所以教学语言要求富有教育性和针对性，能因材施教

不论任何学科，都承载着既教书又育人的任务。教师要用自己的一言一行以身示范，即我们常说的“学高为师，身正为范”的职业要求，那种潜移默化的影响极为深刻。但是，令人遗憾的是，“润物细无声”有之，但“毁人不倦”亦有之，兹事体大，切记谨言慎行。因此，教师的语言一定要有其教育性和针对性，因材施教。教师必须针对不同的教育对象，不同的教学内容，不同的教育环境，把握本课程的特点，在注重教学语言的教育性和针对性的基础上，选择运用不同的语言进行教育工作，尤其要避免与主题无关的废话，切实做到对症下药和因材施教。每一个教育对象都是一个独立的个体，每个孩子都有自己丰富的内心世界，作为成年人，作为他们的老师，我们有义务有责任倾听孩子的声音，保护孩子的学习和探索的热情，而不是用不得当的不经意的语言伤害孩子的学习欲望与学习热情。

在教育教学的历程中，我们要针对不同的学生采取不同的教育和激励的方法，尤其是语言方式的不同。百花园中有灿烂夺目的花朵，也有不起眼的甚至边缘化的小草，每一种生命都值得尊重和敬畏。作为教师，我们要把赞美诗送给艳丽的玫瑰，也要把关爱和呵护奉献给蒲公英这样的小花草。

（4）师生之间的和谐默契会产生更好的教学效果，所以教学语言要富有情感性和激励性

“亲其师，信其道”，这也是不言而喻的道理。优异的教学效果的实现依赖于师生间良性的情感沟通，换言之，情感沟通是教学的重要前提。别林斯基曾说，情感是语言在表达过程中的乘号，语言中充满感情，会使语言的感染力成倍地增加。这就是说，情感是教师语言艺术中极为重要的因素，它直接影响学生的情感变化，影响学生对教师的认可和信任，影响学生对教师传递的教学信息的认知和理解。

高明的优秀的教师最善于在课堂教学中运用情感性语言，或满怀激情，或温情感人，或睿智深刻，或幽默生动，虽然语言风格不同，但共同点在于饱含深情，富于激励性和殷切的期待，与学生产生深刻的情感共鸣，让孩子们为之感动，为之倾倒，从而潜移默化地转化成良好的学习动机，

实现理想的教学效果。积极的充满鼓励和期待的情感性语言能使学生在强烈的感染和冲击下全神贯注的接受教师的教学内容，就像一条无形的纽带把教师、学生、教学内容有机地联系起来。

尤其要强调的是教师语言的激励性，学生进步的动力往往是教师充满激励和期待的语言。未成年人特有的迷茫和对自己的怀疑，需要作为成年人的教师的鼓励和点拨。教师善于发现孩子的长处和特点，给予恰如其分的表扬和鼓励，往往会实现意想不到的成功。而学生的进步，也恰恰能激励教师更深入地探索，进一步探索如何激发孩子的潜能，让每一个生命获得更好的发展，让每一个人都做更好的自己。

1.2 教学语言艺术的重要作用

教师实现教育功能主要借助言语表达，实现与学生的情感沟通和信息传达。教师的教学语言，不仅是技术更是一门艺术，教师在教育教学活动中，一定要根据学生的生理、心理特点，以及“学情”实际，运用语言艺术向学生传授文化知识与做人准则。教师语言艺术的重要作用如下所述。

(1) 提高教学质量和教学效率

同样的教学内容，甚至同样的教学方法，因为教师语言的差异，可能教学效果却有天上人间的巨大差异。教师的情趣盎然的表述，精确全面的概括，至真至诚的交流，恰到好处的点拨，往往能把学生引领进入汲取知识、建构良知的殿堂，开启孩子的心智，陶冶优雅高贵的情操。教师课堂教学语言能力的高低，会对教学质量和教学效果产生直接的、深刻的、不可忽视的影响。所以，从新教师入职之始，就要锤炼自己的教学语言，以期早日达到教育教学之佳境。

激发学生学习的兴趣和动机 准确、鲜明、生动、富有吸引力、感染力、号召力的、极具艺术魅力的教学语言，可以更好地启发学生思维，激发学生兴趣，调动学习积极性，直接影响到教学质量。课堂教学无论是传播知识、培养学生能力，还是陶冶学生的道德情操，都是通过师生双方语言的表达和交流来实现的。教师课堂教学语言要力求表达准确清晰、生动有趣，学生就会受这样的语言吸引，从而有效激发学生强烈的学习兴趣和学习动机，能让学生集中注意力，有利于学生智力的开发，以及创新能力的培养，同时也有利于节约教学时间和减轻学生的学习负担，大大提高教学效率。

心理学研究表明，对感官富于刺激性的语言，最能引起学生的兴趣。那么，在教学中，注意使用那些对感官富有刺激性的语言，就能紧紧吸引学生。要达到这一效果，关键在于用生动有趣的语言，将抽象的内容具象化，善于将事物的形态、特征，具体而形象地展现在学生的面前，这样就更能增强学生的学习兴趣、激发孩子们的想象力，进而使学生更牢固地掌握知识并培养起形象思维和理性思维的能力。

对学生起到正面的示范作用 具有艺术魅力的教学语言，能给学生一种正面的示范作用。教师艺术化的教学语言，既可以培养学生的语感，又可以让学生从教师那里习得提出问题、分析问题、解决问题的方法，从而提高学生的主动意识，启发孩子们积极主动地去思考、理解、掌握教师的讲授内容。学生在准确生动、逻辑清晰的教学语言的引导下，会积极主动地开动脑筋，分析、综合以至理解、掌握学习内容，为自己争取思维训练的机会，从而促使自己的思维能力、分析和判断能力得到有效的提高。可以说，课堂上教师的一言一行都对学生起到示范引导的作用，潜移默化地影响着学生。所以，我们要力争给学生至真至善至美的引导与示范。

营造民主和谐的学习氛围　聪明的教师善于运用恰切的教学语言,营造课堂上师生间民主和谐的关系,乃至民主和谐的学习氛围。现代意义的课堂教学,教师不再是高高在上的主宰者,师生间也转变为相互尊重、相互欣赏、相互理解的平等民主的关系。教师通过感人的教学语言,可以让学生感受到教师对自己的尊严与权利的尊重,感受到教师对自己的学习方法、学习能力、学习效果的认可与欣赏。这样,亦能激发学生的主体能动性以及丰富的令人惊艳的创造潜力。而师生间这种富有生命活力的互动,也使得进行中的课堂教学不断地生成新的发现、新的感受、新的经验、新的收获,让师生都获得心灵交流的最大愉悦。

巧妙应对教学突发事件　课堂教学是双方互动的教与学的活动,教学双方处于错综复杂的关系中,教学过程也因着这种复杂性而衍生种种意外情况。经常地,学生会提出令人意想不到的问题;有的时候,也会因为讨论问题而出现某种“意外状况”。这种时刻,需要教师的智慧,需要教师高度灵活的应变能力、教学机智和语言艺术,根据课堂上出现的意外情况和学生的接受能力,随机应变,灵活地调整教学语言,巧妙应变,从容不迫、雍容自如的驾驭课堂。

这种高度机智的应变能力,尤其表现在语言功力上。这一切都要求教师有发现问题的敏锐性,以及应变的敏捷清晰的思路,善于理顺学生考虑问题的思路,找出症结所在,因势利导,运用恰切的教学语言,引导和启发学生,所谓“一语点醒梦中人”,使学生恍然大悟,从而把课堂从意外的突发状况引向顺利平缓的和谐节奏。当然,这对教师的要求是很高的,作为成年人的教师,切不可认为作为未成年人的中学生制造“意外状况”“突发事件”是哗众取宠,反而要充分考虑学生的心理需求、学生的接受能力,教师应当冷静机智,耐心倾听,善于因势利导,点拨调控,妙语连珠,化险为夷。

(2) 促进学生能力发展

教师教学语言艺术的高低,不仅影响到教师教学任务的完成、教学效果的优化,更重要的是,它还影响着学生多方面能力的发展。爱因斯坦曾这样说:“一个人的智力发展和他形成概念的方法在很大程度上是取决于语言的。”教师使用规范的教学语言对学生智力的形成和发展、语言习惯的养成、思维方式的养成、审美能力的养成都有重要的作用。

促进学生思维能力的发展　语言是思维的工具之一,是思维的物质外壳,是人类最重要的传递信息、交流情感的媒介。语言和思维如影随形,相辅相成。思维决定着语言行为的内容和形式,语言表现着思维的动机和品质。教师语言水平的高低直接反映着教师思维水平的高低。学生透过教师高超的教学语言艺术,可以探知教师的思维进程,学习到思考问题的良好方法,体验到思维过程的快乐,从而激发思维兴趣,同时还能提高思维能力水平。

具体说来,教学中好的教学语言会促进学生思维的发展:直观描述的教学语言,以及生动形象的教学语言会促进学生形象思维的发展;理论概括的教学语言会影响到学生抽象思维的发展;教师使用规范的语言,可以引导学生在问题思考、思想表达时都严格遵守逻辑,准确严密地进行推理,做出正确判断,从而有效地培养学生正确的逻辑思维;教师的机智语言能够活跃学生的思维,从而推动学生思维的敏捷性和灵活性的发展。

促进学生语言能力的发展　教师的教学语言不只是传授知识的工具,还是以身示范的榜样,是教师给学生做出的运用语言的最直观、最有效的示范榜样。教师的教学语言对学生语言习惯和语言能力的影响是日积月累、潜移默化的。教师语言要在语法、语用上起到语词、语汇含义的确认及其相互关系的区分,以及语句组织、语词运用的方法、规律的示范作用;在语言实践上,起到语言运用方向和基本原则的示范作用。

实践表明，学生受到言之成序、言之有理、言之生情、言之生趣的教学语言的长期熏陶，就会逐步产生对语言的浓厚兴趣，养成良好的语言习惯，进而在潜移默化中促进学生语言能力的逐步发展，使之能够清晰正确的运用词汇、语音、语调、语法等准确表达自己的思维和内心世界，并掌握灵活运用语言的本领，从而达到出口成章的水准。

(3) 培养学生的审美情趣

苏霍姆林斯基曾经指出，教师讲的话要带有审美色彩，这是一把最精致的钥匙。它不仅开发情绪记忆，而且深入大脑最隐蔽的角落。教师优质的教学语言大多具有美学特征，它包括准确简洁之美，情感体验之美，启发激励之美，动态节奏之美，幽默谐趣之美。教学过程中，教师的语言艺术有助于培养学生的审美情趣，一方面教师艺术化的语言能够提高学生的审美意识和审美感知力，另一方面，教师审美化的语言也能够提高学生的审美表达能力。

提高学生的审美意识和审美感知力 教学艺术高超的教师，其语言在本质上具备共同特点：音质清亮，具有穿透力，悦耳动听；语言丰富多彩，运用自如，从容不迫；简洁明确，生动形象，富有魅力；感情投入，声调上有轻重缓急、高低快慢、抑扬顿挫的变化……这优美的教学语言本身就是十分丰富的审美材料。

教师的语言艺术能引起学生的共鸣，将语言艺术融入教学过程中，使教学成为学生审美和欣赏美的对象，引起学生审美感受。在教学活动中，教学语言的表达、教师的讲话速度及重音的变化等运用语言的艺术会给学生以美的感受；教师的行为、语态之美，也会给学生以美的熏陶。学生在完美的教学情境下，逐渐学会感受美、欣赏美、创造美，必将促使他们自觉地、积极地提高自己的审美意识和审美感知力。

提高学生的审美表达能力 教师的教学语言对学生的影响比一般人更为深刻，尤其是给予学生审美意识和审美能力。在教育教学过程中，教师为达到最佳的教学效果而自觉地调动自身的语言素养，娴熟而恰如其分地使用各种语言技能及技巧，从而使语言本身的审美属性得以充分的实现，教师艺术化的教学语言在潜移默化中影响并促进学生的审美表达能力的发展。

教师的教学语言之美，包括内容与形式两方面，正所谓“质胜文则野，文胜质则史，文质彬彬，然后君子”(《论语·雍也》)。教学语言的内容之美是指教师讲授的内容，深刻而富于哲理，充实而又含蓄，往往有令人豁然开朗的启迪性。而教学语言的形式之美，则是指教师在遣词造句和修辞上的高超技艺，同样的内容，不同的表达，会有异常不同的效果。所以教师既要深入研究自己的教学内容，更要在表达上对自己严格要求，让自己的课堂富有魅力，让学生在教师教学语言的内容之美和形式之美的熏陶下，感受到获得知识、理解领悟的陶醉与幸福。同时也给予学生最好的示范，引导学生主动尝试用审美化的语言形式去表达自己的想法，从而逐步提高学生自身的审美表达能力。

1.3 教学语言艺术运用的原则

语言是交流思想的工具，是知识信息的载体，对于教师职业而言，语言尤其重要。语言，是打开知识宝库的钥匙，是沟通师生心灵的桥梁，是教师完成教学任务、履行教师职责的重要条件和基本手段。无论时代怎样前进，教学手段怎样现代化，只要有教师的存在，就有教师教学语言的存在。苏霍姆林斯基在谈到教师素养时指出，教师的语言修养，在很大程度上决定着学生在课堂上的脑力劳动的效率。教师的教学语言如此重要,那么,教师在使用教学语言时,到底应该尊重哪些原则才能有效地促进教学信息在师生之间的交流呢?①

(1) 让学生感受到教师的善意和尊重

在教学语言艺术运用过程中,善意尊重原则是对教师提出的最基本原则。善意尊重原则包括两个构成层次:一是善意原则,一是尊重原则。

善意原则　是指教师对学生必须抱以善良美好的愿望,是在关心爱护的前提下让学生掌握一定的科学知识、增长一定的技能和才干。善意原则是教学语言艺术的目的性原则,在一定程度上决定着学生的切实感受,可以使学生感受到教师美好善良的主观愿望,从而心甘情愿、心悦诚服地接受来自教师所传递的教学信息。

从心理学的角度讲,作为未成年人,学生有一种"爱抚期望心理",这是稚嫩、幼弱者的本能心态。孩子们对有善良情感的语言和寡淡冷漠的语言,具有十分敏感的辨识能力。甚至于教师在无意中流露的一个眼神,隐藏于嘴角的一个细微表情,都逃不过孩子的眼睛。如果对学生充满真诚的关爱和善意,那么,即使是不经意脱口而出的话语,也能"淡语皆有味,浅语皆有致"(王国维《人间词话》),饱含着慈爱之心的语言,会引起学生强烈而持久的内心体验,收到意想不到的教育效果。

可见,教师在教学过程中是否以善意原则作为教学活动的起点,在一定程度上决定着教学活动的效果。如果教师在教学时始终保有一颗善良的心来对待每一个学生,那么他所传授的知识必定是健康的、有益的,同时学生也会感受到来自教师的爱,这更有利于促进学生掌握知识、理解知识。教师从关心爱护学生的角度出发,就会选择有利于学生发展的教学内容和言语表达方式;反之,如果教师有厌恶学生的情绪,那么,他可能就会选择伤害学生的教学内容和言语表达方式。从善良美好的目的与动机出发,所传达的教学信息,会被学生接受并引起思想情感上的起伏与共鸣;相反,从恶意伤害的目的和动机出发(哪怕只是无意中的),所传达的教学内容、所使用的教学语言,必定会引起学生的反感,使思想情感上产生抗拒及逆反心理。所以,在教学语言的实际运用中一定要坚持善意原则。

要做到善意原则,首先教师自身要有良好的素质,保有一颗善良之心,当然,还要做好各方面的准备,比如,了解学生的实际情况,适当及时地关心爱护学生。只有遵循善意原则,教学语言艺术才不会变成花言巧语,教学才会获得良好的效果。

尊重原则　是指教师对学生要持有尊重的态度,教师必须在遵循这一原则的前提下向学生传递知识,从而增长学生的才干,提高学生的素质,使学生得到全面的发展。尽管年纪有长幼之分,学问有大小之别,但每个人在人格上都是平等的;也许闻道有先后,术业有专攻,但是教师必须要尊重学生,尊重每一个个体生命的不同表现。

在学校中,未成年人是弱势群体,也许就是不经意间的一个冷漠的眼神、一句冷漠的话语,可能会足以伤害一个孩子的心灵。青少年的心是敏感脆弱的,教师在交流过程中,必须注意态度和语言的分寸,必须尊重孩子的人格,保护孩子们的自尊心和自信心。教师对孩子的影响是巨大的,我们要想到兹事体大,可能会影响孩子的一生,那么,谨言慎行的良好习惯与素养也就会慢慢成为本能,成为教师素养的一部分。

---

①　倪三好．优秀教师的语言艺术．合肥:安徽师范大学出版社,2013:55.

当然，做到对学生的尊重，其实需要教师本身的自制力，需要教师本身是一个精神状态良好的、健康自信的人。当教师心绪不佳的时候，难免迁怒，所以只要开始了教育教学活动，就要剔除自己的烦躁不安、无可奈何的负面情绪。尤其是这种负面情绪可能是由学生引起的时候，更需要我们控制自己，保持安静平和的心态，头脑冷静，认真分析现状，找出症结所在，采取有效措施。而不是易怒、失态，那就不仅是不能尊重学生，其实也是放弃了对自己的尊重和保护。而且，教师的心急气躁往往会带来对学生采取粗暴威逼的态度，忘掉了对人的起码的尊重，那样可能会适得其反，引发学生的抵触和反抗，反而影响了教学效果，甚至是师生关系。

（2）让学生能够接受教师的语言风格

教育教学是师生间的互动与交流活动，存在着输出者的信息被接受者接受的问题。教师的教学语言只有被学生接受，知识传递的目的才能得以实现。如果你的语言风格不能让学生认可和接受，那么即便你认为那是“天籁之音”也无济于事。为了让学生接受，我们在教学中须努力改进自己的语言表达。

第一，为了让学生接受教师的语言风格，所选择的语言方式必须要考虑学生的年龄、性别、心理等特点。

低龄段（小学、初中）的教学，须采用儿童化的教学语言，其特征主要呈现为直观形象，明快生动，富于启发性；浅显易懂，语气亲切温和，语调富于变化，表情丰富等。而对于接近成年的高中生，教学语言则要求清晰准确、深刻精辟，具有一定的启发性和幽默性。当然在教育教学中，还要考虑男女学生不同的心理特点和心理需求。男生重权威感，女生重感情交流的亲切性；男生习惯于发布命令也习惯于接受命令，而女生则喜欢更为亲切的询问与商讨；男生可以接受较为严厉的批评，而女生则不太能接受指责与委屈……教师在教学中要根据性别差异考虑语言使用的对象。

第二，为了让学生接受教师的语言风格，必须使用科学规范的语言，但同时必须是通俗易懂的。

科学规范的语言方式是教学效果的保证，是教师给学生在形成良好的规范的言语表达过程中的以身垂范。教学语言的规范是指我们必须遵守现代汉语所规范的语音、文字、词汇和语法系统，不读错字，不读错音，不写错别字，不用错句式。另外，方言的使用也要慎重，还有要切记避免选择使用不合乎语法规范的流行语、网络语，除非是已经约定俗成进入到我们的语法体系中的语言。

规范以外，必须要通俗易懂，因为交流是口语化方式，必须是常见常听的语言模式，否则，高山流水，曲高和寡。“易懂”是教育教学的追求，让接受者便于理解和接受，而“通俗”是“易懂”的前提和手段。在教学实践中，我们要力求把深奥的概念通俗化，把理论的东西实际化，把抽象的东西具象化，要力争做到深入浅出，生动有趣，要善于联想和想象，运用各种比喻、比拟、类比等方法，让学生在轻松和谐的氛围中接受知识。必要时，教师也可以辅以恰切的手势、表情、体态的表演，让学生直观地感受到抽象的形象化。

第三，为了让学生接受教师的语言风格，要善于调整和调控教学内容的深度和难度。

这就是我们根据学情的“备课”功力了。既要备教材，又要备学生。根据学生的实际情况，确定恰切的教学内容。在深入钻研教材教辅的基础上，确定教学的难点重点，并结合学生的知识背景分析判断学生的可接受程度，来灵活地选择教学语言方式，或讲授，或启发，或质疑，或分析，或点评，或综合，因材施教，因学情施教。

(3) 努力达到师生的协调一致

教学活动是教师和学生的交流活动,要想使教学活动正常进行并取得最佳的教学效果,需要师生之间的协调一致。一般情况下,教学手段的主要实施方式还是要用教学语言传递信息,从而使教学双方做到目标一致、思想与行为同步。所以,教学语言艺术的一个重要原则就是要努力促使双方的协调一致。

首先,教学双方的心理动机要相契合。在"教"的过程中,教师处于主体地位,由教师选择具体的教学内容和教学方式,而对教学内容和教学方式的接受是由学生的心理需求决定的。良好的目的未必达到良好的教学效果,所以,师生双方的良好心灵沟通至关重要。教学语言在沟通过程中起到关键的作用。教师要根据学生的需求,根据教学目标,来组织自己的教学内容和调整自己的教学语言。以教学目标来协调师生之间的心理动机并使之相契合,是教学语言艺术实施中达到师生协调一致之目的的重要途径。

另外,教学信息的输出要符合学生的认知水平。这同样是不言而喻的道理。在课堂教学的实施过程中,我们要努力达到使教学信息的输出与学生的认知水平、认知规律相契合的目标。在备课时,教师要着力做全盘考虑和精心设计,以把握课堂教学的整体流程,在导语、结语、过渡衔接的部分尤其要重视,让课堂教学形成有条不紊的浑融整体。对教学重点要反复突出,提醒学生提高关注度;对教学难点更要耐心处理,甚至要反复强调,帮助学生认识、理解和内化,在旧知的基础上建构新知;对一般的教学内容则要有清晰准确的交代,简明扼要即可,因为这部分不构成理解和认知的障碍,过于强调会引起学生的腻烦心理。

1.4　教学语言最佳实践模型

优秀教师的教学语言艺术能够创造师生之间一种温暖而有意义的联系,它是一种持久而向善的力量,它可能让学生发现自己的潜能,去做到自己从来没想过自己能做到的事情。教师的语言类型可以综合概括为 11 种最佳的实践语言模型,下表展示了这 11 种改善课堂上乃至更广范围内学生行为的最佳实践语言模型。在模型的中心,"建议使用"栏展示了能够引起持久而充满希望行为的话语类别。"通常"栏描述了教师们有时在课堂上不经意间说的话,而这些话往往招致怨恨、徒劳无功甚至更糟的结果。"用来"栏提供了更好的方法。而"结果"栏则揭示了我们希望学生们在课堂上乃至更广范围内变成的样子。①

	通常	建议使用	用来	结果
1	允许学生不负责任	责任性的话	保持他们一直保有责任感	学生担负自己的责任
2	无意中使学生丧失信心	鼓励性的话	鼓起学生的勇气,克服挑战、阻碍、困难、失败、挫折、恐惧、冷漠等	学生们活得更好,人尽其才
3	抱有诸如不饶恕和责备等负面情绪	宽恕性的话	使学生脱离这种行为,原谅他们过去的错误,给他们一次改正的机会	学生们体验并实践得到宽恕与另一次机会的力量

① (美)霍勒曼,耶茨. 老师怎么说学生才会听. 魏蓝,沈冰洁,田丽,译. 北京:中国青年出版社,2013:20.

续表

	通常	建议使用	用来	结果
4	希望学生找到自己的方法	指导性的话	帮助学生找到成功之路与合适的行为	学生们践行自我管理
5	无意中用低期望值阻碍和限制学生	高期望值的话	帮助学生展望未来并激励他们尽最大的努力	学生们发挥他们的全部潜能
6	得过且过	希望性的话	激发明天更美好的愿景	学生们希望明天更美好，并为之奋斗
7	只提着学生们的耳朵讲话	关爱的话	触动他们的心灵，无条件地表现爱与关怀	学生们体验并践行先人后己的无私力量
8	只注重课程内容	关系性的话	与每一位学生建立一种关怀与积极的联系	学生们与他人形成一种积极而长久的关系
9	在课堂上纵容一种无礼不敬的气氛	尊重性的话	表现彼此间的互相尊重	学生们示范自尊与尊重他人
10	自以为是	理解性的话	用学生的视角看事物	学生们体验并践行换位思考
11	说“这是我的方法或捷径”	团结性的话	在课堂上培养合作与团队文化	学生们通过同心协力合作鉴证变革性的团队力量

最佳实践语言模型，帮助我们重新审视并反思我们的教育教学语言。这 11 种类别为处理课堂秩序问题提供了指导：

责任性的话　号召学生为他们自己的选择负责，这些话鼓励并提醒他们对人对事勇于承担责任。

鼓励性的话　是具体的支持性话语，让学生们鼓起勇气去克服恐惧与失败，再接再厉。这些话激发学生们的欲望、勇气和信心去为自己和他人做正确的事。这些话也表明“我相信你”，而信任的力量具有极大的鼓励性。

宽恕性的话　向学生们示范爱、耐心和尊重，无论他们做了什么。这些话帮助我们表明“我们都会犯错”“人无完人”“原谅并忘记”。这些话不是敌对性的，不带有负面情绪，我们会真诚地给予学生们一次改正的机会。

指导性的话　为学生们指出一条积极而有建设性的道路，通向合适的行为、坚强的性格和成功。这些话给学生们提供建议——“下次这样做试试……考虑这一点……还有另一种方式”。

高期望值的话　表示相信每个学生都能够达到个人的最高水平。这些话设定高期望值，表明我们预期所有学生都会达到。这些话避免了低期望值的牢骚和过早的判断，帮助学生们发掘他们最大的潜力。

希望性的话　可以激发我们看到他人所拥有的巨大潜能。这些话给予学生们力量，鼓舞他们去实现更多梦想。这些话给学生们注入信心，让他们心想事成，这些话也点燃学生们的学习兴趣和热情。

关爱的话　传达出一种信息：每个人都需要被爱、被关怀和被尊重。这些话鼓励学生们用他们的语言、才能和天赋去帮助他人。这些关爱的话绝不能与“浪漫的爱情”相混淆，也不能和稀泥。相反，这些话是关怀性和支持性的，具有责任性——建立起坚实关系的基石。这些话表示出对学生不良行为的耐心，以及对他能够改善的坚定不移的信心。

关系性的话　有助于搭建一个安全放心的情感环境，学生们信任你，知道他们表现得如何。这些话表现出想要和学生们一起拆除围墙、搭建桥梁和建立共同点的愿望。这些话在你和学生之间建立了一条有意义的纽带，借此你可以向学生们表明他们是“值得信任的”——他们会被尊重，他们值得你付出时间和努力。当你与学生单独“心贴心”地交流时，你可以使用这些话。

尊重性的话　体现出你经过深思熟虑后对他人的欣赏。使用尊重性的话可以传达你对他人价值的肯定和尊重。

理解性的话　表达出你想方设法地努力去理解别人的意愿，设身处地，将心比心，通过他们的眼睛看，通过他们的耳朵听。当个别学生出了问题时，这些探究根源的体贴性问题表现出你想要真正理解这个学生“怎么回事”的意愿。

团结性的话　可以将个体文化转化成为团队文化。这些话鼓励“归属感”，向所有学生清楚地表明他们出勤和参与课堂活动对团队的重要性。这些话也在课堂上建立起一个支持性的网络。

1.5　四种情况下的教学语言

1.5.1　当学生胆小害羞时

学校和课堂，于学生而言，应该是一个安全的港湾，是他们的另一个家。教师要营造课堂里的安全感，让教室里充满温暖舒适的氛围，学生在这里为自己负责，互相理解，互相尊重，每一个人都感到被关心和被爱护。这是由教师的言行决定的。

（1）要让课堂成为一个安全的港湾

要让每一个学生知道，教师和你一起在教室里学习，教师想帮助你变得更加出色并不断超越自己，教师的工作是教会你，帮助你学习，而不是挑你的错儿并责罚你。创设课堂上让学生感到安全的气氛，可以帮助学生克服尴尬不安的情绪，帮助学生克服恐惧感。营造一种有安全感的教室文化，使每个学生都能全心投入，积极回答问题，交流观点，这对于大多数学生而言并不是难事，但是对于没有安全感的学生来说却是极大的挑战。这些孩子情感脆弱，害怕尴尬，这样的心态阻碍了他们的行动，也限制了他们对周围人的信任。当一个人信任周围人的时候，他会感到安全，并且更能够展现出最好的一面，甚至发挥自己最大的潜力。反之，当害怕恐惧的心态占上风的时候，他可能会羞于表现，或者表现得让自己更加羞愧和难过，或者更加觉得自卑。当教师将团结性的话和尊重性的话结合使用时，有利于在课堂上形成团结协作的氛围，并教会学生相互尊重、彼此欣赏，有利于形成积极的课堂气氛，使学生们有安全感并愿意展现出最好的自己。如：

“问题没有聪明和愚蠢之分，相互学习最好的方式就是问问题。你的问题可以帮助我们大家更好地理解教学内容。”——指导性的话

“我们希望教室里充满希望，因为希望能帮助我们克服对自己的质疑和不安。”——希望性的话

"在我们的课堂上,希望形成一种气氛,当大家表达这样或那样的观点,没有人觉得尴尬。我们在一起学习就要尊重彼此的观点和想法。"——尊重性的话

"我们每个人都是独一无二的,尽管我们穿着不同,说话的方式各异,但是这些差异不该成为不尊重他人的理由。"——尊重性的话

"课堂上的每个人都是不同的,我们不可能总是同意别人的观点,但是每个人都应该得到我们的尊重和善待。"——团结性的话

"我希望所有人都感到课堂是让人舒服的地方,所以我们对怎样使课堂成为一个有安全感的港湾应该有清晰的认识。"——团结性的话

(2) 设身处地地理解孩子的一切行为,并教会学生同样懂得理解和体贴他人

设身处地地倾听别人需要花费时间,但是它所花费的时间远不及已经在错误的道路上走出甚远、回头重做、弥补错误、化解误会所花费的时间,也远不及处理那些悬而未决的问题所消耗的时间。人们都渴望被他人理解,尤其是对自己并没有准确认知的青少年,所以,投入时间去准确地理解一件事往往会带来丰厚的回报。

当然,体贴他人需要理解和技巧,尤其是那些个性有些胆小羞怯的孩子,他们的不善表现往往使得教师忽略他们的感受,但是,这可能却是我们在一个生命成长过程中犯下的难以弥补的错误。善解人意的老师会一直关注学生的特点、需要、感受以及周围境况。这些因素中的任何一个因素都足以影响到学生的心情、行为、课堂参与度以及学习效率。当学生感到尴尬不安时,他们可能会觉得难为情,可能会放弃尝试,变得更加内向安静,也可能会产生愤怒甚至逆反的情绪。而看到同学经历过的这种尴尬不安,其他学生也会产生害怕经历这种尴尬的感觉,他们就会选择停留在他们认为安全的地带。他们不敢参与到课堂中去,因为他们怕会犯错,怕做得更糟,怕其他人的嘲笑。为了帮助学生克服这种恐惧,教师应当设身处地地站在他人的角度,倾听学生的声音,并引导所有学生理解别人,帮助同学克服困难,因为其实每个人都有可能处于这种境地,而那种时刻,温暖的帮助和理解会让人铭记在心。当尊重性的话和理解性的话结合使用时,老师能够向学生展示怎样互敬互爱,同时有利于教师理解学生的观点,使学生能够学会尊重自己和他人,体验并实践设身处地地理解他人的力量。于是,在课堂上形成了设身处地理解他人的氛围,也能够有效防止教室里产生尴尬不安的情绪。如:

"记住,在你挑剔他人之前请先想想如果他人如此挑剔你,你是何种感受。"——指导性的话

"当他人感到尴尬的时候,请别嘲笑他让他的感觉更糟。请记住,我们都会犯错,把自己放到他的位置上去想一想,请尊重他人的感受。"——尊重性的话

"你有什么感受? 把你自己放在那个位置上,你愿意被如此对待吗?"——理解性的话

"如果别人跟你说这些话你会有什么样的感觉?"——理解性的话

(3) 有效地帮助学生克服恐惧感

学生喜欢而且信任那些相信他们并坚信他们能取得成功的教师。所以,肯定和认可的话语能够激励学生更加自信,并促使他们更关注自身的潜能。当优点和特长不断地被发掘时,学生们不仅自我感觉良好,而且对教师也更抱有好感和信任,从而形成良好的师生关系,而这更会促进类似关系的发展。当学生感到尴尬不安的时候,如何安慰和保护他们,并帮助他们克服这种恐惧呢? 教师要尽可能在课堂上建设自己和每个学生以及每个学生之间的信任、尊重和理解的桥梁。要明白,学生是因为缺乏自信、不了解自己的潜能而感到不安和恐惧的,所以,教师要做的是去尽

力发掘学生的优长之处。当理解性的话和关系性的话结合使用时,教师可以了解到学生的观点,并和学生建立起充满关爱的积极联系,能够给予学生有针对性和建设性的个性化帮助,帮助学生把自己看作有能力成功的人,让他们相信自己,直到他们日益进步,真正成功。如:

“我知道你能做好,因为我了解你。”——鼓励性的话

“我听说了你是怎么和你的同学一起处理这件事的,做出正确的选择需要很大的勇气,我非常感激你为同学所做的。”——鼓励性的话

“我知道你害怕做这个团队的领导者,但是我知道你可以做得很好,因为你具备一个优秀领导者的品质。你是一个很好的倾听者,你能够尊重每一个成员。”——指导性的话

“等一下……请再说一遍……我真的很想听你刚才说的话……我之前没有那样想过。”——关系性的话

“这只是看待此事的一种角度,有没有人持不同观点?”——尊重性的话

1.5.2　当学生在课上“开小差”时

开小差的学生给我们出了一个有趣的难题。尽管他们的行为通常不会干扰别人或干扰课堂教学,但实际上却起到了非常坏的示范作用,很快整个教室就会弥漫着一种散漫的气氛。教师须立即采取行动,而不是拖延,必须告诉开小差的学生这种行为的不当以及后果的严重性,当然在这之前必须找到解决这种问题的根本方法。教师要向学生表明期望的态度,告诉学生,老师期望他们参与和投入到学习中来。

(1) 要找到问题的根源而不是感情用事,简单粗暴地处理会适得其反

当学生开小差的时候,教师不能简单行事。我们要从学生的角度想一想,他们为什么会在课堂上睡觉,为什么不认真听讲,为什么看小说等。教师的冷静清醒非常重要,只有教师不和自己生气,也不和学生生气时,才可能找到问题的根源。此时,教师常会这么说:

“你可能不想在课堂上发言,但我很想听听你的想法以及你的问题。”——鼓励性的话

“别为一些事儿心烦,记住,敞开心扉与人分享你的感受比憋在心里好得多。”——指导性的话

“让我们谈谈今天什么事儿让你烦心,我们可以看看怎么能一起解决这个问题,这样明天你就会放下思想包袱。”——希望性的话

“我对你最近的表现感到很担心……一切都好吗?”“今天你看起来有点不对劲儿。我们下课后谈谈吧。”——关爱的话

“如果现在你不想谈,我理解,当你想谈时,我随时愿意倾听。”——理解性的话

(2) 教师要善于跟因感到学习无趣而开小差的学生分享学习的喜悦

多数中学生未必能够看到今天在学校学习的价值,难免会被“花花”世界所吸引,感觉学校学习无聊无趣。教师不能试图迎合孩子们的这种对“乐趣”的追求,要通过教学让学生认识到,今天他学到的东西是有意义、有价值而且是非常重要的。当然,做到这一点,教学必须找到教学内容和“学生世界”的紧密联系。要力求让学生亲身体验学习的快乐,体验学习进步与成功的喜悦,只有这样,他们才会理解学习的目的和他们受教育的可贵与价值。下面的语言范例教给教师如何跟开小差的学生分享学习的喜悦:

“虽然这个概念现在很令人困惑,但坚持下去,当你茅塞顿开时,你终于知道该怎么去做,你会感觉非常好。”——鼓励性的话

“我很高兴看到你喜欢今天的活动，并努力完成得这么好。”——鼓励性的话

“让我们看看这个问题对你、对你的家庭，甚至对你的未来可能产生的影响。”——关系性的话

“让我们聊聊这个观念正在如何影响着我们今天的世界。”——团结性的话

（3）在学生出现问题而表现为开小差时，要给予学生宽恕、指导、鼓励与希望

许多爱开小差的学生被忽视、被放弃，他们的消极行为对自己造成了巨大的伤害，他们的消极行为也会导致终生的负面后果。教师在教育教学过程中，要切记谨言慎行，不要因为不经意或者掉以轻心而没有负起应该负的责任，从而导致一个生命的迷失。教师的正面激励对这些在迷途中的“羔羊”非常重要。我们要以自己的爱心和责任心给予学生温暖的适时的帮助，也许你的小小的语言和行动拯救了一个孩子。下面这些语言示例也许会唤醒爱开小差的学生们的潜能，并开启他们的心灵：

“如果学习对你来说有困难，不要感到自己笨或难堪，因为那样你可能因沮丧而放弃。让我来教你怎么处理这些困难，让你体验到学习中胜利的快乐。”——鼓励性的话

“看得出来你确实对这次的考试成绩感到失望，不过别放弃，让我们一起做个计划，你下次准能考好。”——鼓励性的话

“看起来你需要一个重做这份作业的机会。我知道你能做得比这次更好，而且我想帮助你做好。”——宽恕性的话

“不要让过去的错误惩罚自己，不要为此懊悔不已。让我们吸取这些错误的教训，向前迈进。”——宽恕性的话

“你的目标也许看起来很遥远，别灰心，还有其他人能够帮助你实现。实际上，还有其他人在你之前走过相似的路，他们会把经验教训和你分享。”——指导性的话

“当你感到已经尽了力，但结果仍然不够好，一定坚持住，不要放弃，不要停止努力。”——指导性的话

“不要拿你自己与他人比较，这样会导致不安。相反，要拿今天的你和昨天的你比较，看到你自己的成长。”——高期望值的话

1.5.3 当学生“找茬儿”不合作时

大多数学生会在大多数时间对老师是亲近和认可的。但是，有个别时候，突然会有个别学生公然地向你发起挑战，比如，质疑你的决定，蔑视你的权威，拒绝做功课，在全班同学面前顶撞你。做教师的，难免会遇到这种特殊情形。这种时刻，我们更要冷静从容，保证教学的正常进行。其实，这些看上去最应当受到我们严厉惩罚的学生，也许实际上正是最需要得到老师积极关注的学生。当学生拒绝合作或挑战你时，作为教师的你，可以尝试扪心自问：为什么？为什么是我？为什么是现在？为什么学生拒绝合作？为什么他们挑战“权威”？

（1）要有心理准备，每个班上都会有“吹毛求疵”的学生

当学生质疑和挑战教师时，教师可以从另一个角度理解这种情况：也许他并不是想要挑战教师的权威，这可能是他想弄清事物的本质，也许这就是他们分享自己观点的方式。另外，如果教师希望培养学生的批判性思维，就更不能阻碍学生挑战教师权威的批判性思考。当然，有时候学生表现得确实有点粗鲁、傲慢自大和令人反感，这会在教室里形成一种不良气氛，教师要善于机智化解，善于组织教学。下面是一些示例可能会帮助学生意识到要用别人能够接受的以及不伤

害别人的方式来问问题和发表看法，并向学生展示鼓励批判性思维的学习态度：

"虽然你分享观点的方式不是最好，但这真是一个有趣的观点，我从来没有这么想过。"——责任性的话

"你思考问题的方式真的很不错。让我们考虑其他的可能性，你做得很好！"——鼓励性的话

"你的问题非常好，可是态度有点儿粗鲁啊，这样，别人可能会很难听进去你的问题和评论。让我们换一种方式问同样的问题，好吗？"——指导性的话

"我知道你有权拥有自己的观点，我希望你能和大家分享。然而你刚才的表达方式是不合适的。不能采用这样不礼貌的方式，有很多方式可以告诉别人你的想法。"——尊重性的话

"这个问题很棒！但老实说，我也不知道答案，我们一起努力来找到答案吧。"——团结性的话

(2) 要尽量避免与之正面冲突

这个道理也很简单，因为当你表现出强权时，学生更会反抗，甚而激起众怒。另外，长期的压制，培养出来的是奴性式的依从性。教师要以理服人，以情动人。让学生明白，选择合作与否取决于他们自己，他们要为自己的选择负责任。我们负责任帮助他们了解：如果他们选择不完成作业或不合作是会有严重后果的——可能不仅是学业的退步，还有可能失去老师和同学们的信任与友爱。善意的、具有说服力的态度使学生重新获得选择自己行为的自由，并使学生为自己所做的选择负责。遇到这种情况时，教师可以用如下言语化解尴尬，鼓励学生谨慎选择自己的行为，以避免教师和学生之间的正面冲突：

"你说的完全正确，我不能强迫你做作业，但请你记住这个作业的截止期限是本周三。所以，请告诉我你计划怎样去完成它。"——责任性的话

"你的行为与学校的政策相悖，你应该知道这种行为是有严重后果的。"——责任性的话

"想不想学是你的个人选择，但是我将尽最大努力改变你的观点并使学习更有趣，更吸引人，与未来的工作更有相关性。希望我的课能使你找到你的兴趣和激情所在，这样当你毕业的时候你才能找到一份好工作。"——希望性的话

"你说得对，我不是你的家长。但是你在我的班里，我管你是对你负责，我很关心你。"——关爱的话

"我真的相信我们不用惊动校领导就能解决问题。你自己决定，如果我们不能私下里在互相尊重的基础上解决这个问题，那你就让我别无选择了。我们都有必须要遵守的规定。"——尊重性的话

"我同意你的观点。我不能强迫你做任何事。我只是尊重你，让你自己做出选择——希望你能做出正确的选择。"——尊重性的话

(3) 要努力创造"双赢"局面

当学生挑战教师的时候，不仅要防止两败俱伤的局面，还要努力创造双赢的局面。首先，教师要避免用强制的方式解决问题，那样学生会感受到威胁，他们反而会退回角落，"负隅顽抗"，准备不顾一切后果和教师争执，这就是两败俱伤。还有，教师也不能刻意忽视那些难缠的学生，他们没有教师的指导，会坚持不明智的选择，这同样也是两败俱伤。必须告诉学生教师的目标不是压倒他们，让他们臣服；必须让学生知道，教师和他们是一条心，最终的目标是让他们成功；必

须让他们知道,当他们成功时,教师也体验了成功的喜悦。当教师能为学生提供尊重又负责的方式来满足他们的需要时,打扰课堂的行为就会不攻自破了。当学生明白了教师是站在他们的立场上,理解并在意他们的情感时,双赢的局面就容易形成。当教师把自己定位于鼓励和指导学生并使学生为自己的选择负责的角色时,就创造了双赢局面的开端。如:

"我知道这道物理题看起来很难,但是我记得昨天你很好地完成了作业。今天的这些题目只是略难而已,想想昨天我们学的内容,今天我再帮助你学点儿新内容。"——鼓励性的话

"我知道完成这个任务会花费你很多时间和努力,但是,我想当你完成它的时候,你会感到由衷的高兴和自豪。如果我能帮到你,要让我知道。"——鼓励性的话

"嘿!别沮丧,别放弃尝试。当我像你这么大时,我当时很挣扎,几乎想放弃。我很庆幸当时自己没放弃。你拥有做这件事需要的一切品质,所以别放弃。"——鼓励性的话

"这次你做的功课还过得去,但是我觉得你能做得更好,我曾见过你做得比这更好的作业,你不做到最好我是不会满意的。"——高期望值的话

"你今天看起来很难熬,告诉我发生什么了?"——理解性的话

"告诉我你为什么觉得这很无聊,我真的很想知道你是怎么想的,我想让它变得更有意思一些。"——理解性的话

"你成功的时候我觉得自己也成功了。"——团结性的话

1.5.4　当课堂需要创造和引导积极向上氛围时

不仅要面对特殊的学生和特殊的情况,教师更要思考如何面对正常的学生和正常的情况,如何在集体学习中营造更积极的氛围,向学生展示积极的态度,不断地鼓励学生,跟学生建立和发展有意义的关系。

(1) 好行为是夸出来的

教师应当给予学生更多的鼓励和指导,以建设学生乐观向上的积极心态。尤其要谨记不能因为你自己的负面情绪而迁怒于工作和学生。学生的乐观心态来自于满怀希望的教师。希望性的话和鼓励性的话结合在一起的时候,教师会激发大家对于更美好明天的想象,带领学生有勇气迎接挑战,冲破障碍,战胜失败、挫折、恐惧和冷漠。这样,学生会怀着对更美好未来的希望,更加努力,活得更好,成为他们可能成为的最好的自己。如:

"不管是不是有人在看着,我们需要总是展现出积极的行为,展现我们对自己的信心。"——责任性的话

"让我们把过去抛在脑后,逾越障碍,尽全力,一起来做真正重要的事情。"——鼓励性的话

"你知道我们要彼此鞭策和鼓励,保持积极向上的态度,尤其在艰难的时刻。"——希望性的话

"我相信大家。"——关爱的话

(2) 鼓励是建立联系的关键

当学生纠结于艰难的选择时,在他们感到迷茫无助时,可以给予他们最好的支持就是鼓励。鼓励让孩子们重拾信心,鼓励让学生更信任和认可教师对自己的关爱,鼓励让师生之间充满爱护和温暖。这样的师生关系当然也有助于给学生创造更大的进步空间。鼓励性的话和关爱性的话结合在一起,会触动学生的心,让孩子们感受到老师对学生无条件的爱和关心。这样,学生更能相信自己,让自己更加出色,同时体验和传递无私的力量,学会尊重别人,关爱他人。如:

"我知道你每天都在越来越努力地学习,你一直在进步。我们将一起继续努力,在年底之前我相信你会有更大进步。"——鼓励性的话

"我想让你知道我为你骄傲。你是那么努力,对同学总是那么友善。"——鼓励性的话

"你在向同班同学解释问题方面做得很好。我可以想象有一天你会站在一群同学面前,教他们这些知识。"——高期望值的话

"通过你今天在物理课上的表现,我很明显地看出你可以提前学习下学期的课了。"——希望性的话

(3) 处理好师生关系会事半功倍

教学其实就是师生间的关系,人际关系。课程计划、教学设计、教学实施等确实非常重要,能看出一位教师的专业能力。但是,比这个更重要的、决定教师的教学能否成功的前提要素,却是师生关系是否和谐亲近。"亲其师,信其道"这句老话是对的。教师要努力了解每一个学生,也要让每一个学生感受到你的关爱。教师要尽最大努力,力图上好每一节课,教会每一个学生。关爱的话和关系性的话结合起来使用的时候,会让学生感受到来自他人的无条件的爱和关心,从而深受触动,慢慢学会并践行把别人放在第一位,信任老师,爱护同学,从而建立班级学生间的友谊。下面的一些语言示例,可以帮助教师与学生之间建立积极的关系:

"我很感激你为自己作出了这样的决定。"——鼓励性的话

"你的能力和才干,将使你有一天会成为一名物理学家,你具有成为物理学家的所有特质。"——鼓励性的话

"在我们班上,你想要别人怎么对待你,你就要怎么对待别人。"——高期望值的话

"你是不是正在考虑将来干什么?考虑一下什么是你最喜欢做的?你对哪个方向更有兴趣?"——希望性的话

"从现在起一年之内你想做什么?三年之内呢?五年,十年呢?我想听你说说你的梦想。想想我们的未来,能帮你实现梦想真让人兴奋。"——希望性的话

"让我们谈谈你擅长做什么,你喜欢做什么。"——关系性的话

"谢谢你说实话。我真的很欣赏你,尊敬你做正确事情的勇气。"——尊重性的话

2　营造学生质疑的氛围

学习始于问题。对学生来说,"质疑"是非常重要的思维品质。随着知识的丰富和思维能力的增强,在发现问题方面,高中学生应该学会逐渐从"有什么、是什么、为什么"等简单直接的提问方式,走进经过充分(特别是从不同的角度)的分析思考,发现矛盾,提出质疑的状态。这就要求教师在课堂教学中,要有意识地加强质疑教学,为学生提供宽松提问的环境,训练学生形成问题的技巧。教师要有与学生交流的能力,要有鼓励的精神,特别要鼓励学生能独立思考,培养学生敢于质疑,勤于质疑,善于质疑。教师善于营造学生质疑的课堂氛围是一门艺术。

2.1　让学生走出简单直接的提问方式

如果物体下落的速度与重量成正比,那么将一轻物和一重物连接在一起下落,他们的下落速度应该比重物单独下落还快。但生活经验告诉我们,一个大人拉着一个小孩子一起快走,只能是

比小孩自己走快但比大人自己走慢。那么被连接在一起的轻物和重物的下落速度到底是最快还是介于轻物与重物下落速度的中间呢？

根据经典物理理论，光越强，或者照射的时间越长，接受照射的电子接收的能量越多，积累到一定程度就会发生光电效应。但实验表明并非如此，只有当改变照射光的频率才可能发生光电效应，即使光强很弱或照射时间很短。那么到底是理论还是实验出现问题了呢？到底怎么解释光电效应呢？

根据静电学理论，带负电且质量很小的电子应该被带正电的质量较大的原子核吸引；同时根据经典电动力学理论，围绕原子核高速旋转的电子由于要不断向外辐射电磁波而消耗能量；就是说依据这两个理论都会出现原子塌陷。但是实践中从未观测到原子塌陷。那么，原子究竟为什么不发生原子塌陷呢？

以上三个问题在物理学史上都导致了重大的发现。不难看出，这三个问题的提法和我们师生在日常物理教学中习惯性提出的问题的方式大不一样。通常我们的问题会是以直接、简单的方式提出，例如这是什么、（看到的现象）都有什么、为什么、怎么分析，等等。而上面三个问题的提出方式则都体现出：在用已有知识进行充分分析之后才提出问题。而且，其分析不仅是从一个视角进行的，分析中的结论表现出相悖性。这样进行充分分析之后提出问题被叫做质疑性问题。显然，这样发现和提出的问题较那些简单直接的问题，蕴含了更多的科学概念、逻辑分析和综合、深入、批判性的思维。上面的三个质疑分别为伽利略的落体理论、光量子理论和量子电动力学的产生或发展做出了贡献。因此，质疑在物理学发展中的巨大作用，奠定了在中学物理教学中加强质疑教学的必要性。

那么，高中学生是否可以独自进行质疑式思考呢？下面的实际例子表明几乎每个学生都经历过朴素的质疑思维。如，学生都曾遇到过用两种自己认为都正确的解法解答同一道题但两次答案却不同的经历，这时他们的思维都集中在：到底哪个解法对呢？这时学生会不自觉地进入最活跃的思维状态。再如，初中生在学习 $p=F/S$ 和 $R=U/I$ 后，经常会提出：两个公式同是比的数学形式，为什么前一个 F 增大 p 随之变大，但 R 却在 U 增大时不随之变大呢？再如高中生学习向心加速度 $a=\omega^2 r$ 与 $a=v^2/r$ 后，经常会提出：a 到底同 r 成正比还是成反比？在学习库仑定律后会提出：既然在 $r\to 0$ 时斥力将无穷大，为什么含许多质子的原子核从没有发生过爆裂？等等。实践表明，高中生已经具备独自进行质疑式思考的可能性。

那么，在教学实践中如何帮助学生走出简单直接的提问方式呢？

首先，作为基础，教师自身必须深入理解质疑的思维方式及其深刻的教育价值。第一，质疑的概念不是一般地提出问题（problem），而是对研究（学习）的内容经过独立、深入、充分分析后，提出的质询性的问题。当这种“深入充分分析”表现为从不同的角度分析同一个问题却出现不同的（相互矛盾的）结论时，就将呈现出结论相悖的质疑。这种形态提出的质疑更能激发思维，导致有所发现或对已有知识的融会贯通。第二，质疑的思维基础是思维的理性批判。质疑不仅是思维的开始，正确的质疑往往还是成功的开始。因此，它不但有益于培养批判性思维品质，而且有利于培养创新意识。第三，质疑的提出体现了学生从发现问题到提出问题的能力；质疑的过程是求索；质疑的本质是为求真而进行的理性批判与科学求证；质疑的最终效果（释疑后形成的共识）对物理学而言是创造，对学生而言则是已学知识的运用与新的理解或者新知识的建立，加深对已有物理概念规律的理解或对所学的相关知识间的融汇贯通，以及创新意识和实践能力的培养。此外，从人的发展看，更是从权威主义或教条主义人格或附庸性人格倾向向健康人格的自我发展。由此，物理教学也就自然地进入了物理教育的境地。

其次，注重分析自己所教学生的课堂学习状态与教师自身的教学习惯。中学生从初一到高三，上课时主动举手提问的人数在逐年递减。究其原因，一方面随着年龄的增长，学到的知识越来越多，尤其是思维能力在不断提高，许多问题经过自己分析思考就能自主解决了。不过，若是这种情况，提出问题的次数虽然少了，但是问题的质量肯定应该提高了。另一方面，倘若教师在课堂教学中，不注重加强教学的启发性，不注重教学模式的多样化，眼里心里没有学生，课堂教学的氛围就会沉闷，师生就不会心相通，久而久之，学生便惰于质疑，满足于听懂课会做题考高分。这样的教学是不利于学生长远发展的。

再者，注意采取多种渠道加强教学的启发性，通过教师的启发唤醒学生敢于质疑的意识；除富有启发性的讲授教学模式外，将以学生为主体的实验探究教学模式引入课堂，在实验探究中培养学生勤于质疑的习惯；另外，在习题课上，创设师生交流的自由、民主的教学环境，表扬积极思考有独到见解的学生，倡导大家以欣赏加批判的目光，审视教师、同学和自己的解题思路、解题过程，鼓励学生善于质疑。

2.2　培养学生学会质疑

在高中阶段的物理学习中，所有的学生都应该学会如何质疑。尤其在高一年级，在帮助学生从中考“考生”（过分关注学、练、记、考）向高中“学生”（看、问、想、干、学、练、记、考有机结合）顺利完成角色转变的过程中，教师应该在日常教学中有意识地指导学生学习质疑。培养学生学习质疑，学习形成问题的技巧，可参考以下五步程序。①

2.2.1　教师提供问题焦点

传统的问题提示法，是教师根据自己的教学经验提出具体问题，以促进学生思考。而问题形成技巧是教师只提供问题焦点，鼓励学生自己提出具体的问题。

问题焦点，就是发现和选择问题的关注点。问题焦点是一种刺激提问的手段，可以是简单的陈述句，也可以是任何形式的图像或音频，是任何可以集中、吸引学生注意力，促进学生形成自己问题的东西。问题焦点类似于提示，却有一个很重要的不同点：不是教师提出具体问题，而是提供引发学生提问的关注点。问题焦点可以促进学生通过自己的问题来进行思考，这和使用教师的问题来提示学生思考正好相反。

创设有效问题焦点的基本标准有：

焦点要清晰：教师应该简明扼要地讲明问题、话题、关注领域等重点内容。问题焦点描述得越清晰，即聚焦越准确，学生就能越容易生成问题。

问题焦点不是具体的问题：创设问题焦点，目的是用来让学生开始自己的提问。许多教师可能习惯了用具体问题提示学生，学生也习惯了回应教师的具体问题，而不是自己酝酿问题。但是，教师提供的问题焦点不是让他们回答的具体问题，而是为学生能够提出更多的问题而设计的一个关注点。

能激起学生发展新思路：一个让人兴奋的问题焦点能得到学生的强烈回应和一系列问题。

---

① （美）罗思坦，桑塔纳．老师怎么教学生才会提问．李晨，译．北京：中国青年出版社，2013：11.

教师可以设计能激发学生好奇心的问题焦点，来鼓励学生提出设想，并推动学生通过不同角度进行思考。教师的那些鼓励性的元素会帮助学生更快、更多、更好地提出问题。

不表现出教师的倾向：因为问题焦点的目的是刺激学生发问，必须给学生独立思考的自由。因此，教师抛出问题焦点时，一定要注意措辞，千万不要让学生知道教师自己的偏好，也不要给学生太多、太具体的指引。因为传统的问题提示法，容易训练学生花费更多时间，努力揣摩教师希望他们所做的回答，而不是进行自己的独立思考。

2.2.2 学生提出自己的问题

教师设计的问题焦点将会帮助学生开始提问的过程。提问的基本规则如下：

① 尽可能多的提问；

② 不要停止提问而去讨论、评价或者回答问题；

③ 严格按照叙述写下每个问题；

④ 把所有的陈述句改为问句。

任何领域的专家不仅是在自己专业内掌握更多知识、有能力回答问题的人，同时也是一个懂得提问的人。这就是为什么规则①会让我们的许多学生面带茫然，因为，长久以来，向学生提问一直是教师分内的工作。不过，只要教师将这条规则坚持下去，坚持让学生自由地、轻松地、无拘无束地提问，一次次课以后，越来越多的学生就会开始跨越最初的沉默和反抗，学生长久被抑制的智力将不断得到释放。

规则①给了学生自由提问的权利，规则②则暂时剥夺了学生讨论问题的权利。为什么这样做呢？因为，停下来去讨论问题，就无法产生更多的新问题，由于对同一个关注点提出的问题不够多，停下来讨论其中的某一个问题，很有可能导致过分集中关注一个问题，甚至是一个“无关紧要”的问题而耗去宝贵的时间；因为，停下来去评价问题，可能会让那些缺少提问自信的人因害怕别人的评价不敢开口，可能会让那些自信的学生担心自己的问题质量不高而缄默；因为，停下来去回答问题，即使答案非常明显也会让提问受到阻碍，影响学生思维的发散。因此，这条规则最重要的就是为“提问”提供一个安全空间和保障。

规则③强调的是，教师不要试图帮助学生对他们最初提出的问题进行措辞，更有甚者，教师改变问题的意思，即把学生的问题改造成教师希望课堂上学生思考的问题，以便让问题更适合教师教学的顺序。现实中，教师改变学生的问题是一项历史悠久、无恶意、意识清醒的活动，经过长期的教学练习得到了加强。规则③要求教师尊重并认可学生的问题，建立而不是挫伤那些贡献问题的学生的自信心，课堂上所有的问题和声音都应当得到尊重。一旦学生掌握了这个原则，他们就能互相帮助，同学间都有责任如实记录下每一个问题。

许多学生在提问时其实用的是陈述句，要把他们关心的问题变成问题的形式需要训练，训练学生把陈述句改成与之意义相同的问句。提问规则不是衡量问题的质量，而是要确保提出的是问题。规则④强调，措辞上要习惯以问题形式思考并提问。

这四条规则提供了非常严格的结构和方案，从而让学生可以自己提出问题，让学生无需老师的协助就能独立完成提问。无论是在全班范围内，还是分组学习时在小组内，师生都要遵守提问四规则。四条规则中的每一条都可以培养出一种行为，这些行为可以帮助学生形成有效的问题构想。

2.2.3　学生改进自己的问题

学生通过发散思维,提出了大量的问题后,接下来教师引导学生将发散思维转换为聚合思维,即仔细观察他们提出的这些问题,把这些问题分成开放性问题和封闭性问题,并学习将两者相互转换。这项练习让学生参与了一项有效的元认知思维练习:思考不同种类问题的价值,以及使用和获取信息的方法。

所谓封闭式问题就是可以用“是”“否”或者其他简单的词汇来回答的问题,而开放性问题则不然,要求更多的解释。

首先,教师指导学生根据封闭性问题、开放性问题的定义,判断问题清单上问题的种类,找出封闭式问题,做标注,剩下的问题就是开放性问题了。

然后,教师协助学生(可分组)进行封闭性问题、开放性问题优缺点的讨论,说出每种类型问题的价值。如,封闭式问题的优点:提问很迅速;马上传达一些清晰的信息;得到一个很具体的答案等。封闭式问题的缺点:提供的信息不够多;让大家失去了讨论的兴趣;无法学到你想学到的东西等。开放性问题的优点:能发现更多信息;会得到一个全面的证明;可以更多地听到其他人的想法;得到的说明能帮助大家理解更多的东西等。开放式问题的缺点:得到的信息过多,有些是你不想要的;你可能会更加困惑;可能会用时过长等。区别问题的种类可以让学生以各种不同方式进行询问,有时我们需要开放式问题,而有的时候封闭性问题效果更好。

最后,教师培养学生转换问题种类的能力,将封闭式问题转换成开放式问题,将开放式转换成封闭式问题。让学生从自己提出的封闭式问题中至少选出一个,将这个问题转换为开放式问题,还需要至少将一个开放性问题转换成封闭性问题。学生们很快会发现,通过改变一个词就能改变问题的属性,甚至改变后的问题有些地方不同于之前的问题了。学生在改变问题的形式时,必须思考他们能发现什么,什么种类的问题能满足他们的要求,把问题的分类、转换跟提问的目的联系起来。

2.2.4　学生选择优先处理的问题

学生清楚了开放性问题和封闭性问题之后,他们便开始选择优先处理的问题。这时,教师可以结合课堂教学计划给学生设定优先选择问题的基本程序,学生运用聚合思维选择优先问题。

首先,要求每个学生从自己的问题清单上选出三个问题。如,选出三个最重要的问题;选出三个最感兴趣的问题;选出三个最能帮助其完成本节课学习任务的问题;等等。然后,学生分组讨论,交流选择这些问题的原因,通过表决或其他方式达成组内一致意见。最后,小组代表在全班汇报,提出优先选择的问题,并对所做选择的原因进行解释。

选择优先处理的问题,能促使学生进行分析、评估、对比,独立思考,合作交流。学生各自所选的三个问题最终能达成某种一致,很具有挑战性。在这个过程中,教师要保持清醒的头脑,教师只需要提醒学生注意选择问题的程序和原则,不要给学生提供选择问题优先顺序的建议,教师的任务仅仅是帮助学生学习如何自主完成选择优先问题的过程。

问题形成技巧,给了教师一个直接的机会,去看、去听、去思考学生头脑中的问题,同时也给了学生一个机会,除了自己独立思考外,还可以学会倾听并思考其他同学头脑中的问题。

学生最终集体确定的那些问题,有些可作为课堂教学的重点内容,有些可以供学生课外自己解决,或作为课外小组的研究性学习小课题。

2.2.5 学生的自我反思

在反思的过程中，教师要回到提问的角色上去，而学生则回到回答问题的角色上去。教师提出的问题可以涵盖练习问题形成技巧的各个方面：让学生思考并说出他们学到的东西，如何学到的，现在学生们知道、理解或者想知道、理解的东西与最初有什么区别，还有如何使用所学到的内容和技巧。

在反思步骤，指导学生努力思考他们的思维和学习过程。他们不仅要说出他们学到的东西，还有他们是如何学习的。学生可以在课堂上听到别人的想法，学生开始对这个过程中学到的内容进行发散思维。最后，学生们总结说出对他们来说最重要的事情，在进行聚合思维的过程中把他们的想法综合成结论。

2.3 学习质疑有利于发展能力

学习质疑，学习问题形成技巧，是帮助学生进行大量提问而设计的一个循序渐进的过程：让他们深入地思考问题，改进问题，优化问题的使用。随着学生完成问题形成技巧的步骤并加以练习，除了形成问题、提出质疑外，他们还发展了三种重要的思考能力：发散思维、聚合思维（收敛思维）和元认知能力。

发散思维 发散思维反映出人产生各种想法、选择、假设和可能性的能力。当学生说他们很糟糕时，或者无法就可能的研究主题提出问题时，或者畏惧创新思考时，他们都应该进行思维的发散。在学校学习的时间越长，学生似乎越发不适应进行思维的发散。

拥有“创造性灵魂”的人，如艺术家、音乐家和作家，受益于他们的发散思维能力，因为他们靠想象力想出超常规、别出心裁的想法。发散思维几乎一直被视为天赋，而不是一种可习得和可发展的技巧。这是不对的。研究表明，幼儿园的孩子练习发散思维后能够表现出他们获得的能力。而年龄稍大的、在学业上表现不佳的学生，则显示出学习发散思维的能力的过程中，他们练习得越多，就会对自己的综合能力更自信。当学生运用发散思维的时候，他们提高并增强了产生想法的能力，表现出更灵活的思维。

聚合思维 聚合思维会综合一些想法，让学生收集事实和事例，并弄清它们的意思。这种类型的思考旨在把东西聚集起来的智慧活动。真正的创造力需要持续不断的变化，融合发散思维和聚合思维，将新信息与旧想法结合起来。富于创造力的人善于整理它们的头脑，来发掘这两种思维能力。在教学中，可以在最大程度地发挥发散思维与大量聚合思维的变化中，培养学生的创造能力。

元认知 元认知是一种一个人思考自己学习和思维过程的能力。美国学习科学发展委员会的报告《人们如何学习：大脑、思维、经验、学校》中认为，元认知是学习的关键元素，需要面向所有学生进行有意的系统培养。强调元认知在促进学习时的特殊重要性。那些意识到自己是学习者，能够说出并监控自己学习策略的学生，可以轻松地运用自己从不同环境中获取的知识。很多学生缺乏评估自己对内容和材料理解的基本元认知技能与习惯。有限的元认知能力会导致学生对内容的把握不够，时间和注意力使用效率不高，对自己的知识水平过于自信，不愿尝试学习新信息或是矛盾信息。

2.4　学习质疑的过程充满了艺术性

在课堂教学中，学生学习质疑，学习形成问题技巧的过程，既是科学，也是艺术。说它是科学，是因为教师使用的是一项方案，经过一系列实验证明可以连续产生同样的结果：学生用全新且更加深入的方法思考，还可以说出自己遇到的挑战。说它是艺术，是因为这是一个依靠教师和学生的行为和想法不断塑造的开放式过程，教师汲取了自己的隐性知识，磨炼出一种技巧，这种技巧能让教师创造性地促进不同范围的单个学生、学习小组和整个班级的学习经历。整个过程是非常程式化的，但程式化的过程却也充满了艺术性。

下面主要谈谈学习质疑、学习形成问题技巧的过程的艺术性：

(1) 设计问题焦点：这个需要教师的创造性和想象力，需要不断根据教学内容研究、尝试，还意味着要养成持续改进的习惯。教师在头脑中设计问题焦点的过程，就像编写剧本一样，设计什么，为什么要设计这些内容，这些内容怎样设计，会让课堂教学效果更好些，整个创作过程非常具有艺术性。

(2) 提问并转换问题的类型：这个过程需要学生展开发散思维、聚合思维，运用批判性思维和创造性思维，提出更多的问题，对自己的问题不断改进完善，提高问题的质量。提出问题的过程中需要丰富的想象力，改进问题的过程中需要鉴别能力和审美精神。

(3) 确定问题的先后顺序：这一步需要分组讨论，学生间的互动和小组间的竞争等都能影响学生的学习。教师的指导、学生的兴趣、知识、偏好和动力，这些都是影响问题排序的因素。这个过程需要有自己的独立思考，更需要交流辩论的能力、团结合作的精神。所有这些的艺术性都远大于科学性。

(4) 学生反思：反思过程可以让学生进行更多思考，反思过程可以深化学生的元认知技能。学生的反思还可以让教师了解学生头脑中在想什么，同时也感受一下自己的教学创新对学生学习的影响。这是一个非常重要的师生深度交流的过程。

3　调节课堂教学的节奏

关于节奏，作家林语堂这样认为：“艺术上所有的问题，都是节奏的问题，不管是绘画、雕刻、音乐，只要美是运动的，每种艺术形式就有隐含的节奏。”节奏是自然界和社会生活中一切事物和现象的一种普遍的存在方式，一切都在节奏中发生、运动和发展。一切发生、运动和发展也都在节奏中得以实现。有运动必有节奏，有节奏必有运动，节奏是世界生存发展的一个基本准则。

课堂教学具有艺术性，也有其节奏。课堂教学的节奏，一般指课堂教学进程中的速度及其规律性变化。课堂教学节奏是教的节奏和学的节奏的统一，教学节奏是内在节奏和外在节奏的统一，教学节奏是科学和艺术的统一。课堂教学采取适当节奏：有张有弛、张弛得法，有密有疏、疏密得当，有高有低、错落有致，新颖多变、起伏和谐，可以激发学生学习的兴趣，调动学生学习的积极性，增强教学效果，提高教学效益。

3.1　课堂教学节奏的概念

课堂教学节奏，是指教学过程中教学的速度、密度、力度、难度、强度、重点度和激情度等可比成分连续不断的具有一定规律性的变化;课堂教学节奏,是指在教学过程中,教与学、问与答、讲与练等活动交互出现的各种有规律的发展变化;课堂教学节奏,是指教师教学活动的组织富有美感的规律性的变化;课堂教学节奏,是指从教学目的、教学内容出发,根据学生实际和营造课堂氛围的需要,灵活调控教学速度、行止和师生情绪的缓急、强弱、高低,力求创造出起伏有致、疾徐有间、张弛有度、动静交错的律动美;课堂教学节奏,是指课堂教学内容的繁简、教学分量的轻重、教学方法的转换以及教与学、导与读、讲解和议论、理解与练习等的分析和运用所构成的轻与重、缓与急、长与短、张与弛的有规律的现象;课堂教学节奏,是指对课堂教学内容的编排,教学方法的转换、教学手段的变化等的分析和运用所构成的轻与重、缓与急、张与弛等有规律的现象。科学的教学节奏应与学生身心发展规律相协调。

(1) 教学节奏是教的节奏和学的节奏的统一

教学节奏是教的节奏和学的节奏有机整合而成的一种形式,是二者高度统一中呈现的一种和谐美、曲折美。教学节奏既应该包含教的节奏,也应该包含学的节奏。在教学中,教和学的联系表现为教是为了引导学。学的节奏是教的节奏的基础,前者制约后者,同时又相互适应、相互促进。教的节奏必须与学的节奏相匹配。节奏匹配即节奏和谐,直接影响教学质量的提高,是成功教学的关键和核心。教学的节奏符合学生发展的节奏,教与学产生谐振效应,从而提高课堂教学质量,减轻学生负担,使学生得到全面、和谐、充分的发展。也就是教师在课堂教学中按照素质教育的要求,使教师教的节奏能适应、协调学生学的节奏,逐步使学的节奏与教的节奏达到"和谐共振"。

(2) 教学节奏是内在节奏和外在节奏的统一

课堂教学节奏是课堂教学外在的节奏与教学内容内在节奏的统一,课堂教学外在节奏与学生生理、心理规律的统一。所谓外在节奏,是教学节奏的外在表现形态,主要指教学的语言节奏,又分为有声语言节奏和无声语言节奏两种。有声语言节奏主要是指教师讲课时声调的轻重缓急、抑扬顿挫,学生朗读时的整齐、变换等。无声语言也是教学信息的载体,主要有书面语言节奏、体态语言节奏和时空语言节奏三种。所谓内在节奏,是指教学节奏的内部表现形态,主要有内容节奏、思维节奏和情感节奏。内容节奏是指教学的详略、难易、虚实、深浅有节奏的变化。思维节奏是指师生思维的疏密、张弛、明隐等有节奏的变化。情感节奏是指教师情感表达的浓淡、高低、强弱等有规则、有秩序的变化。

(3) 教学节奏是科学和艺术的统一

课堂教学是科学和艺术的统一体。英国博物学家赫胥黎意识到:"科学和艺术就是自然这块奖章的正面和反面,它的一面以感情来表达事物的永恒的秩序;另一面则以思想的形式来表达事物的永恒的秩序。"每一个成功的教学过程,不仅仅可以通过有关的教学和课堂管理的科学性来分析,也可以依据所创造的环境——学习发生的知识背景的艺术性来分析。由此可见,教学的科学性和艺术性都是不可或缺的,否则就破坏了教学的完整性。因此教学节奏既是一门科学,也是一门艺术,是科学和艺术的统一。它能让教师能够灵活多变地教,成为课堂教学的艺术大师,也能让学生积极主动地学习,体现学生的主体性。[①]

① 曹婧. 课堂教学节奏的生成与调控探析. 硕士学位论文,2011.

3.2　课堂教学节奏的优化方法

教学节奏是由整个课堂教学过程中各个因素共同作用而形成的。一堂成功的课犹如奏乐，根据主旋律，曲调要抑扬顿挫，音节要疏密相间，节奏要明快和谐，各个环节要有机相联。整个课的节奏体现动人的音乐性，会给人以艺术享受。良好的教学节奏，能够体现出教师教学活动的组织富有规律性变化，学生轻松愉快、饶有兴致地学习物理。因此，在高中物理的教学中，教师要研究、优化自己的课堂教学节奏。①

（1）内容要有详有略

一堂课的结构应该严谨而富有节奏，哪些内容需要讲授，哪些内容需要实验，哪些内容需要板书，哪些内容需要练习，哪些内容是重点难点，哪些内容可自学，都应严谨有序，详略得当。对于重点难点以及学生容易混淆的地方，教学要浓墨重彩，而对于较次要部分或学生已经知道了的内容，则可轻描淡写，甚至让学生课外自学。这样，学生原来不懂的问题都搞懂了，原来错误的认识都澄清了，原来不会解答的题目都会解答了。学生在精神上获得了某种程度的满足感和愉悦感，就会对物理学习产生兴趣，就能进一步激起学习的热情。

（2）程度要有深有浅

一个班级，不同的学生具有不同的个性心理特点，在气质、性格、兴趣、能力等方面也存在着差异，在学习基础、家庭影响、生活环境等方面也存在着差异。这就要求教师不能眉毛胡子一把抓，而是要研究和估计到每一个学生的特点，以成功地达成教学目的。

在物理教学中，除了教材本身有深有浅之外，教师的讲解也要有深有浅，提问要有深有浅，例题要有深有浅，就是布置作业，也要采用必做题和选做题两种。对于程度较好、解题能力较强的学生，可增加一两道有一定难度或灵活性的选做题。实验也要有难有易，在学生动手实验操作时，教师要多去关心个别所谓“笨手笨脚”或者比较鲁莽的学生。

（3）物理要有物有理

物理教学主要是观察、实验、思维和运用四大过程，要进行观察和实验，就必须有“物”——各种直观教具和实验器材。教学应该从具体开始而以抽象结束。这是一个由表及里，由具体到抽象，由“物”过渡到“理”的认识过程。

在物理教学中，有两种极端的倾向应该防止：一是盲目迎合学生的好奇心理，上物理课就像变戏法似的一套一套表演，而不是注意引导学生进行抽象思维的加工，这样也会物极必反；另一种极端是由于客观上受设备限制，主观上忽视直观教具和实验操作的作用，仅在黑板上或纸上做实验，从抽象到抽象。上物理课应该有物有理，就物讲理，以物明理，形成节奏。

（4）讲解要有明有暗

说书人说（或唱）到关子处，突然来个“且听下回分解”，吊吊听众的胃口；电视连续剧的编剧、导演，在每一集的结尾处运用“悬念”的手法，牢牢抓住观众的心。教师讲课，也应言简意赅，给学生留点思考和遐想的空间。

在物理教学中，有些概念、规律、理论必须讲解清楚明白其来龙去脉，但有时则可隐蔽一下，假设悬念，诱发求知，让学生自己去思考、去遐想、去发现、去分析、去解决。南宋的朱熹说过：“读

---

①　张丽萍，鲁增贤，陈爱华．中学物理教学论研究．北京：中国石化出版社，2000：132.

书无疑者,需教有疑,有疑者,却要无疑,到这里方是长进。”

(5) 语调要有起有伏

众所周知,教学语言忌平铺直叙,而应表现为抑扬顿挫,跌宕起伏,缓急有序的节奏。有时为了突出重点,声音突然放高,以引起大家的注意,并使个别不专心的学生为之一震。有时,讲到一个精彩片段,放低声音,同样也会引起学生的注意,并使学生细细品味。有时突然来个停顿,此时无声胜有声,留出时间供学生思考(教学留白)。教师犹如一个高明的乐队指挥,让学生的思维随着教师的引导,时而静心聆听,时而凝神默想,时而紧张,时而舒缓;时而百思难解,时而豁然开朗……

(6) 学生要有动有静

中学生的特点之一是好动厌静,因此,教师在课堂上掌握动和静的节奏,就显得相当重要。在物理教学中,边学(教)边实验是一种很好的教学方法。但由于条件的限制,不是每所学校都能够做到的。在课堂上,学生听了一段时间之后,可以让他们动动手,如安排一点动手的操作或制作;动动口,如回答问题,站起来就物讲理,看图说话,就近几个人一组的小组讨论,动动笔,如划一划课本上的重要语句,记一点老师的补充材料,做一点课堂练习等;动动身,如上讲台做演示实验,上黑板演算或画图等。即使是学生做分组实验,虽已动手为主,但也有相对静的和谐,如回忆实验步骤,静心观察,思考老师提出的问题,等等。

(7) 教学要有教有学

教师不能只充当课本知识的“搬运工”和学生掌握程度的“评判员”。不能管教不管学,因为物理主要是学生自己学会、想会、练会和动手做会的。不然为什么有少数学生的物理总是教不会呢? 是否由于没有充分调动起学习者内因方面的作用呢? 陶行知说过:“我以为好的先生不是教书,不是教学生,乃是教学生学。”教应该服从于学,学也有助于教,有教有学,教学相长。教师的作用在于:启之以心,动之以情,晓之以理,授之以法,导之以行。

(8) 方法要有同有异

就教法而言,除了大家都采用的一些共同教法之外,即使是同一课型,同一内容,不同的物理教师也各有不同的教法。教师从了解学生和掌握教材的实际出发,发挥教师自己的优势和特色,去组织最优化的教学。

就学法而言,指导学生掌握良好的学习物理的方法和习惯,是至关重要的。学物理要观察、实验、思维、运用。因此,除了掌握某些共同的学法之外,应指导学生区别学物理与学语文、学数学的不同的学法。比如,数学可以题带知识点,这样学物理是要不得的。而且,同是学物理,每个学生也可以去寻找适合于自己的学法。

(9) 精神要有张有弛

心理学的研究表明,初中生的最佳思维状态,一堂课只能维持二十分钟左右,高中生也仅能维持二十五分钟左右,因此,注意学生精神的张弛结合是很有必要的。

在教学活动紧张了一段时间之后,穿插一些轻松风趣的内容,讲一点物理学史的趣闻,例如,学到法拉第电磁感应定律时,讲一下当时年仅二十三岁的瑞士科学家科拉顿“跑”失良机的故事,就很引人入胜。也可由学生上讲台来演示一个有趣的实验,例如学到大气压强时,可让学生上来先抽气,再去试图拉开马德堡半球,课堂气氛就很活跃。有张有弛,张弛结合,形成节奏,增添情趣。

(10) 课堂要有内有外

以上谈的大多是课堂教学。而开发课外的第二课堂,对弥补课堂教学的不足,激发情趣,发展个性,拓宽视野,进一步学好物理大有补益。如布置课外的小制作和小实验,参加教具制作和维修,组织物理兴趣小组,组织课外阅读,在黑板报或墙报上出“物理园地”,举行科普讲座,组织物理游艺会,外出参观,等等。

在课外,开展与学生的谈心活动也很重要,这样做便于了解学生的想法、要求以及其他各种情况,一方面便于改进教和学,另一方面也有利于非班主任教师做好学生的思想工作,教书又育人。此外,学习困难的学生需要补课,尖子生应再提高,因材施教。

3.3 课堂教学节奏对教师艺术素养的要求

人的心理认知格局中存在节奏意识,这种节奏意识可形成节奏的思维经验,去感觉、感知自然、社会、艺术的节奏模式,从而开启认知的大门。不过,课堂教学的节奏不同于音乐中的节奏,课堂教学中能表现或者能感受到的节奏因素,只能靠教师和学生的主观把握,其限制性弱,可感因素就抽象,节奏序列的自由度反而缩小,空间点、时间段就难以自如交替,进而只有靠教师自身的节奏意识,营造具有强弱、快慢节奏的氛围。节奏意识需要教师在教学中准确把握对与教学节奏直接有关的整体感、协调感、层次感、分寸感、韵律感等。

所谓整体感,是指教师在把一节课作为一个整体性,它是由各部分的具体节奏所组成,形成整节课的节奏即整体性的最佳节奏。这就要求教师对所讲授内容有一个全面的了解,把所讲授内容吃深吃透,了解重难点是什么,做到详略得当,定出总体节奏的基调,做到心中有数,设计好授课内容的结构,形成整体节奏。如,过渡性的内容只起连接内容的作用,所提供的信息量少,节奏轻快;介绍性的内容,可以从不同角度,用不同方法加以表现,节奏活泼;重点内容,由于所含信息量大,不易理解,要求节奏处理慢些、稳健些,可以通过语言、动作、表情、色彩、音响、图像等手段,创造具体、形象、直观的审美教学情境,加深学生的印象。

所谓协调感,是指课堂局部与局部之间在节奏上关系的协调。具有协调感的课堂教学节奏才会趋于和谐,呈现美感。所谓层次感,就是要使教学节奏具有丰富性、多样性。课堂教学是过程的艺术,总有那么一些关键的环节最能体现出节奏的力度、强度和深度,正是这些关键的环节呈现出一种明显的层次之感。所谓分寸感,就是在运用各种手段处理节奏的准确度,即对节奏的快慢、强弱、松紧、张弛的处理,都有合适的分寸。具有精细入微的分寸感,节奏就会趋于准确、适中、合理。

所谓韵律感,是指教师对节奏韵律的感悟和把握。韵律感确有天生的成分,但它也是可以培养的,是可以通过艺术实践逐步提高、逐步强化的。教师在生活和学习中不断提升自己的艺术素养,可以培植和强化自己的韵律感。具有灵敏的高度的韵律感,调控课堂节奏,就会使节奏流畅、鲜明,新意迭出,余味无穷。

教师只有具有了强烈的合理的节奏意识,才能合理安排课堂教学节奏。否则课堂教学就缺少或失去了灵感、意蕴和动力,影响教学质量。增强教师的节奏意识,就需要教师具有一定的艺术素养。教学节奏艺术是高度个性化的艺术,它的形成是个长期实践的过程,它不仅需要教师在实践中执着追求、不懈努力、反复磨练、长期积累,而且更需要教师艺术素养的支撑。在此,我们再次重申,教学不仅是一门科学,也是一门艺术,它需要教师综合运用多种艺术形式才能创造出教学的最佳境界。一个只有扎实的基本功而无艺术素养的教师，在教学中只会把教学内容当作工具课来上，只会把教学当作一种单纯的技能教学来进行，从而忽视情感因素的激发和熏陶，不会借助一定的艺术手段来创造教学氛围。因此，每一位教师应该具备一定的艺术素养，否则是难以臻至教学佳境的。

在课堂教学中，教师集编剧、导演、演员于一体，要求教师能根据所教内容，在“情”“声”两个方面进行认真探讨，定好“读”和“讲”的格调，或慷慨激昂，或低声慢吟，或轻松欢畅，或深沉凄凉，从而借助抑扬顿挫的语调和轻重缓急的语速恰当地将作者的情感传达出来，叩击学生的心弦，让学生产生情感共鸣，进入最佳学习状态。教师讲课的语言应与所教内容的语言风格一致，语音、语速、语调要随内容情感的变化而改变，且具备“言之成章，言之有理，言之动情，言之生趣”的审美特质。这样的语言可使复杂的问题简单化，深奥的问题浅显化，也可使呆板的问题变得鲜活，使枯燥的问题变得生动，进而让学生追随教师的语言魅力，探知教师的思维进程，获取解决问题的良好方法。

提升教师艺术素养的方式是多种多样的。如经常听听相声，看看话剧、戏曲，练练书法、绘画、摄影，有条件的还可以参加演讲比赛，合唱团、舞蹈、摄影、绘画、书法协会等，这些活动无疑对培养教师的审美意识、审美观念，提高他们的审美能力和创造能力，塑造审美的人生境界，培养和谐完美的人格，都将起到很好的作用。随着教师艺术素养的不断提升，对美的追求就会变得更加迫切，课堂教学中的节奏意识也越发强烈。

4 教学案例

【案例1】自由落体运动

说明：教学语言，教学的节奏，探究式教学

伽利略开创了研究自然规律的科学方法——抽象思维、数学推导和科学实验相结合的方法，在其后的几百年时间里，物理学逐渐发展成为科学知识与科学方法相结合的自然科学。因此，在物理教学中，指导学生学习科学知识的同时，还应当重视科学方法的教育。“自由落体运动”这节课的教学中，有两段教学内容都体现了对学生进行科学方法教育：物体下落的快慢不是由它们的轻重决定的；自由落体运动是初速度为零的匀加速直线运动。

物理学史是一部人类的进步史，每一项重大的发现，都联系着社会，联系着人。许多物理学家的治学态度、研究方法，以及他们的人格、品行，都是我们学习的榜样。因此，物理学史中蕴藏着极其丰富的人文思想。在指导学生学习物理知识的同时，适当进行一些学史的介绍，就能潜移默化地对学生进行人文教育。在进行“自由落体运动”的教学时，教师应当指导学生进行课前预习：阅读课本(《全日制普通高级中学教科书(必修)物理第一册》，人民教育出版社，2006)上的阅读材料——伽利略对落体运动的研究，还可以阅读一些关于伽利略的传记。号召学生不仅要学习伽利略研究自然规律的科学方法，还要学习他尽管身处逆境却始终不屈不挠地探求真理的精神。另外，教师还应当指导学生正确评价亚里士多德在科学发展史上的地位：亚里士多德是古希腊的圣人，恩格斯称他是最博学的人。他的著作很多，对西方的哲学和自然科学的发展都有很大的影响。限于当时科技发展的水平，他在物理方面的论述，今天看来很多是不恰当的。但是，在两千多年前他能够通过观察、归纳，形成自己的一套理论体系，已经很不简单了。

新的教学理念明确指出了三个维度的教学目标:知识和技能;过程和方法;情感、态度和价值观。因此,在设计教学时,不能只考虑知识目标,还应兼顾另外两方面的教学目标。在“自由落体运动”这节课中,“测定反应时间”的教学使这三个维度的教学目标融于一体。

教学过程如下:

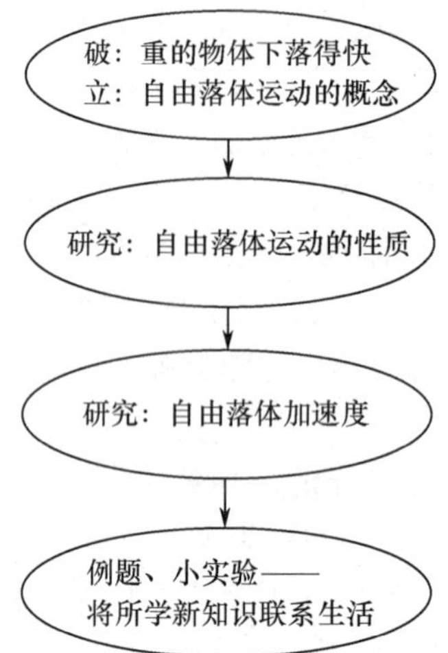

环节一

今天我们一起研究落体运动。

你们看见过落体运动吗?

秋天来了,树叶下落;下雨下雪的时候,雨滴、雪花下落;蹦极,人下落;工地上工人戴安全帽(怕高处落下的砖头、瓦块);等等。这些物体下落的运动都是落体运动。

你们仔细观察过落体运动吗?

看,一块石头、一根羽毛,注意观察它们下落的情况:

看到了什么现象?石头比羽毛下落得快。

再看,一张金属片、一张纸片,面积相等,(放在天平上称一下)这个是金属片,注意观察它们下落的情况:

金属片比纸片下落得快。

类似的现象我们在生活中很常见。

早在公元前4世纪,希腊哲学家亚里士多德通过观察大量物体下落的现象,归纳出:物体越重,下落得越快。

是不是重的物体一定比轻的物体下落得快呢?

同学们可以通过实验研究这个问题,桌上有金属片和纸片,利用它们设计小实验,做一做。对你看到的现象进行说明。

开始吧!

好,就做到这。(请放下手里的东西。)下面,我们请一位同学到前边来,介绍他设计的实验方案,动手做一做,其他同学注意观察思考。

(在学生释放前)你把手抬高一些。同学们注意盯着桌面看,看哪一个先落到桌面上。

(纸团、金属片同时释放)

你看到了什么？

（学生：纸团先落在桌面上，或纸团与金属片同时落到桌面上。轻的物体下落得快，或轻重不同的物体下落得一样快。）

这个现象说明了什么？

可见，重的物体不一定下落得快。

研究得不错。请回座位。

你们都是这样做的吗？有没有其他方案？

好！请上来，展示一下你的方案。

（金属片、纸片呈竖直同时释放）

（纸片放在金属片上，释放）

（纸片、纸团同时释放）

……

虽然实验方案不同，但是我们得出的结论是相同的：重的物体不一定下落得快。

我们还可以用逻辑推理的方法来解决这个问题。16 世纪末，意大利的物理学家伽利略有一个很巧妙的推理：假设“重的物体下落得快”是正确的，那么大石头要比小石头下落得快了。把两块石头用绳拴在一起下落，大的就会被小的拖着减慢，整体比大的单独下落要慢。可是，两块石头加起来比那块大的还重，由此我们得出的结论是：重的物体下落得反而慢。而前提是上面的假设。可见，假设是错误的。

重的物体不一定下落得快。显然，轻的物体也不一定下落得快。所以，物体下落的快慢不是由它们的轻重决定的。

可是，在现实生活中我们观察到：物体确实下落得有快有慢。这是受什么因素的影响呢？

（学生：受空气阻力的影响。）

你是怎么得出这个结论的？

（学生：在刚才的实验里，纸片变成纸团，空气阻力的影响小了。或从受力分析的角度得出。）

观察得很仔细，思考得很透彻：正是由于有空气阻力的影响，物体下落得才有快有慢。

同学们想想看，如果没有空气阻力的影响，也就是在一个没有空气的空间里，物体下落的图景是什么样子呢？

（出示已经抽好气的牛顿管）

看，这是一根玻璃管，管中的空气已经用抽气机抽掉了，里边有一个金属片（听声音），还有一根儿羽毛，让它们在这个没有空气的空间里下落，同学们注意观察它们下落的情况。

看清楚了吗？

不要着急，我再演示给你看。

（根据学生的需要，在不同的地点演示给不同的学生看，直到所有学生满意为止）

都看清楚了吧：金属片和羽毛下落的快慢相同。

（打开牛顿管阀门，放入空气）

再来看，管内有空气了，金属片和羽毛下落的快慢就不同了（做两次，第二次提醒学生听声音、看羽毛）。

物体只在重力作用下从静止开始下落的运动，叫做自由落体运动。

要注意理解“自由”这两个字：只受重力、初速度为零。

这种运动只在没有空气的空间里才能发生。不过，在有空气的空间里，如果空气阻力的影响很小，物体的下落也可以近似看作自由落体运动。

金属片的运动可以看作自由落体运动，而羽毛在有空气的空间里的运动就不是了。

到此为止，我们对落体运动有了正确的认识：不同物体从同一高度做自由落体运动，它们的运动情况是相同的。

可是，在历史上，从公元前4世纪的亚里士多德到16世纪末的伽利略，在2000年漫长的时间里人们是在不断地认识落体运动的。

亚里士多德是古希腊的圣人，恩格斯称他是最博学的人。他的著作很多，对西方的哲学和自然科学的发展都有很大的影响。限于当时科技发展的水平，他在物理方面的论述，今天看来很多是不恰当的。但是，在两千年前他能够通过观察、归纳，形成自己的一套理论体系，已经很不简单了。我们应该正确评价他在科学发展史上的地位。

（时间：12分钟）

环节二

接下来，我们继续研究自由落体运动。自由落体运动是什么性质的运动呢？

（教师释放一小钢球）

通过观察自由下落的物体，我们不难得出：自由落体运动是初速度为零的加速直线运动。

是初速度为零的匀加速直线运动吗？

这个问题需要我们深入研究。

还记得初速度为零的匀加速直线运动的规律吗？

速度 $v_t = at$，位移 $x = \frac{1}{2}at^2$。

根据位移公式可知：这种运动的位移与所用时间的平方成正比。

自由落体运动是不是符合这种规律呢？

我们可以通过光电计时装置直接研究自由落体运动。

大家看（如图2－1所示）：

立柱的上端有一个电磁铁，通电，小钢球就被吸引住；断电，小球做自由落体运动。在立柱上有四个光电门，至于光电门的作用、光电计时的原理在课上我们就不深入研究了，需要知道的是：当小球经过某一光电门时，利用光电计时装置就能测出小球下落到这个光电门所用的时间。有四个光电门，小球每到一个光电门，光电计时装置就能测出小球下落这段距离所用的时间。

（将计算机切到“自由落体重力加速度（三）”，并把小球放在电磁铁下）

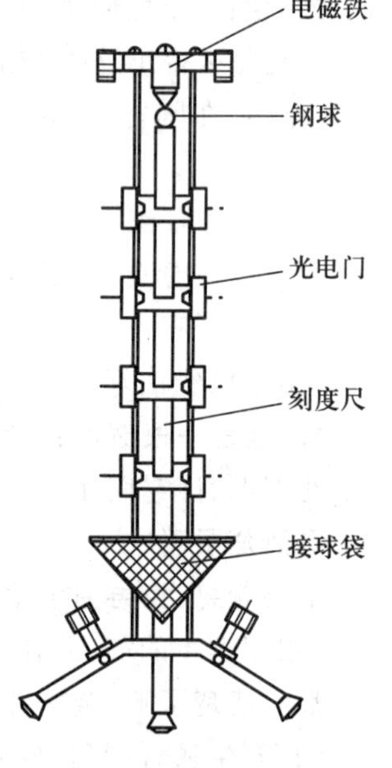

图2－1

看，屏幕上显示的内容：

4个光电门的位置，这些都可以从刻度尺上读出，由此就能得到小球下落到4个光电门时经过的位移 x；相应的时间 t 由光电计时装置测出后直接传给计算机。

(做一次实验)注意,给电磁铁断电,小球自由下落。

我们得到了四组实验数据,位移和时间的平方是什么关系呢?

建立一个坐标系:纵轴 x,横轴 t^2。

在坐标平面上描点,同学们看看这四个点有什么特点?(差不多在一条直线上)

我们根据这四个点拟合一条图线,差不多是过原点的一条直线。

这说明:位移与所用时间的平方成正比。

大量的实验可以证明:自由落体运动的位移与所用时间的平方成正比。所以,自由落体运动是初速度为零的匀加速直线运动。

(时间:18 分钟)

环节三

既然自由落体运动是匀加速运动,那么,一个物体在自由下落过程中它的加速度是一定的。同学们想想看,不同的物体做自由落体运动,它们加速度 a 有什么关系呢?

我们知道:不同物体从同一高度做自由落体运动,它们的运动情况是相同的。这就是说,这些做初速度为零的匀加速直线运动的物体,在相同的时间里发生了相同的位移,根据 $x=\frac{1}{2}at^2$ 可知,它们的加速度必定相同。

研究表明:在同一地点,一切物体做自由落体运动的加速度都相同,这个加速度叫做自由落体加速度,也叫重力加速度,通常用 g 表示。

很容易判断,重力加速度 g 的方向总是竖直向下的。它的大小可以通过实验的方法测定。根据前面的实验数据可以计算出重力加速度的数值:$g=\frac{2x}{t^2}=$__________。

请同学们看(课本第 36 页)这张表格,上面列出了 9 个地区的重力加速度数值。你研究研究,从中可以获取到什么信息。

(学生:在地球上不同的地方 g 的大小是不同的,从赤道到北极,随着纬度的升高而增大;赤道最小,北极最大;不过,各地的重力加速度数值都在 9.8 m/s^2 左右。)

国际上取北纬 45°海平面上的重力加速度值作为标准值:9.80665 m/s^2。通常的计算中,可以把 g 取作 9.8 m/s^2,在粗略的计算中,还可以把 g 取作 10 m/s^2。

现在知道"在同一地点"的含义了吧。这里边就有一个问题:为什么不同地点的重力加速度 g 的数值不同呢? 这个问题以后我们还要继续研究。

自由落体运动是初速度为零的匀加速直线运动,而且加速度为 g,那么这种运动的规律我们就清楚了:$v_t=gt$,位移 $x=\frac{1}{2}gt^2$。

(时间:24 分钟)

环节四

下面我们处理一个实际问题。

(展示北京四中的科技实验楼照片)

你看,这是北京四中的科技实验楼,共有六层,从楼顶释放一个铅球,请你估算:从开始运动起,它在 1 s 内、2 s 内、3 s 内下落的位移分别是多少?

（学生：根据位移公式 $x = \frac{1}{2}at^2$，$a = g$，估算，g 可以取 10 m/s^2，则 1 s 内下落 5 m、2 s 内下落 20 m、3 s 内下落 45 m。）

想想看，这个结果正确吗？一层楼有多高呢？就算 3 m 吧，六层不过 18 m，释放后，不到 2 s 就已经落地了。

接着估算，在 0.1 s、0.2 s、0.3 s 内下落的位移又是多少呢？

（学生：5 cm、20 cm、45 cm）

（找一个学生）你用手比划一下，5 cm 有多长。桌上有 30 cm 长的刻度尺，看看你的感觉对吗？

这就是我们这节课学习的内容。

（时间：28 分钟）

环节五

我们轻松一下，做一个小游戏，请一位同学到前边来，咱们一起做。

（跟这位同学握手）你好，合作愉快！

你抬起右手，伸出拇指和食指，呈捏的姿势。

（出示一枚书签）看，这是一个小书签，我一放手，你就赶快捏，捏住归你。

这枚金属书签漂亮吧（说的同时，松手）。

再来一次？

（教师可将书签从高一点的地方释放，争取送出去）

（若捏住）祝贺你，书签归你了。

（若捏不住）很遗憾，请回座位。

（如这位学生没捏住，可再请一位，务必送出去）

这个小实验能检验人反应的灵敏程度。日常生活中，有时需要反应灵敏，对战士、司机、飞行员、运动员等尤其如此，当发现某种情况时，能及时采取相应行动，战胜对手，或避免危险。人从发现情况到采取相应行动经过的时间叫反应时间。

想想看，你能根据我们今天学习的知识，设计一个小实验，测出你的反应时间吗？

如果感到有困难，可以读一读（课本第 37 页）这段材料。

有想法了吗？这个实验的原理、器材、怎么操作、怎么读数、怎么计算出反应时间。

（找两位前排的同学）说说你们的设计方案。

（器材：直尺、计算器。操作：一人捏住尺子的上端，保持直尺竖直不动。另一人手指呈捏的姿势，在直尺的下端零刻度处等待。前者释放，后者捏住。注意后者要紧盯着前者的手，且在捏的过程中手不能向下移动。读数：直尺下落的距离，即后者所捏处的刻度值。处理数据：根据位移公式 $x = \frac{1}{2}gt^2$ 可计算出直尺下落的时间 $t = \sqrt{\frac{2x}{g}}$。结论：直尺下落的时间就是你的反应时间。）

因为是估算，g 取 10 m/s^2 就行了。

请坐，我们开始做实验吧。

好，停下来。

测出你的反应时间了吗?

(找几位同学说说测量结果)

都测出来了吗?哪组还没有计算出来?

(找出没有测出自己反应时间的同学)我来给你测(图2-2)。

(用事先做好的"反应时间测量尺",测后,直接读出反应时间)

快吧!他一捏,我就知道。你们能猜出我这把尺子的奥秘吗?

(学生:事先计算好长度对应的时间,把时间标在了尺子上。)

图2-2

很聪明,这样就制成了一把"反应时间测量尺"。

(用实物投影展示)时间刻度均匀吗?想想为什么?(时间跟位移是平方根的关系)

同学们能不能做一把?桌上的尺子就送给大家了,在课外,你可以把它制成一把"反应时间测量尺"。

用"反应时间测量尺"可以:

跟踪检测自己的反应时间;检测不同人群的反应时间(性别、年龄、职业等)。研究采集到的数据,总结出反应时间跟哪些因素有关?等等。

这就是一个研究性学习小课题,同学们可以在课外继续研究。

今天我们学习的是课本第二章第八节的内容,请同学们课后认真阅读课本上这一节的内容,并把练习八的(1)至(4)题做在作业本上。

(时间:40分钟)

【案例2】 牛顿第一定律

说明:教学语言,营造质疑的氛围,讲授式教学

牛顿第一定律是牛顿物理学的基石,是力学的第一原理,它改变了人们对自然的认识,改变了人们的世界观。这就是,原来亚里士多德认为物体运动需要力,而现在是运动不需要力。这样的重大科学发现,称得上是真正的科学真理。因此,在进行牛顿第一定律教学时,注重三维目标的和谐统一,让学生理解科学的完整内涵,同时在人文、德育方面给学生以潜移默化的影响。

在初中阶段,学生对牛顿第一定律已有大致了解,知道亚里士多德的观点(力是维持物体运动的原因)是错的,也知道伽利略通过研究澄清了运动和力的关系(力是改变物体运动状态的原因)。但是,在研究实际问题时,他们还常常下意识地用亚里士多德的观点去分析,这说明运动和力的正确关系在学生的头脑中还没有真正建立起来。因此,在进行这节课的教学时,要注意创设情境,突出研究过程和方法,让学生头脑里的前概念与物理学里的科学概念激烈交锋,引导学生在现有知识经验的基础上主动构建新知识。

教学过程如下:

环节一 引入

同学们,我们设想一个情境:假如大家现在乘坐在一辆汽车里,汽车在快速行驶,突然遇到了紧急情况,在急刹车的过程中,我们的身体有动作吧?我们一起模拟演练一下。当听到我发出急刹车的声音时,同学们根据你的经验可以动作做得夸张一些。注意！吱……

(学生身体前倾)

真不错！好,大家思考:我们的身体为什么这样动起来？再想想:为什么有的物体做加速运动？为什么有的物体做减速运动？为什么有的物体上升？为什么有的物体下落？为什么地球绕着太阳转？等等。这些“为什么”的问题,其实就是运动的原因问题。

关于运动的原因问题是一个古老的话题,可以追溯到公元前4世纪。

环节二　亚里士多德的运动观

那时候有一个伟大的哲学家,同学们都知道。

(亚里士多德)

在讲落体运动时已经介绍过,知道他是伟大的哲学家,古希腊的圣人,也就是那个时候,他把研究自然的科学称为物理学。物理学研究的基本问题之一就是运动的原因。

我们来看看亚里士多德是怎么研究的,是怎么找运动原因的(图2-3)。

图2-3

亚里士多德观察了大量物体的运动,为了说清楚运动的原因,他把运动分成了两类。一类是自然运动,另外一类是受迫运动。自然运动是什么样的运动啊？他是这样论述的:每个物体都有一个固有的位置,比如说,火,它的固有位置在上面,土的固有位置在下面,气和水在中间。他指出,一旦物体离开他的固有位置,它就会自发的朝着它的固有位置运动,不需要别的力,他把这种运动称为自然运动。地面上物体做自然运动沿着直线,重的向下落,轻的向上升。天上的日月星辰呢,设想的就更美好了,从地面上观察日月星辰都绕着地球在转,他认为日月星辰永恒地做神圣、完美的匀速圆周运动。总结的有意思吧！

另外一类运动是受迫运动,物体的运动必须受推或拉才能运动起来,如果没有了这推或拉的外力,就会停下来。这是他通过观察、思考,将运动的原因分成两类进行总结。

我们在初中已经知道了他关于受迫运动的研究,你看他在找受迫运动原因时跟谁建立起关系来了？(力！)这是亚里士多德特别伟大的地方。

根据他的论述,运动和力是什么关系啊？

(运动需要力来维持,力是维持运动的原因。)

通过初中的学习,大家知道这种观点是不对的。那运动和力是什么关系呢？

(力是改变物体运动状态的原因。)

从“运动需要力来维持”到“力是改变物体运动状态的原因”,绵延两千年啊！

你能结合生活中的实例谈谈为什么运动不需要力来维持吗？

(若学生回答不清楚)两千多年没人质疑,就是不好找研究这个问题的切入点！

(引导学生认识到“阻力”的存在)两千多年没人质疑,就是没找到研究这个问题的切入点！

切入点就是无形的“阻力”的存在。

最早找到切入点的人就是伽利略。

环节三 伽利略的研究

16 世纪末 17 世纪初,伽利略开始质疑亚里士多德的观点:原来运动的物体之所以停下来难道真的是没有力的作用吗?

(有! 摩擦力,空气、水等流体的阻力)

我们再想想,假如说没有摩擦阻力、流体阻力,原来在水平面上运动的物体会怎么样呢?

(一直运动!)

这是我们的猜想!

这种猜想到底正确不正确,我们怎么去研究呢?

(做演示实验)

实验,伽利略就是这样研究的。他观察斜坡上的物体,从高处滑下来运动得越来越快,冲上斜坡运动得越来越慢。于是他设计了这样一个实验。

同学们看,在我面前有两个斜面,平滑地连接起来,我在上面铺了一块棉布,小球可以在斜面上运动(图 2-4)。看不见的同学可以站起来。注意看小球在斜面的运动,我从这边释放,注意观察。

再看一遍。运动到这个位置,用小旗标记一下。

图 2-4

把棉布拿下,再做一次实验,注意观察。

(停顿片刻,让学生思考)

你看到了什么现象,为什么会发生这种现象?

(学生:摩擦力变小后,小球上升得更高了。)

不过还是差一点儿。假如没有摩擦呢?

(学生:会上升同样的高度。)

这是这位同学的推理。摩擦力大时上升的高度小,摩擦力小时上升的高度大。假如没有摩擦,应该上升的高度相同。实验加推理。

下面我们再来看,我把一个斜面的倾角变小,大家注意观察,释放!(实验两次,用小旗作标记。)

原来是这段距离,后来是这段距离,有什么变化?(学生:走远了。)

为什么走远了?(学生:根据机械能守恒,上升的最大高度不变。)

在伽利略那个时代还没有机械能守恒的概念,不过,根据刚才的实验,再加上推理,我们觉得假如没有摩擦,从某一高度释放,能冲上另一个斜面的同样高度。你看,释放的高度没变,另一侧的斜面倾角变小了,小球要想达到同一高度,自然走得更远了。

伽利略就想,如果倾角不断减小,不断减小,若倾角减小到零度时,一边是斜面,另一边是水平面。释放后的小球会怎样呢? 注意观察。

(实验后,停顿片刻)

假如水平轨道足够长,而且没有摩擦,小球将:(学生:永远运动下去!)

为什么呢?(学生:因为小球永远上升不到原来的高度。)

分析得好! 你看,这是实际实验很难做到的吧。这又是在推理。

这个实验证实了:如果没有摩擦阻力和流体的阻力,原来在水平面上运动的物体会一直运动下去。

那你看看,小球在水平轨道上运动的时候,若不考虑摩擦阻力和空气阻力,水平方向还有别的外力吗?(没有。)

你看,它的运动并没有外力来维持。因此,根据伽利略的实验,我们可以得到,运动不需要力来维持。

那么,力又为什么是改变物体运动状态的原因呢?你能结合生活中一个的实例说明一下吗?

(推物体,物体运动起来,推力使物体从静到动;撤掉推力,它最终停下来,是摩擦力使它从动到静。从静到动、从动到静,说明物体的运动状态改变了。)

通过前面的学习,我们知道,物体运动状态改变,就是物体运动的速度改变,所以力是改变物体速度的原因。速度在变化,为描述速度变化快慢我们引入加速度的概念,速度改变也就是有加速度,所以力是产生加速度的原因。在学习加速度时,有的同学总是问什么原因使加速度变大、变小呢?现在我们知道了,是物体所受外力的变化决定了其加速度的变化。

这就是伽利略的研究成果。

你能总结一下伽利略的研究方法吗?(先用实验,然后用实验得到的结论进行推理。)

总结得很好,有实验,有推理。两者完美的结合,这就是伽利略开创的科学的研究方法。

伽利略设计的这个实验,在实验事实的基础上经过了合理的外推,像这种实验叫做理想实验。

环节四 笛卡儿的补充

在伽利略研究的基础上,跟伽利略同时代的科学家笛卡儿,补充完善了伽利略的观点:如果运动中的物体没有受到力的作用,它将继续以同一速度沿直线运动,既不停下来也不偏离原来的方向。

(与伽利略的实验结论对比,让学生认识到笛卡儿的补充完善)

笛卡儿认为,这应该成为一个原理,它是人类整个自然观的基础。

又隔了一代人,出了一位大师级人物——牛顿,把笛卡儿的愿望变成了现实。

环节五 牛顿的总结

伽利略是 1642 年去世的,牛顿是 1643 年诞生的。

他在前人研究的基础上,对运动和力的关系进行了全面的总结,提出了三条运动定律,其中第一定律就是:一切物体总保持匀速直线运动状态或静止状态,除非作用在它上面的力迫使它改变这种状态。

牛顿第一定律是牛顿力学的基石。

牛顿的研究成果记录在了 1687 年出版的《自然哲学的数学原理》里(出示该书),感兴趣的同学可以课外阅读。

环节六 惯性和质量

牛顿第一定律的前半句:一切物体总保持匀速直线运动状态或静止状态,“总保持”,说明了什么?

物体有一种与生俱来的“本领”,抵抗运动状态变化的“本领”,这就是初中学的惯性。物体的这种“本领”有大有小,惯性大小与什么因素有关系呢?

(若学生提出:外力、速度等,教师可如下解释:如,你认为“外力越大,惯性越小”,听起来很有道理,我们知道惯性是物体的固有属性,外力——其他物体施加给该物体的,要力图改变该物体的现有运动状态；再如，你认为“速度越大，惯性越大”，的确，直觉告诉我们，速度越大，停下来越难。你想想，这里边涉及了“速度变化”“速度变化快慢”与惯性的关系，等学完牛顿的其他定律后，这些问题你就能自主解决了。）

（一般学生根据初中的记忆，会齐声说：质量。）

惯性和质量有什么关系呢？（质量越大，惯性越大。）

没错，质量是惯性大小的量度。大家能不能设计一个小实验或举一个生活中的实例来说明它们的这种关系？

（分组讨论交流，学生代表举例）

师生合作，做一个“吹球”（用细线分别拴大小差不多的乒乓球、钢球）小实验（图 2－5）。

图 2－5

通过这个小实验说明质量大的惯性大，从静到动更难。其实，现实生活中这种例子太多了，而且根据质量和惯性的关系设计了好多娱乐项目。

（学生可能说不出）

娱乐项目，同学们高中学习太忙，毕业后玩得就多了。

（展示保龄球图片）

保龄球撞木瓶，很有趣，最好是一个球过去十个瓶都倒了。没有反过来拿着木头瓶去打保龄球的项目。

这些实验和实例，在碰撞的过程中体现了质量和惯性的关系。

环节七　课下思考

同学们来思考下面这个问题，我们知道了，力是产生加速度的原因，质量是惯性大小的量度，力能改变物体的运动状态，而物体有质量，有惯性，它抵抗运动状态的改变。

可见，物体运动的加速度与力、质量有关，有什么定量的关系呢？请大家课下思考。

【案例 3】 动量

说明：教师的实验操作，营造质疑的氛围，教学的节奏

这节课的教学内容就是帮助学生建立一个重要的物理概念——动量，有了动量的概念，以及动量所遵从的规律——动量定理和动量守恒定律，再结合功能关系，就能够解决直接用牛顿第二定律难以解决甚至不可能解决的问题。

图 2－6

学习动量和动量守恒定律这部分知识，学生会感到有困难。难在需要从时间的角度观察力的作用效果，这种作用效果要涉及矢量运算。另外，所涉及问题多是比较复杂的情境。因此，在建立动量概念时，介绍物理学史，进行实验探究，旨在深化动量概念的形成过程，在对历史的追问和学生的亲身经历中帮助学生自主建构新概念。

教学过程如下：

环节一　引入

教师创设情境，提出问题。

师：设想这么一个情境，有三个球先后向你飞来，它们的速度大小相差不多。飞来的要是乒乓球的话，可以很轻松地用手捉住；要是棒球的话，戴上专用手套再接；要是铅球呢？最好躲开。

为什么我们有这种认识呢？看来，虽然三个球的速度相差不多，可是它们的运动强弱显然不同，铅球质量大，运动得最强。同学们想想看，物体运动的强弱为什么与质量有关系呢？

生：质量越大，惯性就越大，质量是惯性大小的量度。

师：质量大，惯性就大，要改变现有的运动状态就难。所以，速度差不多的物体，质量越大，运动越强。同理，质量差不多的物体，速度越大，运动越强。

因此，我们在研究物体相互作用时，为了描述物体运动的强弱，常常把质量和速度结合在一起。那么，这两个量怎么组合就能够量度运动的强弱呢？

（说明：因为动能的概念在前面的教学中学生已经建立，所以引入动量概念时不妨直接与动能比较，通过历史发展和当堂实验研究，看看 mv^2 和 mv 到底谁是不变量。）

环节二　历史上两种量度之争

师：从历史上来看，有两种观点。一个是法国数学家笛卡儿在 1644 年提出的，他认为应该用 mv 这个组合来量度物体的运动，他还指出宇宙中所有物体的 mv 的总和是个不变量（运动量守恒原理）。另一个是德国数学家莱布尼茨在 42 年后的 1686 年提出的，他不同意笛卡儿的观点，提出量度物体运动的应该是 mv^2，他也相信宇宙中运动的总量必须保持不变，不过他认为不变的应该是 mv^2 这个量。因而产生了笛卡儿派和莱布尼茨派关于 mv 和 mv^2 两种量度之争，这场争论持续了半个世纪之久，不少著名的数学家和物理学家都加入了争论的行列。

同学们想想看，笛卡儿认为 mv 是不变量，莱布尼茨认为 mv^2 是不变量，那么，在物体相互作用过程中到底哪一个是不变量呢？今天我们可以通过实验进行探究。

环节三　探究碰撞中的不变量

演示实验 1：

如图 2－7 所示，把两个小钢球（质量相差不多）用线悬挂起来，一个小球静止，拉起另一个小球，放下时它们相碰。

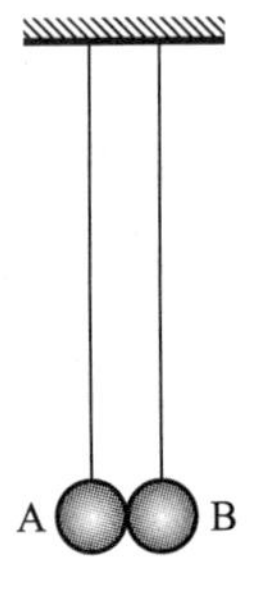

图 2－7

让学生说说看到的实验现象。

生：两球碰后，原来运动的停了下来，原来静止的运动了起来。

教师可以在黑板上画出示意图，指导学生进一步分析实验现象。

师：A 球撞 B 球，两球动、静转换。B 球被撞后，向右摆动，它所摆到的最大高度与 A 球的释放高度是什么关系呢？大家看清楚了吗？

教师可以再做一遍刚才的演示实验。

生：两个高度差不多一样。

师：这说明了什么问题呢？

生：相碰后 B 的速度与碰前 A 的速度相等。

师：很好！同学们想想，通过这次实验，在两小球碰撞中，mv 和 mv^2 哪个是不变量呢？

生：都是不变量。

教师可以再做多个球的碰撞实验，如图 2－8 所示。1 个球撞 4 个球，2 个球撞 3 个球，3 个球撞 2 个球，4 个球撞 1 个球。让学生带着猜想观察实验现象，他们会很感兴趣。

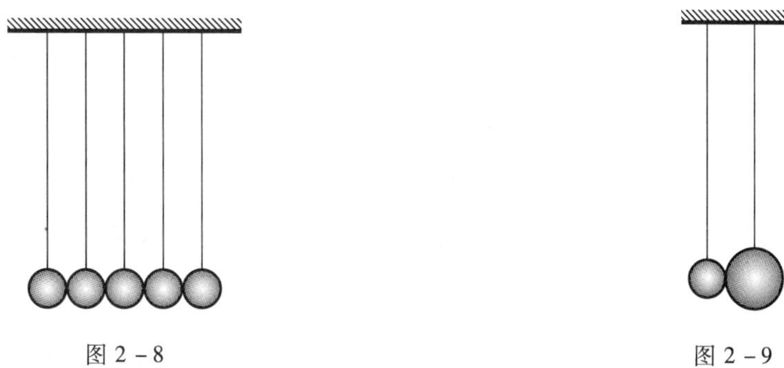

图 2－8　　图 2－9

演示实验 2：

如图 2－9 所示，把两个钢球（质量相差较大）用线悬挂起来，质量大的球静止，拉起质量小的球，放下时它们相碰。

教师引导学生观察、分析实验现象。

师：质量不等的两个钢球在碰撞中 mv 和 mv^2 哪个是不变量呢？只是通过定性观察是很难看出来的。

我们换一个实验装置，进行定量研究。

演示实验 3：

实验器材：两辆质量不等的小车、平直轨道、速度传感器等。

让两小车异名磁极正对发生碰撞（弹性碰撞），经传感器采集数据、电脑处理，两小车的速度、两小车所组成系统的 mv 之和（矢量求和）、系统的 mv^2 之和随时间的变化图线在大屏幕上同时展示出来，如图 2－10 所示。

教师简要分析两小车的速度图线（图 2－11 中的图线 1、图线 2），帮助学生将图线与小车的运动情境建立联系。然后，引导学生自主分析在碰撞中系统的 mv 之和（矢量求和）、系统的 mv^2 之和随时间变化的图线（图 2－11 中的图线 3、图线 4）。

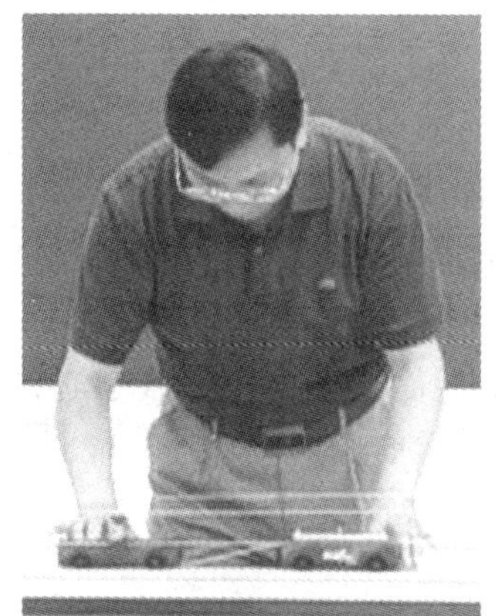

图 2－10

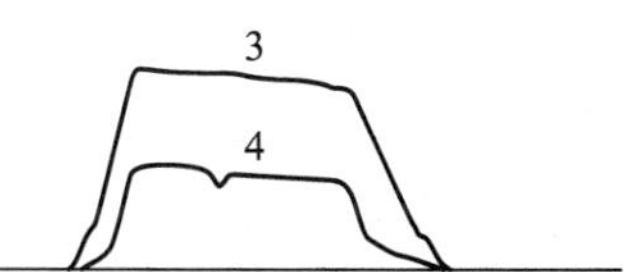

图 2－11

师：透过图线传递给我们的信息，系统的 mv 和 mv^2 变化了没有呢？

生：都变了。

师：怎么变的呢？

生：总起来看都变小了。

师：对，同学们仔细看看，总趋势差不多是均匀变小，这是为什么呢？

生：摩擦阻力的影响。

师：分析得很好！

教师可轻推一下轨道上的小车，观察小车的运动，让学生体会摩擦阻力的作用。

师：假如没有摩擦阻力，只考虑两小车之间的相互作用呢？

生：碰撞中系统的 mv 和 mv^2 这两个组合都是不变的。

如果有学生指出图线 2－11 上明显有个向下凹的尖，教师可以引导学生用能量守恒的观点加以分析。

演示实验 4：

让两小车粘有尼龙搭扣的两端正对发生碰撞（完全非弹性碰撞），大屏幕上的 4 条图线如图 2－12 所示。

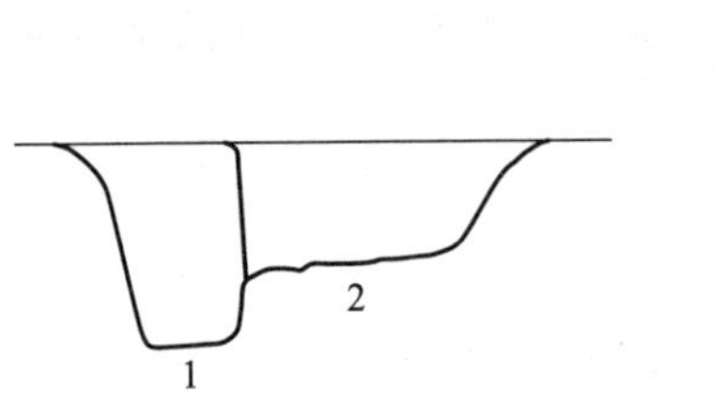

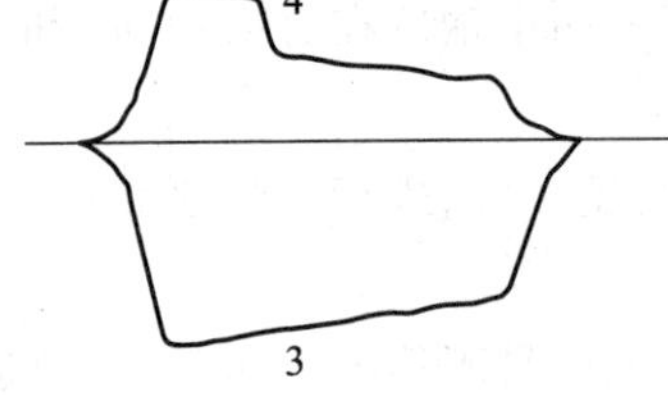

图 2－12

教师指导学生分析：速度图线（图 2－12 中的图线 1、图线 2）之所以出现在时间轴的下方，是因为两车的运动方向发生了变化。（提醒学生：mv 这个组合的是有方向的。）

在这次实验中，由系统的 mv 之和（矢量求和）、系统的 mv^2 之和随时间的变化图线（图 2－12 中的图线 3、图线 4）不难看出，若不考虑摩擦阻力的影响，碰撞中系统的 mv 这个组合是不变的，而 mv^2 这个组合有变化，变小了。

教师总结：以上几个演示实验，有的类型的碰撞在碰撞中系统的 mv 和 mv^2 这两个组合都是不变的，有的类型的碰撞只有 mv 这个组合是不变的，看来碰撞中的不变量应该是 mv 这个组合。

大量的实验和事实都能证实这一点，碰撞中的不变量的确是 mv 这个组合。

（说明：在通过碰撞实验“探究不变量”时，这节课没有按照教科书上介绍的方法：分别采集 m、v 的具体数据，通过计算 mv 和 mv^2 等，看看哪个组合是不变的。而是通过图线将 mv 和 mv^2 在碰撞前后的变化直观展示出来，以判断哪个是不变量，主要是考虑后面进行“碰撞”教学时，还需要通过采集数据，计算动能、动量，区分碰撞的类型。这样的设计，使前后两节课有一定的层次感，从定性到定量研究。）

环节四　建立动量的概念

师：看来笛卡儿的观点是对的。不过，笛卡儿提出 mv 这个组合时，v 只是速度的大小，后来牛顿明确指出，这个组合中的 v 应该是速度，有大小有方向，牛顿时代称之为“运动的量”，现在我们称之为动量。

动量用 p 表示，$p=mv$，单位是 kg · m/s，是矢量，方向即速度的方向。

回过头来我们再看 mv^2 这个组合，前面加上$\frac{1}{2}$就是我们前面已经学习过的动能这个物理量。那么，为什么有的碰撞中动能减少了呢？

生：转化成了其他形式的能。

师：对了！在碰撞中动能这个量是变化的，不变的是总能量，这就是我们学习过的能量守恒定律。

当初，笛卡儿派和莱布尼茨派关于 mv 和 mv^2 两种量度之争很激烈，主要是因为在那个时代，人们对力的定义、力的作用效果、多种运动形式及其相互转化等还缺少深刻的认识。这场争论一直到19世纪中叶以后，随着能量守恒与转化定律的发现，人们才对这两种量度的区别获得了进一步的认识，两种量度从互不相容到相互联系。

（可指导学生自主推导）

显然，物体动量、动能的变化和它的受力情况是相联系的。下面，我们用牛顿运动定律推导一下，看看动量、动能的变化跟力的关系。

设想一质量为 m 的物体，在恒定的合外力 F 的作用下做匀变速直线运动，在时间 t 内发生的位移为 l，初速度为 v_1，末速度为 v_2。

根据牛顿第二定律

$$F=ma$$

由匀变速直线运动的规律

$$v_2=v_1+at,\quad v_2^2-v_1^2=2al$$

不难得出

$$Ft=mv_2-mv_1 \tag{1}$$

$$Fl=\frac{1}{2}mv_2^2-\frac{1}{2}mv_1^2 \tag{2}$$

（2）式是我们学习过的动能定理，即在一个过程中合力对物体做的功 Fl 等于物体在这个过程中动能的变化$\frac{1}{2}mv_2^2-\frac{1}{2}mv_1^2$。

类似的，（1）式表明，物体在一个过程始末的动量变化量 mv_2-mv_1 等于它在这个过程中所受合力与时间的乘积 Ft——冲量，这个关系叫做动量定理。

冲量用 I 表示，$I=Ft$，单位为 N · s，I 是矢量，方向即力的方向。

可见，动量定理反映了力对时间的累积效应，动能定理反映了力对空间的累积效应。

环节五　小实验

教师出示一枚鸡蛋，在距泡沫板 1 m 左右的高度释放鸡蛋，让鸡蛋落在泡沫板上。

现象：鸡蛋完好。

学生哗然：熟鸡蛋？

教师捡起刚才的鸡蛋，在距硬桌面 1 m 左右的高度释放，让鸡蛋落在硬桌面上。

现象：鸡蛋碎了。

给学生留下几分钟的思考讨论时间,然后再请一位学生分析刚才看到的实验现象,如分析得不到位,可让其他同学自由补充。

生:鸡蛋跟桌面作用的过程中,从运动到静止,动量的变化相差不多(因为释放的高度相差不多),根据动量定理可知,作用时间长,相互作用力就小,作用时间短,相互作用力就大。显然鸡蛋与泡沫板作用的时间比与桌面的作用时间要长很多,所以鸡蛋落在泡沫板上没有碎,而落在硬桌面上碎了。

师:解释得真清楚!这就是我们磕鸡蛋是在碗边、锅边,肯定不会在抹布上磕。

类似的实例在生活中太常见了,同学们课后要认真阅读教科书上本节课的相关内容,举一举生活中类似的实例,试着用刚学过的动量知识进行解释,完成课后的"问题与练习"。

环节六 尾声

师:这一节课我们建立了动量的概念,知道了动量和冲量的关系,关于动量定理的应用以及物体相互作用过程中的动量守恒,我们下次课继续深入研究。

【案例4】 行星的运动

说明:学史教学,教学语言,教师的情感

随着科技发展、社会进步,许多重大问题和复杂事件都显示出对文理结合、德才兼备人才的越来越迫切的需求。为了避免出现社会可持续发展中的危机,当前教育一个刻不容缓的问题是,消除科学、人文之间的文化隔阂,德育、智育、美育并举,和谐统一。尤其在基础教育阶段,更应该注重学生的全面发展,高中教学宜文中有理、理中有文,在学科教学中渗透德育教育,增强德育教育的实效性。

下面的这一课例,通过对托勒密、哥白尼、第谷、开普勒等科学家关于行星运动规律研究的介绍,可以让学生领略到前辈科学家们对自然奥秘不屈不挠探索的精神和对待科学研究一丝不苟的态度,感悟到科学的结论总是在顽强曲折的科学实践中悄悄地来临,从而潜移默化地对学生进行科学文化教育,在物理教学中渗透人文教育。

教学过程如下:

环节一 让学生谈谈对天体运动的认识

我们生活在地球上,天上有日月星辰,能说说它们的运动情况吗?不妨说说我们的太阳系。

(学生发言)

简介太阳系:九大行星(包括后来降格的冥王星)绕着太阳转,离太阳最近的行星是水星(北方,Mercury,罗马神话里的信息使者墨丘利),向外依次是金星(西方,Venus,美神维纳斯)、地球(Earth,地神该亚)、火星(南方,Mars,战神马尔斯)、木星(东方,Jupiter,众神之王朱庇特)、土星(中央,Saturn,农神萨杜恩)、天王星(Uranus,天神乌拉诺斯)、海王星(Neptune,海神涅普顿)和冥王星(Pluto,冥王普鲁托)。它们当中,肉眼能看到的只有五颗,对这五颗星,各国命名不同,我国古代有五行学说,因此,按照他们在天上的方位,用金、木、水、火、土这五行来分别把它们命名为金星、木星、水星、火星和土星。

环节二 地心说与日心说

(1) 托勒密的地心说(2世纪,我国的东汉三国时期)

托勒密(约90—168,图2-13),古希腊晚期的数学家、天文学家,他总结了希腊古天文学的成就,利用希腊天文学家们的大量观测与研究成果,把各种解释天体运动的地心学说加以系统化的论证,因而后世常称之为托勒密地心宇宙学说。

图 2-13 托勒密

结合图片或动画介绍托勒密的地心说:

地球静止不动地居于宇宙的中心;恒星、太阳、月亮分布在大小不同的圆上围绕地球做圆周运动;水星、金星、火星、木星、土星围绕各自的小圆(本轮)的圆心做圆周运动,而这些小圆的圆心又要围绕地球在不同的圆(均轮)上做圆周运动。这些圆周运动都应该是匀速圆周运动,因为古希腊哲学家柏拉图(前 427—前 347)认为,天上星体代表着永恒的、神圣的、不变的存在,因此它们肯定沿着最完美的轨道以最完善的方式运动,而最完善的运动是匀速圆周运动。

托勒密的地心体系是对天体运动进行理论概括的一种尝试,在当时有一定的进步意义,这个理论能够解释当时观察到的几乎所有天文现象。如行星的逆行,即大多数时间行星由西向东相对于恒星移动,但有时却要停下来,然后向西移动一段时间,随后又向东移动(图 2-14)。

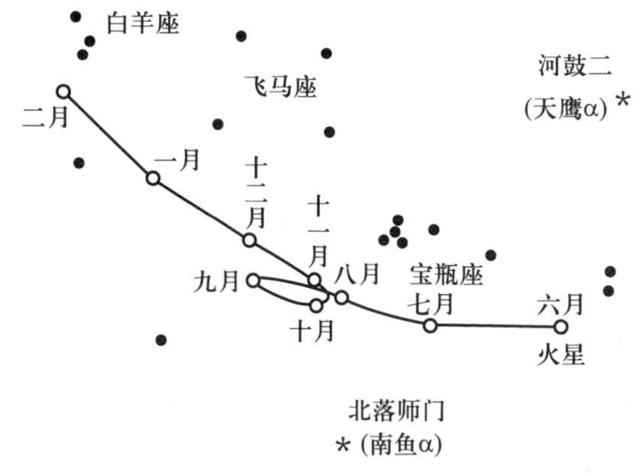

图 2-14 火星的逆行

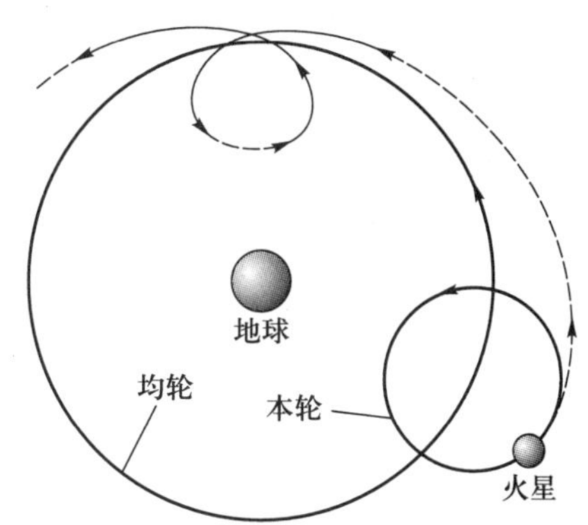

图 2-15 地心说解释火星的逆行

不过,为了与观察结果更好地相符,每个行星需要不止一个本轮,而是要有总数达 80 多个的“轮上轮”,并且还要引入偏心点和偏心等距点等复杂概念。显然,托勒密的地心体系缺乏简洁性,而理论的简洁性是科学家在寻找大自然的复杂现象背后规律时所追求的,也是科学理论深刻性的一种表现。但在中世纪(约 500—1500)的欧洲,该体系被教会所利用,成为上帝创世说的理论支柱,变成压制不同思想的工具,所以托勒密的地心说一直绵延了十几个世纪,没有受到有力的质疑和挑战。

(2) 哥白尼的日心说(16 世纪,我国的明代)

哥白尼(1473—1543,图 2-16),波兰天文学家,日心说的创立者,近代天文学的奠基人。受文艺复兴运动(14 世纪—16 世纪)影响,哥白尼对天文、数学发生极大兴趣,学习越深入,发现托勒密的地心体系存在的问题越多。

大学教授们所讲的托勒密地心体系,虽然建筑在人们的感官证据之上,又合乎《圣经》的古训,但哥白尼说:“人们总习惯于把自己看作世界的中心,这是一种偏见。”虽然哥白尼是天主教堂的驻堂教士,他坚信自然的天界运动既是圆周运动,又是匀速的,但是作为文艺复兴时期一个具有高度才智的人物,就像这个时期的艺术家们的眼光超越了宗教艺术那样,哥白尼的眼光超越了地球本身,把地球想象成与其他天体相似的物体,寻觅能符合对天界已知的测量结果的更优美、更简洁的天体运行几何方案。

他进行了几十年的潜心研究,在1502年—1514年间他就写了一个关于日心假说的拉丁文提纲,为了对付各种非难和困难,他谨慎地经过三次大修改(1512—1516,1525,1540),直到1543年临终前在病榻上为其毕生致力的著作《天体运行论》签上了自己的姓名。"哥白尼"这个名字的原意表示"谦卑",也确实反映了他的性格。

图2-16 哥白尼

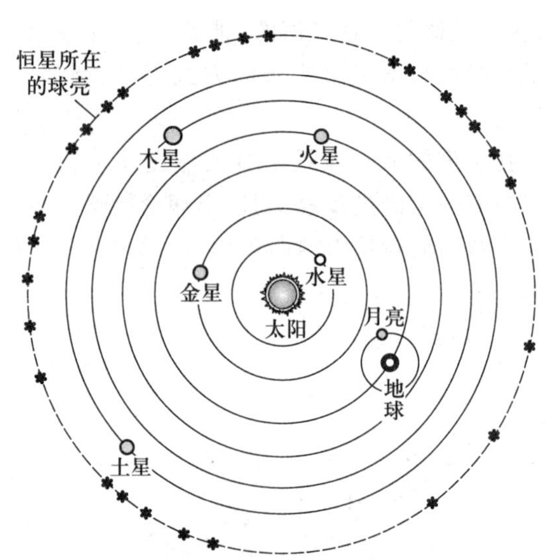

图2-17 哥白尼的日心体系

结合图2-17或动画介绍哥白尼的日心说:

太阳是宇宙的中心;地球和别的行星一样,都以同心圆绕太阳做匀速圆周运动,它们排列的次序是水星、金星、地球、火星、木星、土星;月球不是行星,它围绕地球旋转,同时也被地球带着围绕太阳运行;众恒星则固定在遥远的空间里,并没有绕大地昼夜旋转,星空的旋转是地球自转的视觉效应;在地球上看到的其他行星的顺行和逆行,则是所有行星绕太阳旋转的结果。

(3) 学生对这两种学说进行比较

• 从物理学的角度看两种学说的异同:

不同点:参考系不同,后者更简洁——科学家的追求。

相同点:采用的都是"完美的"匀速圆周运动模型——人们长期以来视为真理的观念。

• 引导学生认识哥白尼的日心说在科学发展史上的重大意义

从地心说到日心说,看似只是参考系的改变,其实哥白尼开创了人类在宇宙观上的根本变革,揭开了近代自然科学革命的序幕。

让学生讲讲科学家宣传和捍卫日心说的故事:

意大利思想家布鲁诺(约1548—1600),就是一位信奉和宣扬哥白尼体系而英勇献身的科学殉道士。他认为,宇宙中心的转变,暗示了宇宙根本没有中心,宇宙是无限的,在太阳系外还有无数的世界。为此,他被宗教裁判所烧死在罗马的鲜花广场。

伽利略在1609年发明望远镜,观察天象,观察的成果有力地驳斥了地心说,宣传了日心说。

教皇下禁令,禁止他以口头或文字的形式传授或宣传日心说。以后伽利略表面上在禁令下生活,实际上写出了《关于托勒密和哥白尼两大世界体系的对话》(1632 年)一书来为哥白尼辩护。该书出版后,伽利略就遭到严刑下的审讯,他被迫在悔过书上签字,随后被终身软禁。在软禁期间他又写了《关于力学和运动两门新科学的谈话》(1638 年)一书。伽利略 1642 年 1 月 8 日病逝,终年 78 岁。科学的发展早已证实了伽利略的伟大和教会的谬误,可是直到 1979 年梵蒂冈教皇保罗二世才宣布对这一历史判决平反,平反来得太迟了!

让学生谈谈从这两位科学家身上折射出了哪些可贵的精神?(如追求真理,实事求是,不畏强权等。)

环节三 天才观测家——第谷

哥白尼去世 3 年后,第谷(1546—1601,图 2 - 18)在丹麦出生。第谷从小十分聪明,喜欢大自然,尤其喜欢观看满天的星星。13 岁时,观象台预报在某某日可以看见日偏食,第谷用仪器果真看到了日食。日食可以预见,这引起了少年第谷极大的兴趣。此后,第谷广泛阅读天文书籍,到了废寝忘食的地步。

30 岁的第谷已是世界上知名的天文学家了。1576 年,丹麦国王赞助他在哥本哈根的一个小岛上修建了一座完善的天文台,从此,第谷进行了长期的天文观测。他观测的精确度几乎达到肉眼观测的极限,大大超过同时代其他人的水平。第谷整整观测了 20 多年,积累了大量精确可靠的资料。

图 2 - 18 第谷

遗憾的是他恪守"地心说",因此,他虽然掌握了丰富的观测资料,但却未能在理论上有重大发现(错误地提出了一个经过修正的地心体系:除地球外,所有的行星绕着太阳转,而太阳带着整个"家族"绕着地球转)。

1597 年,应德国国王之邀,离开丹麦前往德国,在布拉格新区定居。1600 年,开普勒被聘请到布拉格近郊的贝纳特基堡观测台,任第谷的助手。他们走到一起是科学的幸事,开普勒是一位善于从理论上思考的科学家,为了完成构建理论宇宙学的追求,他需要第谷的天文数据;第谷为了把自己的数据组织成有用的形式,需要开普勒的数学天才。

1601 年,55 岁的第谷不幸病逝。临终前第谷将毕生心血换来的 20 多年第一手观测资料,全部交给了跟他只合作了 18 个月的德国助手开普勒。

环节四 太空立法者——开普勒

(1) 开普勒的研究过程

开普勒(1571—1630,图 2 - 19),德国天文学家。在大学学习时就对托勒密和哥白尼体系进行了深入的对比研究。25 岁时他的处女作《宇宙的神秘》出版,书中他利用正四面体、正方体、正八面体、正十二面体(12 个五边形)、正二十面体(20 个三角形)及六个球体嵌套起来,解释各行星的哥白尼轨道,其误差不超过 5%,这一纯粹几何型的宇宙构想虽然没有实际意义,但他的数学才能和丰富的想象力,引起

图 2 - 19 开普勒

了第谷和伽利略的赞许。

在跟第谷一起工作18个月后,第谷去世,开普勒以全部的精力整理、研究第谷的观测数据。他自己还在视力不强(高度近视)的条件下也做了不少观测工作,将伽利略望远镜中的凹透镜目镜改为小凸透镜,后人称之为开普勒望远镜。

在找寻火星的轨道时,他在一年半时间里经过70多次艰巨的思索、计算,按照"匀速圆周运动"的传统思路反复比较了托勒密、哥白尼、第谷的理论路径与第谷的实测数据,提出各种偏心圆形轨道的设想方案,但是最好的结果误差仍达8角分之多。而第谷的最大观测误差只有2角分。他把这次艰苦的计算愉快地比喻为"征服与战胜火星的战斗",他说"这个诡计多端的敌人出乎意料地扯断了我用方程式制成的锁链",使"我那些物理因素编成的部队备受创伤",它却"逃之夭夭"。

这8角分之差导致了天文学的革新。开普勒忠于第谷的实测数据,一丝不苟,以不屈不挠的精神去找寻新的道路:只有放弃"圆形""匀速"的传统观念,才能符合行星近日时快、远日时慢的观测事实。醒悟到这一点对开普勒是很不容易的,他用下面的话表达了他把数学定律引入物理学、天文学的艰辛过程:

"考虑和计算这件事差不多弄得我发疯。我实在不能明白为什么竟是椭圆?真是荒谬绝伦!难道解决直径的矛盾问题非得通过椭圆这条路不可吗?通过推理得出的物理原则必须和经验相吻合,除了承认行星的轨道是完全椭圆之外别无他途。"

开普勒以他丰富的想象力和杰出的数学才能,利用第谷遗留下来的大量数据资料,发现问题,不断研究,1609年在《新天文学》一书中他公布了第一、第二行星定律(椭圆轨道定律与等面积定律)。但他仍不满足于此,继续寻求各行星之间轨道参量的规律性,经过无数的试验、失败、再试验,在1619年出版的《宇宙的和谐论》中他公布了第三定律(周期定律)。这样,简明的数学结论终于代替了过去的复杂体系模型,使哥白尼日心说取得了彻底的胜利。开普勒被称为"太空立法者"。

(2) 开普勒三定律

(结合图片给学生讲解)

第一定律　所有的行星分别在不同的椭圆轨道上围绕太阳运动,太阳处在这些椭圆的一个焦点上。

第二定律　对每个行星而言,行星和太阳的连线在任意相等的时间内扫过的面积都相等。

第三定律　所有行星的椭圆轨道的半长轴 a 的三次方跟公转周期 T 的二次方的比值都相等,即 $\frac{a^3}{T^2}=k$,其中 k 是与任何行星无关、只可能与太阳有关的一个常量。

说明:第一定律告诉我们某颗行星一切可能的位置;第二定律指出了行星沿轨道运行时,速率改变的规律,从而能确定该行星在什么时候处于某个可能的位置上;第三定律揭示出各行星运动之间的联系。

(引导学生认识开普勒工作的艰辛)

图2-20是现代人按不同比例尺绘制的太阳系八大行星和冥王星的轨道,可以看出,行星的轨道非常接近圆。想想看,开普勒只是盯着第谷留下的数据看了近10年,居然能看出"椭圆"来。

再看看下列表格中的数据:(可让学生看上半分钟)

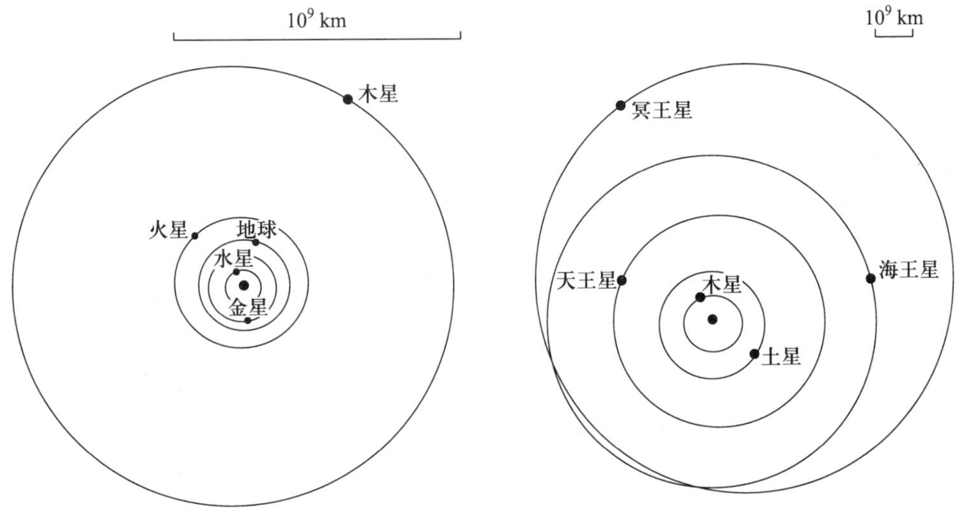

图 2-20

行星名称	到太阳的平均距离/(10^7km)	公转周期/地球年
水星	5.8	0.24
金星	10.8	0.61
地球	14.9	1.00
火星	22.8	1.88
木星	77.8	11.86
土星	143.0	29.45

开普勒当初看到的数据比这个要复杂,他看了 10 年,看出来了一个第三定律。

(3) 开普勒的一生境遇

开普勒的一生,除了得到第谷的短期帮助外,几乎都是生活在逆境之中:他是 7 个月的早产儿,从小体弱多病,4 岁时的天花在脸上留下疤痕,猩红热使眼睛受损,高度近视,一只手半残,又瘦又矮。17 岁时,懒汉父亲抛弃家庭,母亲后来成了女巫受到审判。但他勤奋努力,智力过人,一直靠奖学金求学。1630 年,为了开展一项新的研究项目,为了索取人家欠他的薪金,处处碰壁,最后病死在异乡的客栈里。

有人这样评说:第谷的后面有国王,伽利略的后面有公爵,牛顿的后面有政府,而开普勒所有的只是疾病和贫困。

(让学生谈谈对开普勒人生的感想)

凭借对天文学真实规律的执著追求和坚韧不拔克服种种困难的献身精神,开普勒在逆境中奋斗,终于把几千个数据归纳成如此简洁的几句话,这是极为杰出的成就。开普勒享受了科学探究的乐趣,享受了人生的满足,他的心境表现在自撰的墓志铭中:“我曾测量天空,现在测量幽冥。灵魂飞向天国,肉体安详土中。”

(一位执教 20 多年的教师的共鸣):人到中年,体会到能在自己感兴趣的领域中,进行中学物理的教学、研究工作，再苦再累，也都是乐趣无穷。

环节五　尾声

不过，开普勒并不知道，他发现的三个定律还蕴涵着极其重大的“天机”。要想知道是什么，请大家阅读教材上的下一节内容。

说明：以上这节课的教学方式，是以教师讲授为主的“讲故事”模式。这种讲法，要求教师有较高的教学基本功，尤其需要很强的评书、相声的语言功底，善于“抖包袱”，即善于给学生留白思考，还要善于跟学生进行情感交流。当然，这节课也可以换一种教学方式，比如合作学习，学生分组，每组承担一定的学习任务（教师布置）；然后，利用教材、图书馆、网络等资源搜集相应的学史，分组研讨统一汇报材料；接着，各组代表（1 个或多个）向全班同学展示交流本组所承担的学习内容，大家共享各组资源；最后，教师、学生进行活动评价，根据评价反馈，课外继续进一步学习。

第三章 ▶▶▶

在物理课堂教学中培养学生的自主学习能力

国际21世纪教育委员会在向联合国教科文组织提交的报告中指出:为了适应不断变革的世界,教育应围绕四种基本学习加以安排。这四种学习是人一生中的重要支柱:学会认知,即学会自己获取知识;学会做事,即目标设定与实现;学会共处,即学会与他人共同生活;学会成长,即学会自我成长与发展,以便更充分地发展自己的人格,并不断增强自主性、判断力和个人责任感来获得更好的发展。学会认知,学会做事,学会共处都是为了学会成长。

我国《国家中长期教育改革和发展规划纲要(2010－2020)》把育人为本作为教育工作的根本要求,指出:要以学生为主体,以教师为主导,充分发挥学生的主动性,把促进学生健康成长作为学校一切工作的出发点和落脚点;关心每个学生,促进每个学生主动地、生动活泼地发展,尊重教育规律和学生身心发展规律,为每个学生提供适合的教育;努力培养造就数以亿计的高素质劳动者、数以千万计的专门人才和一大批拔尖创新人才。

时代需要的是具有好奇心、创造力和自信心的学生,社会呼唤素质教育。为顺应时代发展的需要,我们的基础教育只有让学生学会学习,学会自主获取知识,主动发展,才能培养出真正适应现代社会的人才。

1 自主学习

近些年来,不少中学物理教师认识到培养学生学习自主性的重要性。尤其是新课程改革以来,国家新颁布的《普通高中物理课程标准(实验)》对学生的自主学习提出了明确的要求:高中物理课程应促进学生自主学习,让学生积极参与、乐于探究、勇于实验、勤于思考。通过多样化的教学方式,帮助学生学习物理知识与技能,培养其科学探究能力,使其逐步形成科学态度与科学精神。越来越多的物理教师积极地将新课标理念融入自己的教学,在教学中有意识地培养学生的自主学习能力。我认真阅读了大量的与自主学习有关的论著或论文,现将这些文章中涉及的主要问题加以综述。

1.1 有关自主学习的理论

20世纪中叶以后,信息加工心理学迅速发展,维果斯基的言语自我指导理论在西方得到了确认,人本主义心理学开始兴起,心理学领域内的这些发展推进了自主学习的研究。许多心理学者从自己的理论出发,对自主学习进行了比较系统的研究。

1.1.1 言语的自我指导理论

言语的自我指导理论是维列鲁学派的主要代表人维果斯基和鲁利亚提出和发展起来的。他们认为,在个体行为的自我调节与控制过程中,自我言语扮演着一种行为先行者的角色,它通过提供各种辨别性行为指导线索和条件性强化物来激发、推动、调节和维持行为的发生和发展。自主学习本质上是一种言语的自我指导过程，是个体利用内部言语主动调节自己的学习的过程。他们把儿童的言语发展分为外部言语、自我中心的言语、内部言语三个由低到高的阶段。就儿童的学习活动来说，在外部言语阶段主要是由外界的社会成员的言语来指导和控制，在自我中心言语阶段主要靠他们对自己的出声言语即自我中心的言语来调节，而在内部言语阶段，学习主要是由他们的不出声的内部言语来指导和控制。因此，自主学习实际上是儿童言语内化的结果。

按照言语内化规律，麦臣鲍姆(1977)曾开发出以下自主学习训练程序：①教师在示范学习任务时大声说出适当的规则和程序；②教师在学生执行学习任务时大声说出指导语；③学生自己执行学习任务时大声叙述指导语(自我言语)；④学生自己执行学习任务时小声叙述指导语(消退)；⑤学生自己执行学习任务时默念指导语。结果表明，这种方法能够有效地提高学生的学习成绩。[①]

1.1.2　操作主义理论

以斯金纳为代表的操作主义学派主要从外部、可观察的行为表现来探讨和研究学生的自主学习。这一理论认为，自主学习行为的最初出现只是学生对外部某些刺激的偶尔反应，随着反复不断地加以强化，自主学习行为与这些外部刺激之间逐渐建立了稳固的联系。再后来，即使在外部刺激减弱的情况下，自主学习行为仍能出现，最后便形成了可以完全脱离外部刺激的自主学习行为。因此，自主学习本质上是一种操作性行为，它是基于外部奖赏或惩罚而作出的一种应答性反应。自主学习包括三个子过程：自我监控，自我指导，自我强化。自我监控是指学生针对自己的学习过程所进行的一种观察、审视和评价；自我指导是指学生采取那些致使学习趋向学习结果的行为，包括制订学习计划、选择适当的学习方法、组织学习环境等；自我强化是指学生根据学习结果对自己作出奖赏和惩罚，以利于积极的学习得以维持或促进的过程。

20世纪80年代以来，研究者针对自主学习的三个子过程，开发了比较成熟的教学干预技术：自我记录技术，自我指导技术，自我强化技术。这些技术已在国外的教育实践中得到广泛应用。

1.1.3　认知建构理论

这一理论是在巴特莱特(1932)和皮亚杰(1970)的图式理论基础上发展起来的。其基本观点是，儿童不仅能够建构关于世界的认知图式，而且能够建构自我图式。自我图式是自我知识的一种动态的、有组织的贮存形式，它有情感、效能、时间和价值四个维度。自我图式决定个体的自我调节行为。派利斯和拜尼斯进一步认为，儿童不仅建构自我图式，而且也能建构自己的学习理论，儿童在学习活动中能够不断形成有关自主学习的“理论”；而在实际的学习活动中，一个学生能否进行自主学习以及如何进行自主学习取决于该学生所建构的关于自主学习的“理论”。

认知建构主义认为，儿童自主学习理论的形成，在很大程度上受课堂教学方法的制约。他们主张采用三种教学方法改善学生的自主学习理论，促进学生的自主学习。一是直接的教学；二是采用同伴辅导和学习问题讨论等方法，帮助儿童建构自主学习理论；三是开展合作学习，让学生在学习的合作中交流学习经验，丰富自己的学习理论。经过一系列教学实践，证明这些方法能够有效地提高学生的自主学习能力。

---

① Meichenbaum D. Cognitive－behavior modification：An integrative. New York：Plenum，1977：97.

1.1.4　人本主义理论

人本主义学习理论可以追溯到罗杰斯"以学生为中心"的教学和学习思想。他们非常重视从心理机制和内部影响因素来探讨和研究学生学习的自主性问题。在学习活动中,是否采取自主学习行为及采取什么样的自主学习行为是由该学生的自我概念来决定的。

1989年麦考姆斯在其论文《自主学习和学业成绩:一种现象学的观点》中,提出了一个自主学习模型,对自我系统的结构成分和过程成分在自主学习中的作用作了描述。[①] 他认为,自主学习能力是自我系统发展的结果。自我系统不仅对学习动机的激发起关键作用,而且对生成假设、解释、预测以及信息的加工和组织也具有重要的影响。自我系统有其静态的结构和动态的过程两个侧面。自我系统的结构反映个体对自身的能力、价值、特点等的相对稳定的认识。它有自我概念、自我意象、自我价值等结构成分,这些成分在很大程度上决定了个体学习动机的强弱。在既定的学习情境中,如果个体相信并知觉到自身具有指导和控制自己的认识、情感、动机和行为的能力,就会产生较强的自主学习动机。

自我系统中的过程是自我在具体情境中的动态反应。它又包含目标设置、自我监控、自我判断、自我评价、自我强化等成分过程,这些成分过程构成自主学习的基本特征。在这其中,自我评价过程居于最为核心的地位,因为它不仅影响个体在具体学习情境中的能力判断、任务评估、目标设置、结果预期,而且影响个体对学习过程的自我监控和基于学习结果的自我强化。

麦考姆斯指出,正是由于自我系统介于其间,自主学习可分为两个相对独立的认知过程:对信息进行加工、编码、提取的一般认知过程,和对认知过程进行计划、监控和评价的元认知过程。自主学习大致包含三个阶段:第一是目标设置,亦即个体基于对学习任务的分析、对自身能力的判断、对学习结果的预期,确定自己的学习目标;第二是计划和策略选择,亦即根据既定的学习目标,制订学习计划,选择能够完成学习目标的相应学习策略;第三是行为执行和评价阶段,在这一阶段,个体需要指引自己的注意,监控学习的进展,控制自己的情绪,调节行为与目标之间的偏差,最终还要对学习结果作出评价。

在麦考姆斯看来,自主学习能力的发展,既取决于自我概念、自我意象等具有动机作用的结构成分的性质,又取决于自我监控、自我评价等过程成分的发展水平。因此,要促进学生的自主学习,一方面要帮助学生树立起对自身能力的积极认识,另一方面要对具体的自我过程进行系统训练。

1.1.5　社会认知理论

以班杜拉为代表的社会认知学派从个人、行为和环境交互作用的角度来理解学生的自主学习问题。认为学生的自主学习行为既不主要由个人内部的本能、需要、驱力、特质等决定,也不主要由外在的环境因素来决定,而是受到这两者的交互作用——主体的社会认知的影响和制约,这种影响并决定行为的社会认知有两类:结果期望和自我效能感。结果期望是指人关于自己的某一行为会导致他所期望的某种结果的主观推测或判断。自我效能感是指人关于自己是否有能力胜任某一行为的主观判断或推测,它将影响行为的结果因素转化为先行因素,对行为发生作

---

① McCombs B L. Self-regulated learning and academic achievement: a phenomenological view. New York:Springer-Verlag Inc., 1989: 51.

用。①从理论上分析，任何学生的学习行为实际上受学生的结果期望和自我效能感的双重制约和调节。因此，自主学习本质上是学生基于学习行为的预期、计划与行为现实之间的对比、评价来对学习进行调节和控制的过程。

他们认为，自主学习包括自我观察、自我判断、自我反应三个子过程。自我观察是指学生对自己的学习行为的观察和了解，自我判断是将观察到的学习结果与学习标准相比较而作出的判断和评价，自我反应是基于对学习的自我判断和评价而产生的内心体验或行为表现。

这一理论十分重视学生的社会交往和社会认知在其自主学习发展中的作用。它认为，学生与教师、父母、其他学生之间的积极交往和反馈会极大地促进自主学习的发展，强调自我效能和榜样示范在自主学习中的作用。

齐莫曼是当今美国最著名的自主学习研究者之一，也是自主学习的社会认知学派的代表人物。1989 年，他在吸收班杜拉的个人、行为、环境交互决定论思想以及自我调节思想的基础上，提出了自己的自主学习模型。② 1998、2000 年，又对这一模型进一步作了补充和说明（见图 3－1）。③

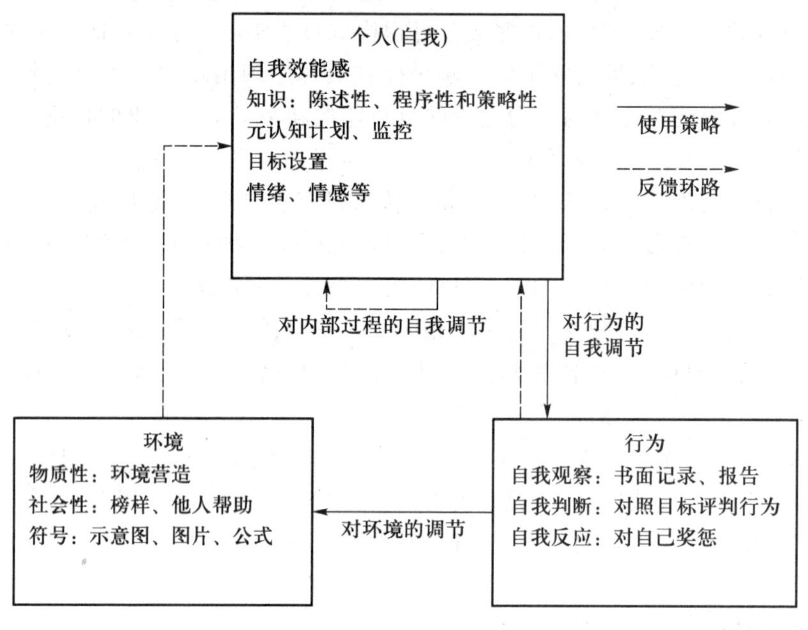

图 3－1

齐莫曼认为，与一般性的学习一样，自主学习也要涉及自我、行为、环境三者之间的相互作用。自主学习者不仅要对自己的学习过程作出主动控制和调节，而且要基于外部反馈对学习的外在表现和学习环境作出主动监控和调节。在自主学习的过程中，个体要不断地监控和调整自

① 张爱卿．动机论——迈向二十一世纪的动机心理学研究．武汉：华中师范大学出版社，1999：133.

② Zimmerman B J. A social cognitive view of self－regulated learning: a theoretical sythesis. Review of Educational Research, 1989, 65: 245.

③ Zimmerman B J. Attaining self－regulation: A social cognitive view //Boekaets M, Pintrich P, Zeidner M. Handbook of self－regulation. Academic Press, 2000: 503.

己的认知和情感状态,观察和运用各种策略来调整自己的学习行为,营造和利用学习环境中的物质和社会资源。

自主学习可分为三个阶段,即计划阶段、行为或意志控制阶段和自我反思阶段。在计划阶段,主要涉及任务分析过程和自我动机性信念两个方面的活动。任务分析过程又包含两个子过程,一是目标设置,一是策略计划;前者指确定具体的、预期性的学习结果,后者指为完成学习目标而选择合适的学习策略。自我动机性信念是学习的内在动机性力量,对学习过程具有启动作用。它主要包含自我效能、结果预期、内在的兴趣或价值、目标定向等成分。其中,目标定向指的是个体以掌握知识技能还是以完成学习任务作为自己的目标价值取向。

在行为或意志控制阶段,主要包含自我控制和自我观察过程。自我控制过程帮助学习者把精力集中在学习任务上,它又包括自我指导、使用心理表象、集中注意、运用任务策略等过程。自我观察指的是对学习行为的某些具体方面、条件和进展的跟踪。准确、及时、全面的自我记录是自主学习者常用的自我观察手段。当自我观察不能对学习方向的偏离提供确切的说明时,个体还要启动自我实验过程,亦即通过系统地变换学习的过程、策略、条件等以求达到最终的学习目标。

自我反思阶段主要涉及两种过程:自我判断和自我反应。自我判断又包含自我评价和归因分析两种过程。前者是指对学习结果是否与预期的目标一致以及学习结果的重要性的评判;后者是指对造成既定学习结果的原因进行分析,如较差的学习成绩是因为能力有限还是因为努力不够造成等。自我反应主要有两种形式。一是自我满意,这是基于对自己学习结果的积极评价而作出的反应,自主学习的学生把获得自我满意感看得比获得物质奖励更为重要。二是适应性或防御性反应,适应性反应是在学习失败后调整学习的形式以期在后继的学习中获得成功,防御性反应是为了避免进一步学习失败而消极地应付后继的学习任务。

在齐莫曼看来,尽管自主学习包含着复杂的结构和过程,但是自我效能、目标设置、策略的选择和使用、自我观察、自我评价等成分或过程似乎更为重要,也更容易操纵。因此,培养学生的自主学习能力,首先从这些方面着手为宜。

1.1.6 我国有关自主学习的理论研究

我国学者对自主学习的实质问题也作了一些理论探讨。有人认为,自主学习是指学生自己主宰的学习,其实质是独立学习。自主学习与他主学习相对立,它们的根本分水岭是学生的主体性在教学中确立与否。自主学习具有能动性、超前性、独立性和异步性等特点。[①]也有人认为,自主学习可分为三个方面:一是对自己学习活动的事先计划和安排,二是对自己实际学习活动的监察、评价、反馈;三是对自己的学习活动进行调节、修正和控制。自主学习具有能动性、反馈性、调节性、迁移性、有效性等特征。[②]

华东师范大学心理系庞维国认为,学生的自主学习本质上是对学习的各方面或者学习的整个过程主动作出调节和控制,它具有能动性、有效性和相对独立性等特征;学生的自主学习依赖于自我意识、元认知发展水平、内在学习动机、学习策略、意志控制等内部条件和教育指导等外部条件;对学生的自主学习能力的培养可以从改善教学模式和针对学生学习的某些具体方面进行

① 余文森,等. 让学生发挥自学潜能,让课堂焕发生命力. 教育研究,1999(3).

② 董奇,周勇. 论学生学习的自我监控. 北京师范大学学报(社科版),1994(1).

指导两个层面着手。

尽管国内外学者对自主学习的看法还存在一些分歧,但是已经为揭示自主学习的实质提供了重要的参照框架。笔者主张从学习的维度和过程两个角度来定义自主学习。从学习的维度界定自主学习是指从学习的诸方面来综合地规定自主学习的本质属性。如果学生本人对学习的各个方面都能自觉地作出选择和控制,其学习就是充分自主的。具体说来,如果学生的学习动机是自我驱动的,学习内容是自己选择的,学习策略是自主调节的,学习时间是自我计划和管理的,学生能够主动营造有利于学习的物质和社会性条件,并能够对学习结果作出自我判断和评价,那么他的学习就是充分自主的。反之,如果学生在学习的上述方面完全依赖于他人指导和调节,其学习就是被动的、不自主的。从学习过程界定自主学习是指从学习活动的整个过程来阐释自主学习的实质。我们认为,如果学生在学习活动之前自己能够确定学习目标、制订学习计划、作好具体的学习准备,在学习活动中能够对学习进展、学习方法作出自我监控、自我反馈和自我调节,在学习活动后能够对学习结果进行自我检查、自我总结、自我评价和自我补救,那么他的学习就是自主的。如果学生在整个学习过程中完全依赖教师或他人的指导和调控,其学习就不是自主的。

根据上述定义,可以概括出自主学习的如下特征:①能动性。自主学习有别于各种形式的他主学习,它是学生积极、主动、自觉地从事和管理自己的学习活动,而不是在外界的各种压力和要求下被动地从事学习活动,这种自觉从事学习活动、自我调控学习的最基本的要求是主体能动性。②有效性。由于自主学习的出发点和目的是尽量协调好自己学习系统中的各种因素的作用,使它们发挥出最佳效果,因此自主学习在某种意义上讲就是采取各种调控措施使自己的学习达到最优化的过程。一般说来,学习的自主水平越高,学习的过程也就越优化,学习效果也就越好。③相对独立性。自主学习有其独立性的一面,它要求学生在整个学习过程中尽可能摆脱对教师或他人的依赖,由自己对学习的各个方面作出选择和控制,独立地开展学习活动。但这种独立性又不是绝对的。就在校学生来说,其学习的许多方面如学习时间、学习内容等,都不可能全然由自己来决定,也不可能完全脱离教师的指导,因而还有其依赖性的一面。从这一意义上讲,我们不能把学生的学习简单地分成是自主的或是不自主的,而是应该从实际出发,分清其学习在哪些方面或过程是自主的,在哪些方面或过程是不自主的。这样,才能有针对性地对其学习施加教育影响。[①]

1.2 自主学习的条件和影响因素

1.2.1 自主学习的条件

第一,自主学习必须以一定的心理发展水平为基础,也就是要“能学”。从发生学的角度来看,自主学习是在自我意识产生之后才出现的,自我意识应该是自主学习最为基本的内部条件。这是因为,如果没有自我意识的形成,个体就不可能有“主我”与“客我”的分化,就不可能既将自己视为学习活动的主体,又将自己视为学习活动的客体,有意识地控制、调节自己正在进行的学习活动。在现代认知心理学中,元认知与自我意识密切相关。根据弗拉维尔的意见,元认知是指主体对自身认知活动的认知,它包括元认知知识、元认知体验、元认知监控等。元认知知识是关于认知主体、认知任务、认知策略等方面的知识;元认知体验是主体在从事认知活动是所产生的

① 庞维国. 论学生的自主学习. 华东师范大学学报(教育科学版),2001(2).

认知和情感体验；元认知监控是指对自己的认知活动进行积极而自觉地监视、控制和调节的过程，包括制订计划、实际控制、检查结果、采取补救措施等环节。[1]显然，这些环节的完成都需要一定的方法性知识，即相关的原认知知识。于是，如果儿童的自我意识和元认知知识没有发展起来，前者将不可能使自己的学习活动作为意识的对象，后者将难于有效率地完成监控和调节等一系列环节，也就不可能进行自主学习或培养起自己自主学习能力。

第二，自主学习必须以学生的内在学习动机为前提，也就是要"想学"。前已述及，内在学习动机是评判学习是否自主的一条重要依据。在没有外部压力或要求的情况下，学生如果缺乏内在的学习动机，就不可能自觉地确定学习目标，启动学习过程，自主学习也就无从谈起。因此，内在的学习动机也是自主学习不可缺少的内部条件。现代学习心理学认为，与自主学习有关的内在动机性成分主要包括自我效能感、价值意识、目标定向、学习兴趣等，学生在这些动机成分上表现出来的特点将直接影响其内在学习动机水平。自我效能感是学生对自己是否有能力从事某种学习活动的判断，是学习自信心在某项学习任务上的具体体现。研究表明，高自我效能感的学生更愿意通过独立学习实现自己预定的学习目标。[2]价值意识是指个体预期到学习的结果或成功对自己具有重要意义。对学习结果的高价值意识也是推动学生自主学习的重要内部动力。目标定向对自主学习的动机作用表现为：以掌握知识、增长技能为目的的掌握性目标，对自主学习的推动作用大一些；以显示能力、超越别人、获取赞许为目的的表现性目标定向，对自主学习的推动作用相对小一些。学习兴趣作为一种动机成分对自主学习的影响是不言而喻的，学生对某一门功课的学习兴趣越浓厚，其学习的主动性、自觉性就越强。显然，如果学生在上述诸方面表现出消极的特点，也难于做到有实效的自主学习。

第三，自主学习必须以学生掌握一定的学习策略做保障，也就是要"会学"。自主学习具有独立性的一面，有时候是在没有他人指导或帮助的条件下进行的。要有效进行这种相对完全的独立学习，会遇到各种意想不到的困难，所以除了自主学习各环节的原认知技能外，还需要多方面的学习策略——什么情况下应该选择什么途径、方法和技巧（显然，这与含义为完成一类任务的具体方法性知识是完全不同的）。即便是面对既定的学习任务，如果学生缺少相应的问题解决策略，即使具有较强的学习动机，学习也不可能得到顺利进行。因此，拥有充足的学习策略并且能够熟练地运用这些策略也是自主学习不可缺少的内部条件。学习策略可分为两类，一类是一般性的学习策略，它适合于任何学科的学习，如分解学习目标、管理学习时间、理解学习内容、调控学习时的情绪等；另一类是具体的学习策略，适用于具体的学习内容，如做笔记、复述、列提纲、作小结、画示意图等。自主学习既需要一般性的学习策略，也需要具体的学习策略。齐莫曼经过长期研究后指出，学生要做到自主学习，掌握如下学习策略是十分必要的，即自我评价，组织和转换信息，设置目标和作出计划，寻求信息，记录和监控，组织环境，根据学习结果进行自我奖惩，复述和记忆，寻求教师、同伴和其他成人的帮助，复习笔记、课本、测验题等。

第四，自主学习还必须以意志控制为条件，也就是要能够"坚持学"。在学习的过程中，学生难免会遇到这样那样的学习困难和干扰，如一时难以理解的问题、身心的疲劳、情绪的烦恼和外界因素的干扰等，特别是在产生"失败感"的时候，就需要学生用意志努力来控制自己，使学习坚

---

① 林崇德，辛涛．智力的培养．杭州：浙江教育出版社，1996：129.

② Schunk D H. Self－efficacy and achievement behaviors. Educational Psychology Review，1989，1(3)：173.

持进行。自主学习的意志理论认为,再强的学习动机也无法取代意志控制在自主学习过程中的作用。一般说来,学生在学习之初都具有一定的学习动机,但是随着学习的进行、学习困难的增加,学习动机的推动作用会逐渐减弱,而使学习得以坚持的力量是意志控制成分。换言之,学习动机对自主学习具有更强的启动作用,意志控制对自主学习具有更强的维持功能。①

多次成功的自主学习活动会使学生逐渐发展起自主学习能力。在自主学习能力发展起来之前,学生的学习活动通常是在教师、父母等他人的直接指导和调节下进行的。在大多数情况下,学生只是按照成人的要求被动甚至机械地从事和调整自己的学习活动。随着学习经验、学习技能的增加,自我意识的逐步增强,学生对自己的学习活动的独立监控、判断、评价的日益增多,其自主学习能力就从低级到高级发展起来。成人的指导和调节就逐渐由主导作用变为辅助作用,学生的自我定向、自我控制和自我指导发挥起主导作用。一般说来,在学生学习的过程中,与之交往的成人给予的引导、监督和启发越多,学生从中获得的学习经验(包含一般学习策略和部分自主学习原认知知识)就越多,就能更明确地意识、指导和调节自己的学习过程。因此,学生的自主学习能力的形成离不开教育指导这一外在条件。在教师培养学生进行自主学习的活动过程中,学生的自主学习并不可能完全游离于教师的指导之外。在现行的教育条件下,学生还必须依赖教师来确定学习内容、获取学习策略、提供学习反馈;遇到自己不能解决的学习困难时,尤其需要教师的指导和帮助。自主学习的社会认知学派之所以把学生主动寻求学业帮助作为自主学习的一个重要特征,也正是看到了外部帮助在学生自主学习过程中所起的必要作用。

1.2.2　自主学习的影响因素

影响学生自主学习的因素有很多,从外部来看,有社会、学校和家庭环境的影响;从个体内部来看,有已有知识、元认知的知识和过程、目标、情感、认知风格、动机、归因、自我效能感等因素的影响。

(1) 动机

动机是直接推动个体进行活动以达到一定目标的内部心理倾向或内部动力。人类任何行为、活动都离不开动机这一动力系统的推动。

动机从来源上可分为内在动机与外在动机两大类。内在动机是指由儿童自身的需要与兴趣所激发的动机,如儿童意识到自主学习的重要性,因而在学习中主动积极地调控自己的学习行为。外在动机是指由外力所诱发的动机,如学生为了得到教师的表扬而进行自主学习。外在动机在儿童学习发展初期往往占据重要地位。大量研究表明,内在动机更有利于儿童自主学习能力的发展。

(2) 归因模式

归因是指个体对自己或他人行为结果产生的原因进行的解释或推论。归因理论从认知观点剖析了个体的行为动机,为解释、预测个体的行为提供了新的角度。如果个体总是倾向于把自己的学习活动结果归因于可控制的非稳定性内部因素,相信通过对活动中个人努力程度、时间安排、方法选择等的调控可以改变学习进程并最终完成学习任务,那么学生就更有可能进行自主学习。

---

① Corno L. Self-regulated learning: A volitional analysis//Zimmerman B J, Schunk D H. Self-regulated learning and academic achievement. New York: Springer-Verlag Inc., 1989: 13.

另外,自主学习研究者发现,在归因上进行反馈会影响自我效能、动机和学业成就,自我效能和动机是影响自主学习进行的重要内在因素。

(3) 自我效能感

自我效能感指个体对自己能否胜任某项活动的自信程度。学生的自我效能感与其认知策略、控制策略、努力程度呈显著正相关,齐莫曼和玛廷日帕里斯发现,自我效能感与学生的评价、组织、计划、目标设置等自主学习能力也都具有显著正相关,周勇、董奇进一步发现学生的自我效能感高,则其自主性也较高,而自我效能感低的学生在学习自主性方面也表现不佳。

另外,自我效能感与学习成绩显著正相关,这种相关在低成就学生身上的表现尤为强烈。马尔顿等对 38 个有关自我效能的研究进行分析后发现,自我效能感能解释大约 14% 的学习差异。①研究还表明,自我效能感与任务的持久性、任务选择、良好技能的获得等呈正相关。因此,自我效能感是影响自主学习的一个重要动机变量。

(4) 目标设置

在自主学习能力的影响因素中,目标设置是至关重要的。学习者一般会以自己所设置的目标为参照标准,来考察学习任务和成绩,监控学习进展情况,形成有关数量与速度的内在反馈,从而做出进一步的调节。

研究发现,与成绩低的学生相比,成绩高的学生更经常、更一致地根据学习任务设置学习目标。但是齐莫曼认为,目标设置本身对自主学习并不是关键的决定因素,重要的是要对目标的类型和目标的设置方式作出区分。首先,目标的设置应根据任务的难易程度,设置切实可行的目标。自主学习能力高的学生能更好地设置可以完成的目标。其次,要对近期目标和远期目标做出区分。研究表明,帮助低学习动机的学生,让他们学会设置近期学习目标,能大大提高他们的学习成绩,激发他们内在的学习兴趣。第三,要区分具体目标和概括目标,设置具体目标的学生和设置概括目标的学生相比,学习效果更好,对完成目标更具有自信心。第四,要区分学生自定的目标和外部给定的目标。研究表明,对于低成就动机的学生来说,让他们自己设置目标能显著提高他们的学习水平。最后,要区分掌握目标和成绩目标。研究发现,设置掌握目标的学生与设置成绩目标的学生相比,具有更高的自我效能,能获得更高水平的技能,对自己也更满意。还有,偏重掌握目标的学生比偏重成绩目标的学生倾向于进行有策略性的学习。另外,目标也能够影响动机,行为目标可以导致学生去监控自己的行为。②

雷雳、汪玲等研究了目标定向在自主学习中的作用,认为掌握定向的学生更容易对学习材料进行深加工,因而是最佳的定向方式。它有利于学生形成有效的认知策略和积极的应对困难的方式,并可形成积极探索的态度,对学生的个性发展也具有重要意义。

(5) 元认知

元认知是关于认知过程的知识、信念以及对这些过程的监控和调节。一般而言,研究者把元认知分为元认知知识和元认知过程两个方面,元认知知识是对有关自我、任务、策略等方面的知

① Multon K D, et al. Reflection of self-efficacy beliefs to academic outcomes. Journal of Counselling Psychology, 1990, 38(1): 30.

② Smith Pamela A. Understanding self-regulated learning and its implications for accounting educators and researchers. Accounting Education, 2001(11): 14.

识或信念，元认知过程主要指对认知过程的计划、监控和调节，如时间管理、策略选择等。元认知与自主学习的关系非常密切。特别是元认知过程对自主学习的决定作用更为显著。所以，在学生自主学习能力培养过程中，对元认知过程的训练是必不可少的。

Reinhard W. Lindner 博士认为，一个自主学习者需要对个人的认知过程的自我监控和自我评价。如果没有反思意识及对认知过程、学习和问题解决的自我监控和评价，认知的发展是会受到妨碍的。当我们遇到问题迁移时，对于以提高高水平思维能力为目标的教育干预的元认知过程的强调，其重要性不言而喻。①

奥德曼也认为，元认知是个体自主学习不可缺少的条件。

(6) 教师的教学风格、水平

在教学过程中，教师的教在很大程度上影响着学生的学。学生自主学习能力的发展具有极大的潜在可能性。教师的教学风格、在学生自主学习学习方面的教学水平则是学生的这种潜在可能性向现实性转化的关键。

不同的教学风格对学生自主学习能力的发展所起的作用是有差异的，专断型与放任型教学风格均会妨碍学生自主学习能力的发展，而民主型教学风格则有助于学生自主学习能力的发展。不同的教学风格对学生自主学习能力的发展具有不同的影响，而在相似的教学中学生自我监控发展水平的高低则与教师在自主学习各方面的教学水平有密切关系。

在开放课堂中，由于较少的外部控制与限制，师生关系比较和谐，学生的独立性和自我控制能力得到了充分的锻炼和提高，自主性也较高。所以学生的学习兴趣较高，可以充分地制定有效的学习计划，监控自己的学习过程，对自己的学习结果进行反馈和评价。因而，开放课堂气氛更有利于学生自主学习能力的发展。

学生自主学习能力获得的一个重要前提是，必须要有一个宽松、自然的课堂环境。传统的教学方式很难提供这样的环境。在现代教育中，注重学生的学，教师从知识的传授者变成学生学习的指导者、帮助者、促进者，这样才利于学生自主学习能力的提高。

(7) 榜样模仿

齐莫曼等人把影响自主学习的环境因素分为社会环境和物质环境两类。他们认为，在社会环境中，可供模仿的榜样以及同伴、教师、家庭的帮助对自主学习有重要影响；在物质环境中，信息资源的可利用性以及学习场所对自主学习有一定影响。

香克和齐莫曼提出，自主学习能力的获得起源于对外部经验的学习。其后经过一系列阶段转化成自己的能力。在这个过程中，学习依次要经历四级水平，即观察水平、模仿水平、自我控制水平和自主水平。在观察水平上，学生通过榜样的示范作用学习最快。例如，通过观察榜样，许多学生能够归纳出学习策略的主要特征。但是，要把这些技能整合到自己的知识结构中，多数学生需要实际的练习。在这其中，模仿的准确性随榜样的指导、反馈和社会性强化而提高。当学生的行为接近了榜样行为的一般形式，学习就达到了模仿水平。此时，观察者不再直接照搬榜样的行为，而是模仿一般的形式或风格。例如，他们可能模仿问题的类型而不去模仿榜样的原话。当学习达到自我控制水平时，学生能够面临着迁移任务独立地应用学习策略，学生对策略的应用已

① Lindner Reinhard W. Self-Regulated Learning, Metacognition and the Problem of Transfer. Paper presented at the 48th International Correctional Education Association Annual Conference, July 12, 1993, Chicago, IL.

经内化,但它还要受对模仿行为的表征和自我强化过程的影响。当学生能够根据个人和情境的变化系统地调整自己的策略时,学习技能就达到了自主水平。在这种水平上,学生能够自觉地使用策略,根据情境特征调整自己的学习,由目标和自我效能驱使去获得成绩。在没有榜样指导的时候,学生也知道何时运用特定的策略并自主变换策略的特征。因此,在学习达到自主水平的过程中,榜样起到了不可或缺的作用。

其他研究也表明,自主策略的同伴示范是有效的。

另外,自主学习者面临复杂困难的学习任务时,也会向别人寻求帮助。只是他们更多地希望得到提示,然后自己思考,得到答案。

还有,图书馆等其他信息资源状况、适当的学习环境对学生的自主学习也有一定影响。

从以上一些研究可以发现,影响学生自主学习能力的因素很多,它们之间的作用方式也极其复杂。所以,培养学生的自主学习能力,既要涉及动机性因素,也要涉及学习过程中的策略因素,并且与元认知的作用息息相关。①

2 培养学生的自主学习能力

2.1 培养学生自主学习能力的现实意义

《教育质量的永恒话题》一书指出,传统教育形成的诸多弊端,使我国的教育目标、教育方法、教育教学观念等方面存在着许多问题,归结起来大致有以下几个方面:②

(1) 当前主宰我国中、小学课堂教学的理论基础是行为主义,这种课堂较少关注学生作为个体人的存在,忽视课堂上的人际互动,课堂教学目标以知识获得为重心,学生学得压抑而痛苦。

(2) 学生道德教育流于知识化、形式化,学生社会认知、习惯养成缺乏;教育是为了塑造人而不是发展人,缺少个性化教育。

(3) 当前教育还属应试教育,纯知识教育,必然培养“对人不感激,对己不控制,对事不尽责,对物不爱惜”的不良个性品质,使人最后走向堕落。

(4) 学校教育违背人的成长、发展规律。人类社会中每个个体的发展都是相互制约的,个体心理的健康发展,需要有良好的人际环境,这一人际环境就是相互尊重、真诚和同感。但在学校教育中这种关系被忽略了。传统教育抑制了个人所有天才、能力、潜质的发展。所以,现代教育呼唤真正尊重学生,让学生自主发展的教育环境与氛围。

对物理这一具体学科的现实整体情况,从笔者的广泛听课和与教师的交流来看,教师中心仍然牢据着物理教学的整体过程,新课程推动的课堂教学改革或处于形式化状态,或只在应对外在任务(做课、参赛、公开课等)时呈现。其“形式化”的表现主要以教师主导的某种外在的形式(通常由模仿而来),来代替教师通过自身钻研改革的相关概念,寻求概念本质之后而创造出的能真正有效体现和进而落实以学生为认知主体的教学形式。例如常见的以“学生参与、互动”的存在、范围、时间和热闹氛围来评价是否体现了学生主体;殊不知参与仅是能让教师主导落实学生

① 单志艳. 中学生自主学习及教师相应行为的评价研究. 博士学位论文,2002.

② 孟庆茂. 素质教育与教育目标//江明. 教育质量的永恒话题. 北京:语文出版社,2001:65.

认知主体的前提,互动也可能沦落为没有学生思维介入的教师的“双簧手”。上述感觉或评价,并非来自几个学校的几次或十几次听课,而是来自对西城区三十多所学校的不同教师的百多次听课。之所以能听这么多常态课,主要源于笔者于 2011 年调入北京市西城区教育研修学院从事高中物理教研员的工作,以及在之前曾任教并担任中层领导工作过的多所学校。通过听课调研深深地感到,在西城区的众多学校(包括多数名校)的高中物理课堂教学中,仍有不少教师基本还处于不太考虑如何体现“以学生为主体”的状态,诸如教学过程不折不扣地按照教师预先设计的程序进行,不注重启发学生思考,不善于领悟并及时响应学生的质疑等等。在物理概念、规律的教学中,重结果不重过程,甚至把新课上成了复习课、习题课。为了“考试得高分”的眼前利益,以练代教,以考代学。学生在课内缺乏学习的主动性,在课外仍然没有学习的自主权,疲于应付教师布置好的所谓作业——大量的习题训练。这样的教学使得多数学生的学习主要依赖于外在因素,摧毁了学生的内在学习动机。结果会导致学生体会不到科学学习的乐趣,逐渐封闭了人与生俱来的求知欲和学习的自主性,更谈不上对将来进入实际工作所需要的如何进行自主学习有所体验。

分析我国基础教育的情况,比较我国与美国的基础教育可知,我国基础教育的童子功是四多:多学多练多记多考。我们培养的是“考生”。而美国基础教育的拿手好戏也是四多,多看多问多想多干。他们培养的才是“学生”。时代需要的是有好奇心、创造力和自信心的孩子。从这一要求看,这恰恰是我国现有教育体制培养出来的学生所缺少的。不过,不能盲目全盘否定我们这“四多”,国际上公认的我国中学生基本功扎实,就说明了这一点。那么,有机融合这“八多”,不只是为高考或竞赛而教(如只注重培养应试能力),而是为学生的全面发展而教(如培养学生的自主学习能力),是基础教育改革的方向。

2.2　培养学生自主学习能力的物理教学方法

作为一个从事中学物理教学 27 年的教师,笔者有过最初十年的热衷“应试”教育的阶段,觉醒后,关于培养学生“自主学习”的研究坚持了十几年。2002—2011 年,笔者分别任教于北京四中、北师大附属实验中学,不但自己一直坚持如何通过课堂教学培养学生的自主学习能力的探索,而且组织北京四中、北师大附属实验中学两个学校的一些教师一起进行探索。一直不断地学习和努力身体力行课程改革的新理念,在高中物理课堂教学中不断探索各种教学模式,丰富调动学生学习的手段,从一味施加外在压力转变为更多地注意学生的内在需要,让学生把学习的动机与学习的成就联系起来,让学生真正体会到学习物理的乐趣,学会质疑、反思,实现学习上的自我调控,有目的有步骤地培养学生的自主学习能力。

2011 年,“在物理教学中培养学生的自主学习能力研究”申报为西城区重点课题,2012 年获全国课题子课题立项。在“十二五”的课题研究中,编制了《在物理教学中培养高中生自主学习能力的教学方法调查问卷》,调查对象为物理教育专家、市区级物理教研员和有影响、有经验的高中物理教师。通过对回收的问卷进行分析,挑选出了 80% 及以上专家、教师认为对培养学生物理学习的自主性“影响很大”的教学方法,进行了教学实验,进一步提炼了培养学生学习自主性的有效教学方法,并将研究成果广泛推广。

2.2.1　培养学生自主学习能力的物理教学方法调查问卷

通过查阅相关资料,并结合多年的教学经验,编制了《在物理教学中培养高中生自主学习能力的教学方法调查问卷》。问卷中的的题目,列出的是可能对培养学生自主学习能力有影响的一些物理教学方法,这些方法分课内、课外、课内或课外三个维度,分别以 9、13、13 个宏观操作呈现。为力求提高效度,各维度都增设了一道开放题,希望获得调查对象的更多经验。全问卷共计 38 个题目。

一、课内

1. 采用以问题为中心通过师生间相互研讨为主的启发式教学。
2. 在课内总是给学生充分表达的机会。
3. 引导学生把自己的思考过程说出来。
4. 创设情境,引导学生发现问题,提出问题;再对问题归类,确定要研究的问题。
5. 当学生的想法不一样时,鼓励学生进行讨论。
6. 创设条件,每学期都让学生能进行几次科学探究。
7. 创造条件,让学生有更多动手做实验的机会。
8. 合理剪裁物理学史,融入课堂教学。
9. 营造宽松、愉悦、研究性的课堂学习环境。
10. 除上述以外,你认为物理教学中课内对培养学生自主学习能力影响较大的方法还有:

____。

二、课外

11. 经常和学生聊天,特别是讨论物理学习的有关问题。
12. 愿意倾听学生心中的烦恼。
13. 要求并指导学生养成预习的习惯。
14. 要求并指导学生养成复习的习惯。
15. 开放物理实验室,鼓励学生利用课外时间到实验室做实验。
16. 鼓励学生利用身边器材开展探究性小实验。
17. 提倡、鼓励学生观察大自然和身边的物理现象和物理知识的应用,并提出问题。
18. 提倡、鼓励学生之间的交流讨论。
19. 科学合理地布置课外作业,不过多占用学生课外时间。
20. 要求学生在完成作业后首先要自查自改。
21. 要求学生对自己的错题认真、深入地分析原因。
22. 指导学有余力的学生超前自学。
23. 倡导学生课外阅读科幻类书籍,看科幻类电影,看科学探索类电视节目。
24. 除上述以外,你认为物理教学中课外对培养学生自主学习能力影响较大的方法还有:

____。

三、课内或课外

25. 如果误解了学生,会诚恳地向学生道歉。
26. 能够坦诚地和学生说自己的缺点。
27. 在学生遇到学习困难时,总是鼓励学生分析原因,调整好心态。
28. 建立融洽平等的师生关系。
29. 帮助学生对自己有一个正确的定位。

30. 指导学生设定适合自己的学习目标。

31. 指导学生制定个性化的学习计划。

32. 指导学生通过阅读物理课本学习物理知识。

33. 指导学生经常对自己的学习过程进行自我反思、评价。

34. 帮助学生形成对自己学习负责任的态度。

35. 帮助学生树立独立学习的自信心。

36. 指导学生学会与老师、同学研究交流物理问题。

37. 根据学生的差异进行分层教学、辅导。

38. 除上述以外,你认为物理教学中课内或课外对培养学生自主学习能力影响较大的方法还有:

____。

2.2.2　对培养学生自主学习能力“影响很大”的物理教学方法

通过问卷调查、访谈,挑选出了专家、教师认为对培养学生自主学习能力“影响很大”的物理教学方法如表 3-1 所示。

表 3-1

维度	“影响很大”的物理教学方法
课内	1. 采用以问题为中心通过师生间相互研讨为主的启发式教学。 2. 在课内总是给学生充分表达的机会。 3. 引导学生把自己的思考过程说出来。 5. 当学生的想法不一样时,鼓励学生进行讨论。 7. 创造条件,让学生有更多动手做实验的机会。 9. 营造宽松、愉悦、研究性的课堂学习环境。
课外	10. 要求并指导学生养成预习的习惯。 11. 要求并指导学生养成复习的习惯。 12. 开放物理实验室,鼓励学生利用课外时间到实验室做实验。 15. 提倡、鼓励学生之间的交流讨论。 16. 科学合理地布置课外作业,不过多占用学生课外时间。 19. 指导学有余力的学生超前自学。
课内或课外	22. 帮助学生对自己有一个正确的定位。 23. 指导学生设定适合自己的学习目标。 24. 指导学生制定个性化的学习计划。 25. 指导学生通过阅读物理课本学习物理知识。 27. 帮助学生形成对自己学习负责任的态度。 28. 帮助学生树立独立学习的自信心。 29. 指导学生学会与老师、同学研究交流物理问题。

2.2.3 培养学生自主学习能力的物理教学建议

(1) 充分注重营造氛围

教师要树立民主、平等的观念,建立民主、和谐的师生关系,营造生动活泼的课堂气氛,鼓励学生质疑,激发学生的创造性思维。

(2) 努力改变原有教师中心的习惯,走进新的课堂教学模式

在课堂教学中给学生提供自主和选择的机会,促进学生独立思考,吸引学生主动参与到学习过程中来,鼓励学生用自己的方式解决问题。例如,激发学生的前认知,帮助学生自主建构物理概念;给学生提供选择实验方案的机会,引导学生自主探究物理规律。

(3) 各类课型的课堂教学都推进"培养学生自主学习能力"的物理教学策略

"培养学生自主学习能力"的物理教学策略可以简要用图 3-2 表示。

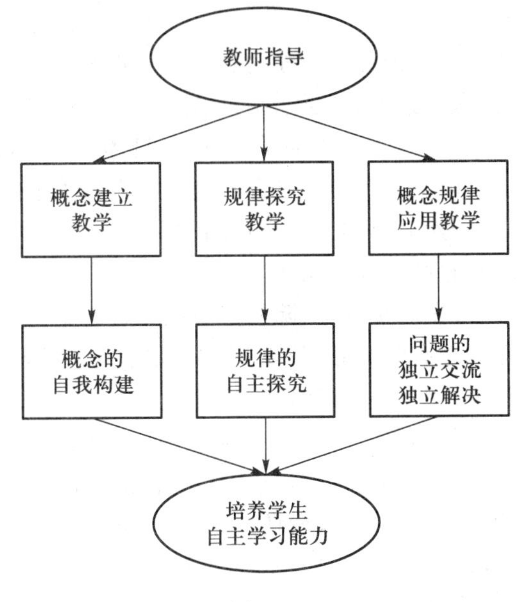

图 3-2

在概念教学中,通过创设情境,使学生在情境中自主进行各种学习活动,引导学生对物理现象进行比较分析、归纳综合、概括抽象,再现概念的形成过程;在规律教学中,通过实验,展现物理情境,重视规律的形成过程,体验探索知识的乐趣和获得知识的喜悦;在习题教学中,有意识地展示教师解题思路的思考过程,培养学生分析解决问题的能力,使学生触类旁通。对学生的错误,帮助学生学会追根溯源。一是追溯到最初的观察和实验:学生解决问题时有时出错,究其根源常常是在建构新知识的过程中对物理实验现象没认真观察,或对现象和事实缺乏深入研究,学生的直观感觉和潜意识与新知识还没有和谐统一起来。二是追溯到新旧知识的内在联系:学生在解决问题时有时出错,究其根源常常是在建构新知识的过程中没有彻底扬弃前概念,建立好新旧知识的联系,真正理解掌握新知识,形成有机的知识结构。

(4) 充分利用实验资源,激发学生自主学习的热情

发挥学生在实验教学中的主体作用,如仪器的使用可以让学生拿说明书去看,实验原理可以让学生在教科书上去找,实验步骤可以让学生按实验目的去摸索,实验结果可以让学生在不断反

思中去感悟。鼓励学生用身边的材料设计小实验，探究问题，验证想法。全面开放实验室，为加强参与实验、参与实践创造条件。

（5）课上压缩教学内容，改进教学方法，给学生创造自主学习的时间和空间

课前，要求、组织、指导、落实"学生课前进行自主预习、复习"，对照目标，预习新知；自主发现问题，自主质疑，自己尝试释疑。

课内，创设情境；发现并提出问题；实验探究；归纳小结；联系扩展；巩固应用。课内教学内容要压缩，把通过预习、自主阅读能够学会的内容，教师不讲或少讲，对自主学习中的疑难问题通过师生、生生课内研讨交流完成。

课后，广泛阅读，扩大知识面；组织学生进行开放性实验的设计和操作；引导学生自主选择研究性小课题，积极尝试课题小论文的写作；组织课外物理兴趣小组。

（6）优化学生课外作业

课外作业要适量，务必留给学生课外自主学习的时间；课外作业要多样，包括读书、习题、实验、参观等多种方式，且分为必做和选做，让学生根据自己的实际情况自主选择。

（7）要求、鼓励、指导、落实"学生自主设立学习目标、制订学习计划"

课内，帮助学生针对自己实际有一个正确的目标定位；根据自己的学习情况设立整体、阶段目标。课外，设定一个学期计划，然后再制定具体的月、周学习计划；为准备考试，制定一个复习计划。每个学生的目标和计划，教师要有书面备案。

指导学生养成单元预习的习惯。预习时，除从头到尾大致浏览一遍外，还会就其中一些问题多加思考；若发现有前面的知识没有掌握好，就要及时将其补上。每天都对一天的学习内容进行回顾；常对学过的知识进行整理，如分类、比较等。

在平时学习中，学生要制定针对某一章节的学习计划，还要制定期中、期末前的复习计划。这些计划的制订能及时得到教师的指导，实施过程中遇到困难也能尽快得到教师和同学的帮助，还可以依据测验的反馈信息对计划和方法有所调整，比较容易实现学生对自己学习的主动调控。而到了暑假和寒假，学生的学习目标不尽相同，这就需要学生根据自己的情况选好目标，制定较长时间的个人学习计划。在实施过程中主要靠自我监控，一段时间后还应主动自我评估，如果发现了问题，应该有能力自我调整。可见，在假期里学生的学习责任从学校转移到了学生个人身上，这一时期更有利于学生自我调控能力的培养。

（8）倡导、鼓励、交流"自主课外阅读、做实验"

课内或课外指导学生精读教材（最好对比不同版本的教材），泛读科普读物；指导学生泛读科普类书籍，看科幻类电影，看科学探索类电视节目；开放物理实验室，鼓励学生利用课外时间到实验室做实验；鼓励学生将看到的内容（片断、情境、实验）带回课堂用于相应知识点的教学。

（9）特别注意号召、鼓励学生锻炼意志，培养毅力

意志是推动一个人积极主动地进行活动的强大动力，毅力是决定一个人能否把一项活动坚持到底的重要因素。意志和毅力对学生将来成才是不可或缺的重要因素。意志和毅力的培养需要困难和经历战胜困难的过程；而物理难学，正给学生培养意志和毅力提供了客观条件。虽然中学生自我意识逐渐增加，自我控制能力不断加强，但是他们的心理发展还不成熟，在自主学习中有决心而缺乏耐心和恒心。因此，教师要帮助学生坚定战胜困难的决心，鼓励他们培养自己意志和毅力的欲望，必要时给予适当的点拨；同时通过教学评价让学生发现在自主学习中的闪光点，

增强学生自主学习的意志。

2.3 培养学生自主学习能力的学生评价

通过问卷调查及学生访谈,可以帮助教师了解学生在高中不同学段的自主学习情况,对学生的自主学习状态作出正确评价。

高中生物理自主学习能力的调查问卷可分为五个维度,每个维度常见的宏观状态多少不同;全卷共计39个题目,除五个维度总计35个题目外,还有两道导入题,两道测谎题。五个维度的具体内容和相应的命题的基本情况参见表3-2。

表3-2

维度	宏观表现数量	问卷对应题号(前测)
一、学习时间的自主管理	3	7—9
二、学习策略的自主性	16	12—23,27—30
三、学习过程的自主监控与调节	8	6,10,11,24—26,32,33
四、学习结果的自主评价与强化	3	34—36
五、学习内容的自主性	5	4,5,37—39

为提高问卷效度,采取了与编制前一问卷一样的方法和流程。该问卷中绝大多数题目都是按正向测量学习自主性的表述,即如果学习自主性较强就应该会有状态的表征(同意去这么做);例如"我会给假期作业制定一个完成计划,并按计划去做,而不会临近开学才做。"少数题目采用了反向测量学习自主性的表述,如"预习时,我通常只是从头到尾大致浏览一遍。"

问卷的题目都体现了某种学习状态,因此对每题赋值:从非常符合到非常不符合分为6级,分值分别为1、2、3、4、5、6。需要特别说明的是,因为1表示非常符合(即说明学习自主性非常强),6表示非常不符合(即学习自主性非常弱),所以加总后分数越低才表示自主性越高,分数越高则表示自主性越低。

高中学生物理自主学习情况调查问卷

亲爱的同学:

你好!

你所在学校____________________,性别__________,家长最高文化程度(本科 研究生 其他____________________),课外时间是否经常受到家长的严格管理(是 否),课外学习中是否经常受到家庭成员的指导(是 否)。

请你仔细阅读以下题目,用6个数字分别代表由"非常符合"到"非常不符合"的6种符合程度:

1 ———— 2 ———— 3 ———— 4 ———— 5 ———— 6

非常符合 符合 有点符合 有点不符合 不符合 非常不符合

根据自己的实际情况来填写问卷,把最符合自己情况的数字写在每道题后面的括号内。恳切希望选择"不符合"与"非常不符合"的同学,在题目后面的横线上写出你的实际情况。

本调查不记名,而且调查中选择的评价没有对错之分,只要如实填写即可。

真诚地向你表示感谢！

1. 目前，我感觉自己的物理学得很好。（ ）______

2. 我对物理学习很感兴趣。（ ）______

3. 书面作业多时，我就不再回顾一天的学习内容。（ ）

______

4. 每学期开始时，都根据自己的学习情况设立一个学期目标。（ ）

______

5. 我会设定一个略高于自己现有水平的目标。（ ）

______

6. 如果没有达到自己的目标，我会主动分析原因，调整计划。（ ）

______

7. 在教师指导下开学初我会设定一个学期计划，然后再制定具体的月、周学习计划。（ ）______

8. 为准备考试，我会先制定一个复习计划。（ ）______

9. 我会给假期作业制定一个完成计划，并按计划去做，而不会临近开学才做。（ ）

______

（对 7—9 题的选择是“符合”和“非常符合”的同学请回答第 10、11 题，而选择其他答案的同学可跳过第 10、11 题直接进入第 12 题。）

10. 在计划执行中我会在必要时注意调整学习进度，以保证自己在既定时间内完成任务。（ ）______

11. 在计划执行中我会在必要时注意调整学习方法，以保证自己在既定时间内完成任务。（ ）______

12. 我很想课前预习，因为预习是学习过程中的重要环节。（ ）

______

13. 我很喜欢课前预习，已经体会到了预习的重要性。（ ）

______

14. 我经常进行课前预习，已经养成了预习的习惯。（ ）

______

15. 预习时，我通常只是从头到尾大致浏览一遍。（ ）

______

16. 预习时，除从头到尾大致浏览一遍外，我还会就其中一些问题多加思考。（ ）

______

17. 预习时，若发现有前面的知识没有掌握好，就会回过头来将其补上。（ ）

______

18. 在物理课堂上的阅读、解题等任务主要是我们自己完成。（ ）

______

19. 对老师没讲懂的问题，我喜欢自己琢磨或自学钻研。（ ）

______

20. 对老师没讲懂的问题，我喜欢和同学讨论。( )

____

21. 对老师没讲懂的问题，我喜欢直接问老师。( )

____

22. 对有争论的问题，我能够查资料求证或设计实验验证或尝试用数学推证。( )

____

23. 在实验失败或讨论出错时，老师总鼓励我们分析原因，自己找到更好的思路。( )

____

24. 自习课上，不必老师要求，我自己知道该学什么。( )

____

25. 老师布置的书面作业总是太多，我会合理安排所有课外时间保质保量完成各科书面作业。( )____________________

26. 作业少时，我会主动超前自学课本上的知识。( )

____

27. 遇到不懂的问题我会主动翻阅课本及相关资料。( )

____

28. 阅读时遇到不懂的问题，我会常常先标注下来以便随后再问老师。( )

____

29. 遇到问题时我习惯先认真想一想，若想不出来就去问老师。( )

____

30. 遇到问题时我习惯先认真想一想，若想不出来就去问同学。( )

____

31. 我每天都对一天的学习内容进行回顾。( )____________________

32. 我常对学过的知识进行整理，如分类、比较等。( )

____

33. 做作业时，遇到不会的地方一般都是先自己设法解决。( )

____

34. 考试或作业出现错误时，我会主动仔细分析错误原因。( )

____

35. 考试成绩不好的时候，我会鼓励自己加倍努力。( )

____

36. 每当取得好成绩时，我总要找一找进步的原因。( )

____

37. 经常购买、借阅有关物理学习的书籍。( )____________________

38. 经常上网查找有关物理学习的资料。( )____________________

39. 经常在课外时间到物理实验室做实验。( )____________________

3　教学研究案例

【案例1】如何启发学生自主质疑

质疑,即提出问题(problem)。当学生发现问题后,首先要经过独立思考、充分分析,进而提出有价值的问题。这样的质疑过程,会加深学生对物理概念规律的理解,使所学的相关知识融汇贯通。在质疑、释疑过程中,学生主体成分和科学成分会有效地影响学生人格的发展,使人格中的依赖性、教条主义与盲目崇拜权威的因素越来越少。下面,将结合高中物理教学中的一些案例谈谈如何启发学生自主质疑。

一、从对物理学史研究中启发学生自主质疑

物理学科是以概念和规律为基础的,而概念和规律的建立是从问题引出的,所以提出物理问题是物理学研究的起点。物理学史研究的是物理学发展的历史,因此,在物理教学中适当增加一点物理学史内容,指导学生在对相关史料进行充分分析的基础上,启发学生自主质疑。

以下是“经典力学的局限性”教学案例(片段)。

1. 回顾“万有引力理论的成就”一节中的“发现未知天体”

1781年发现的天王星的运动轨道有些“古怪”:根据万有引力定律计算出来的轨道与实际观测的结果总有一些偏差。经过分析人们提出了不同的假设:有一种假设是牛顿的万有引力定律的准确性有问题;还有一种假设是在天文星轨道外面还有一颗未被发现的行星,由于这颗未知行星的吸引,使天王星的轨道产生了偏离。

1845年,英国剑桥大学的学生亚当斯和法国年轻的天文学家勒维耶,支持后一种假设。他们根据天王星的观测资料,各自独立地利用万有引力定律计算出这颗“新”行星的轨道。1846年9月23日晚上,德国柏林天文台的天文学家经过有目的的观测,在勒维耶预言的位置附近发现了这颗行星——海王星。

2. 介绍“失败的祝融星探索”

与天王星类似,水星的运动轨道也有一些难以解释之处:其近日点在经度方面的移动比预期值1个世纪要快大约1角分(100个世纪差1度)——水星近日点的进动。勒维耶很自然地想到是否又是一颗未被发现的行星造成了这一差异呢?1859年9月,他发表了自己的计算结果:在距太阳为水星轨道半径一半的位置上,有一颗与水星尺度相仿的行星(或小行星环)。同年12月一位法国医生写信告诉勒维耶,声称这一年的早些时候,他看到过这颗水内行星从太阳表面越过。于是,勒维耶把这颗水内行星命名为祝融星,并计算出其周期不到20天。

遗憾的是,在勒维耶预言的祝融星应该经过太阳表面的时间里,人们并没有观测到这颗“新”行星。到了19世纪末,祝融星被普遍认为是一颗不存在的假冒行星。

3. 分析两段史料,启发学生自主质疑

天王星的轨道有问题,根据万有引力定律计算并预言了新行星,经过观测,发现了海王星,海王星的发现是万有引力定律成功的例证;水星的轨道也有问题,根据万有引力定律计算并预言了水内行星,经过观测,祝融星并不存在,本来人们期待着它给万有引力定律带来又一个成功的例证,谁知结果却适得其反。

那么,为什么对于海王星的预言万有引力定律是成功的,而对于祝融星的预言万有引力定律失败了呢？万有引力定律莫非不是普适的？万有引力定律的适用范围又是什么呢？

在启发学生思考分析的过程中，教师可以引导学生认真观察太阳七大行星的示意图（图 3－3），提醒学生关注水星、天王星在太阳系中位置的不同。

天王星离太阳很远，太阳的引力弱；水星离太阳很近，太阳的引力强。难道说当两个物体距离小到一定程度，计算强引力时，万有引力定律就不再适用了？有没有一种能够计算强引力的理论呢？水星近日点的进动又如何解释呢？

带着这些经过充分分析后提出的质疑，学生会兴趣盎然地在教师的指导下，主动去了解爱因斯坦的广义相对论，了解广义相对论对水星近日点进动的解释，了解广义相对论的引力理论与万有引力定律的关系，体会引力理论的科学发展过程。

图 3－3

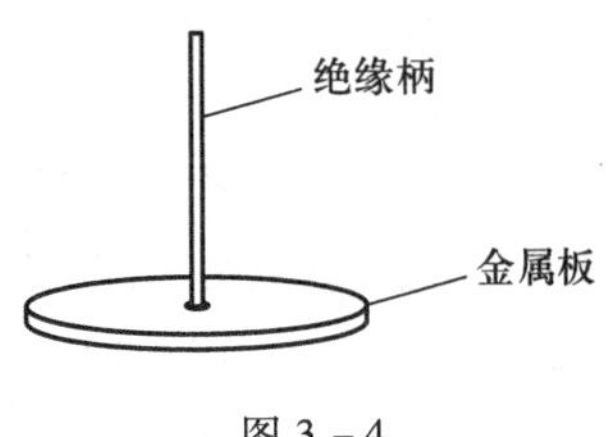

图 3－4

二、从观察分析中启发学生自主质疑

中学物理知识大多源于现象和事实，因此，在高中物理教学中，应该指导学生重视观察与实验。不仅要指导学生细心观察，还要指导学生利用所学知识从理论上充分分析观察到的现象和事实，在观察中发现问题，经过思考分析，自主质疑。

以下是“感应起电”教学案例（片段）。

1. 做实验，观察现象

将长导线一端与铁架台相连（压在铁架台下面即可），另一端与大地相连。将一块玻璃板放在桌面上紧靠铁架台。请一位头发长短、软硬合适的学生站在绝缘凳上。

教师用丝绸摩擦玻璃板；取一带绝缘柄的金属板（如图 3－4 所示），手持其绝缘柄，将金属板放在玻璃板上，并与玻璃板旁边的铁架台接触一下；拿起金属板与站在绝缘凳上的学生接触。重复进行上述操作多次，就会发现学生的头发慢慢地竖了起来。

2. 发现问题，思考分析

教师可以让其他学生谈谈实验者身上带的是哪种电荷？

多数学生认为肯定是带正电荷。

因为整个实验过程中映入学生眼帘的几乎都是：摩擦、接触，而摩擦起电和接触起电是学生熟知的。粗看起来，摩擦后的玻璃板带正电，金属板不断将玻璃板上的正电荷转移到学生身上，尤其是在观看者只注意实验者身体带电后头发的变化，而忽视取电过程的细节时，更会产生这种错觉。

教师可以提示学生，利用验电器检验一下金属板上带的电荷与玻璃板上带的电荷的种类是否相同。

3. 提出质疑,帮助释疑

检验的结果令学生大吃一惊:金属板上带的电荷与玻璃板上带的电荷居然是异种电荷！实验结果与学生的理论分析出现了矛盾,这究竟是为什么呢？为什么金属板上会带负电荷呢？

然后,教师再重做一遍给金属板带电的实验,节奏慢一点儿,一定要让带着深深疑惑的学生留心观察每一个操作细节。

如果学生没有看清楚,还可以放慢节奏再做几遍,突出关键的操作:将金属板放在玻璃板上,并与玻璃板旁边的铁架台接触一下。直到多数学生意识到,问题就出在“与玻璃板旁边的铁架台接触一下”这个不起眼的环节上。

正是由于这个不起眼的操作,才导致了金属板带了与玻璃板不同种的电荷——负电荷:用丝绸摩擦过的玻璃板上带有大量的正电荷,但由于玻璃板是绝缘体,这些电荷并不能自由移动。当金属板放在玻璃板上时,虽然也有一些电荷转移到金属板上,但毕竟金属板与玻璃板的实际接触面积是很小的,主要发生的是静电感应现象:在金属板的下表面感应出负电荷,在金属板的上表面感应出正电荷。当金属板与铁架台接触时,金属板接地,再移开金属板时,它上面只剩下负电荷了。这就是感应起电。

三、从前后知识联系中启发学生自主质疑

学生学习新知识是在原有经验、知识的基础上进行理解和建构的。因此,在物理教学过程中,教师要指导学生有意识地建立新旧知识的联系,启发学生发现学习中存在的问题,帮助学生认真分析思考,自主质疑。进而帮助学生释疑,实现学习迁移,在头脑中形成良好的物理知识结构。

以下是“电磁感应现象的两类情况”教学案例(片段)。

1. 问题情境

如图 3-5 所示,固定于水平面上的平行导轨 $abcd$ 处在竖直向下的匀强磁场中,导体棒 MN 沿导轨以速度 v 向右做匀速运动。导轨左端连接有阻值为 R 的电阻,棒 MN 的电阻为 R_i。

在计算回路中产生的焦耳热时,除了用焦耳定律计算外,学生一般都知道这个焦耳热在数值上就等于棒 MN 克服安培力所做的功。

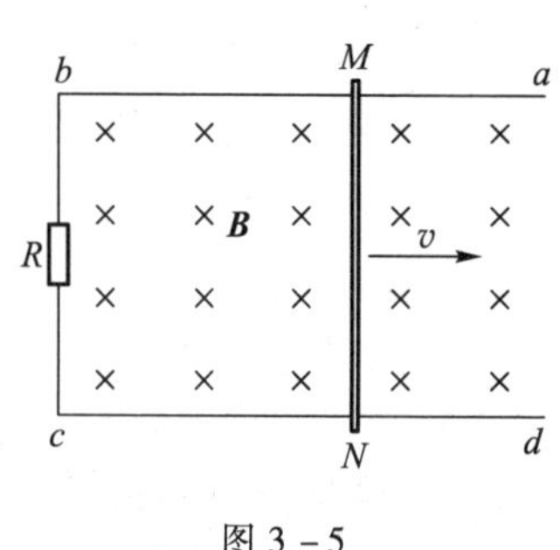

图 3-5

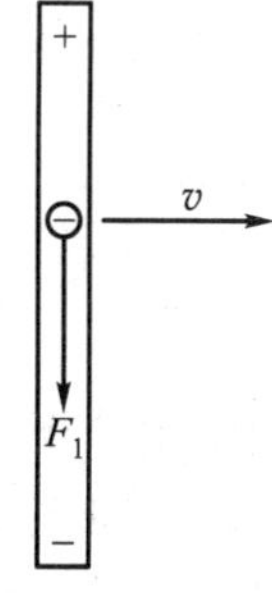

图 3-6

2. 发现问题,分析思考

为什么焦耳热在数值上就等于棒 MN 克服安培力所做的功呢？

要解决这个问题,就要从产生动生电动势的机理说起。

如图 3－6 所示，假设导体棒中的自由电荷是自由电子。当导体棒在磁场（垂直纸面向里）中以速度 v 向右运动时，棒中的自由电荷会随着棒运动，并因此受到向下的洛伦兹力 F_1。正是由于洛伦兹力 F_1 的作用，自由电子向下移动，才导致棒两端出现电势差，这就是动生电动势的产生原因。

联系“恒定电流”一章中学过的电动势——电源内部单位正电荷从负极移到正极非静电力所做的功，由此可知，产生动生电动势的非静电力就是这个洛伦兹力 $F_1=evB$。非静电力——洛伦兹力 F_1 对电子做正功，将其他形式的能转化为电能。

再联系“磁场”一章中学过的洛伦兹力，我们清楚地记得，洛伦兹力对运动电荷是不做功的。

3. 自主质疑、释疑

“非静电力——洛伦兹力 F_1 对电子做正功”与“洛伦兹力对运动电荷不做功”发生了矛盾，这是为什么呢？另外，在图 3－5 所示的情境中，安培力对棒 MN 做负功，这个负功与洛伦兹力 F_1 对电子所做的正功又有什么关系呢？

在充分思考分析后提出质疑的基础上，教师可以提醒学生注意，由于自由电子沿棒向下运动（设其速度为 u），因此，磁场对电子又施加了一个向左的洛伦兹力 $F_2=euB$。F_2 对电子做负功。

在单位时间内，F_1 对电子所做的正功为 $evB\cdot u$，F_2 对电子所做的负功为 $-euB\cdot v$，它们的代数和是零。其实，自由电子的运动的速度 $v_合$ 是 v 与 u 的合速度，电子所受洛伦兹力 F 是 F_1 与 F_2 的合力，F 与 $v_合$ 的方向是相互垂直的（如图 3－7 所示），F 对电子确实没有做功。在图 3－7 所示的情境中，安培力对棒 MN 做负功，其实就是 F_2 对电子所做负功的宏观表现。

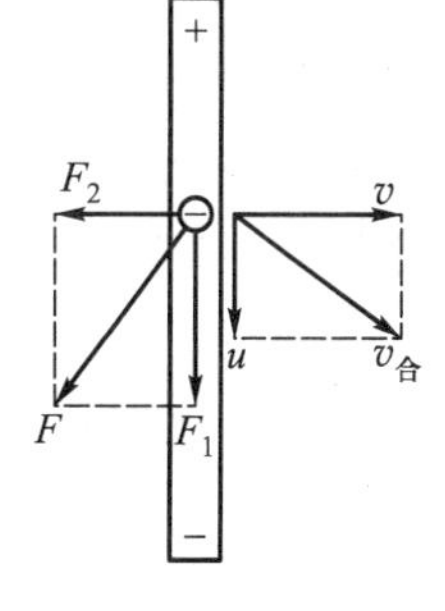

图 3－7

四、从解题的发散思维中启发学生自主质疑

做练习题是学好物理知识的必不可少的环节。认真做好练习题，可以加深对所学知识的理解，逐步培养学生的分析解决问题的能力，树立解决实际问题的自信心。许多问题的求解不止一种方法，常常是一题多解，殊途同归。在解题的发散思维中，有时结果不统一，需要经过思考分析，对解题过程、方法提出质疑；更多的时候结果归一，虽在意料之中，不过深入反思之后，也能提出有价值的质疑来。

下面是一个关于功的概念和计算的问题。

1. 问题情境

如图 3－8 所示，物块右端有一个质量不计的滑轮，细绳的一端系在墙上 B 点，另一端绕过滑轮受到恒力 F 的作用，力 F 跟水平面夹角为 θ，跟 B 点相连的细绳处于水平。在力 F 作用下，物块沿水平方向移动 s 的过程中，求恒力 F 所做的功。

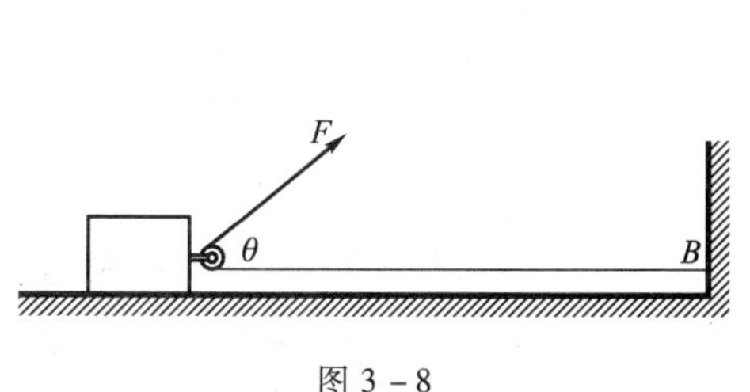

图 3－8

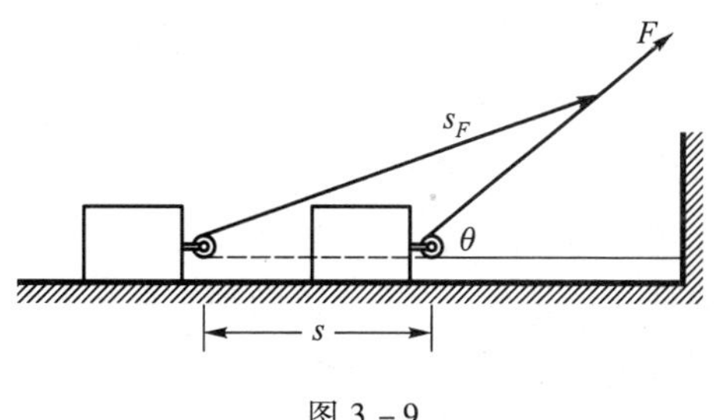

图 3－9

2. 一题两解

第一种解法：

如图 3-9 所示，以绳为研究对象，在物块沿水平方向移动 s 的过程中，力 F 在绳上作用点的位移为 s_F。由几何关系可知，F 与 s_F 的夹角为$\frac{\theta}{2}$。所以，力 F 对绳所做的功为

$$W_F = Fs_F\cos\frac{\theta}{2} = 2Fs\cos^2\frac{\theta}{2} = Fs(1+\cos\theta)$$

第二种解法：

如图 3-10 所示，以物块为研究对象，物块在绳的拉力 F_T 的作用下，沿水平方向移动了 s，绳的拉力 F_T 对物块所做的功为

$$W_T = F_Ts + F_Ts\cos\theta,\quad F_T = F$$

所以

$$W_T = Fs(1+\cos\theta)$$

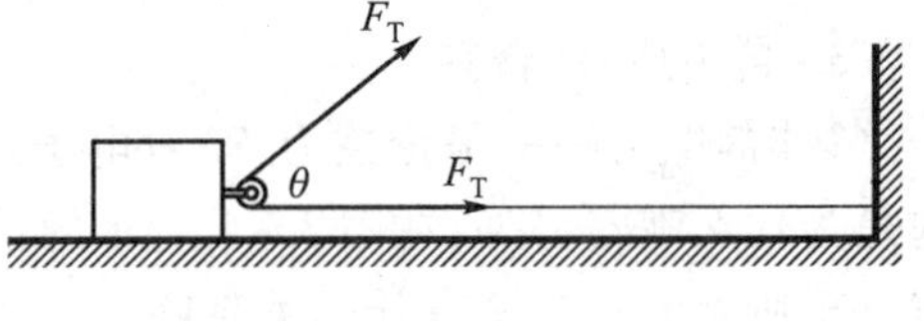

图 3-10

3. 反思质疑

两种解法结果是一样的。回过头再去看看题目的要求：求恒力 F 所做的功。恒力 F 作用在绳上，因此，第一种解法直接求的就是力 F 对绳所做的功，而第二种解法求的却是绳的拉力 F_T 对物块所做的功。

在这个问题中，为什么恒力 F 对绳所做的功与绳的拉力 F_T 对物块所做的功在数值上是相等的呢？这个数值相等的背后有没有蕴藏着需要深入思考的问题呢？

教师引导学生从功能关系、能量守恒的角度进行释疑：一般来说，绳被看做理想化模型，质量、形变量均不考虑。因此，绳不“贪污”能量——既没有动能，也没有势能。力 F 对绳做功，将外界的能量通过绳完全传递给了物块。根据能量守恒可知，恒力 F 所做的功与是绳的拉力 F_T 对物块所做的功在数值上是相等的。这样一来，在深入理解功的概念和计算的同时，也培养了学生用能量守恒思想分析解决问题的能力。

学习始于问题，对学生来说，“质疑”是非常重要的素质。学生应该学会发现问题—分析思考—自主质疑，必须具有强烈的好奇心，有开放的心灵，有独立的思维，有个性。这就要求学校和教师应该为学生提供宽松提问的环境，教师要有与学生交流的能力，要有鼓励的精神，特别要鼓励学生能独立思考，培养学生敢于质疑，善于质疑，勤于质疑。

【案例 2】 通过实验探究学生自主学习

教师的教是为了学生的学，授之以鱼不如授之以渔，这早已成为教育界的共识。因此，我们的教学要突出学生的主体地位，激发学生学习的兴趣，让学生主动求知。回顾近些年的中学物理教学实践，我越来越深切地认识到，通过实验探究式教学，让学生在研究中自主学习，不仅有利于学生获取物理知识，提高解题能力，还能够训练学生的创造性思维。

1. 在实验探究中获取物理知识

物理知识来源于实践，特别是来源于科学实验的实践。学生学习物理知识的过程，跟前人探索物理知识的过程有很多相似之处，实验能够帮助学生形成正确的物理概念，提高观察物理现象和分析物理问题的能力，加深对物理规律的理解。因此，在中学物理教学中，教师应尽可能多地

为学生创造实验条件，让学生自己动手、动眼、动口、动脑，亲自去观察、操作、记录、比较、分析、归纳，在实验探究中获取物理知识。

例如，在进行“牛顿第二定律”的教学时，教师可先用如图 3－11 所示的装置进行定性演示：第一步，打开夹子，让两个质量相同（$m_1 = m_2$）的小车，在不同的拉力（$F_2 = 2F_1$）作用下，同时从静止开始做匀加速运动。经过一段时间以后，关上夹子，让两个小车同时停下来。可以看到，在这段时间里，小车 2 的位移大，根据 $x = \frac{1}{2}at^2$ 可知它的加速度大。第二步，使两个小车所受的绳子的拉力相同（$F_1 = F_2$），而在小车 1 上再加放一个相同的小车，即 $m_1 = 2m_2$，可以看到，在相同的时间里，小车 1 的位移小，说明它的加速度小。由此得出如下结论：物体的加速度随作用力的增大而增大，随物体的质量增大而减小。

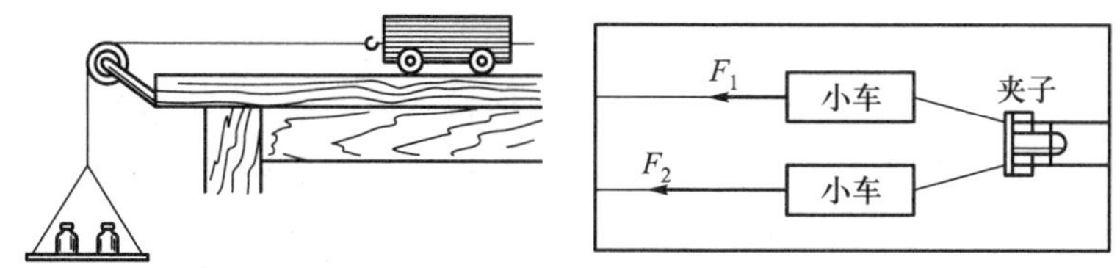

图 3－11　定性研究“牛顿第二定律”的演示实验装置

观察到演示实验中两小车位移的大致关系，学生不免会产生猜想：加速度跟作用力、质量有没有正比、反比关系呢？疑问激发了学生探索的欲望，接下来就可以让他们分组在气垫导轨上进行探究性实验，研究加速度跟作用力、质量的定量关系：首先，保持滑块质量 m 一定，改变拉力 F 的大小，可以测出不同拉力下滑块的加速度 a，根据实验数据画出 $a-F$ 图像，图像是一条过原点的直线，这说明物体的加速度跟作用在它上面的力成正比。然后，保持拉力 F 一定，改变滑块的质量 m，可以测出相应的加速度 a，在 $a-m$ 坐标平面上描点，这些点似乎不在一条直线上，但是也看不出它们在怎样一条曲线上。由此，不少学生意识到描的点太少，于是接着改变滑块的质量，得到更多组实验数据，经过描点画出了曲线的形状，好像是双曲线的一支，但不能确定。如何确定加速度跟质量是不是反比关系呢？有的学生想出了好方法：既然加速度跟质量的反比关系不好确定，不妨看一看加速度跟质量的倒数是不是正比关系。教师在肯定学生的这种想法后，可以出示早已准备好的处理数据的计算机软件，让学生把自己的实验数据输进去，先看一看 $a-m$ 曲线，再看 $a-\frac{1}{m}$ 图像，果然是一条过原点的直线，学生自己找到了物体的加速度跟质量的反比关系。

从教学效果来看，课上学生兴趣盎然，他们亲自动手做实验，从中探索并理解物理规律，验证了自己的猜想，这种获取知识的方式比教师枯燥地讲解、学生硬性地记忆好得多。

2. 在实验探究中提高解题能力

在学习物理的过程中，为了加深理解所学知识或是查漏补缺，做练习题是必不可少的环节。许多学生都有这种感觉，通过看书、听课，物理知识好像已经学会了，可就是不会灵活运用所学知识解题，尤其是碰到与实际联系紧密的问题更是无从下手。原因之一就是学生对自然现象以及生活中的物理现象疏于观察分析，在解题时很难建立起清楚的物理情境。因此，教师在教学时要注意引导学生把所学的物理知识跟它在现实生活中的应用联系起来，通过分析概括，从实际问题中抽象出物理模型来。同时，为培养学生的观察分析能力，教师还可以有意识地准备一些小实验，让学生动手操作，在探究中建立物理情境，以提高解决问题的能力。

例如，一根长为 L 的细线，一端系一质量为 m 的小球，另一端固定在 O 点。将小球拉起，并在水平位置处释放，小球运动到 O 点的正下方时，细线碰到一钉子。求：钉子与 O 点的距离为多少时，小球刚好能通过圆周的最高点？

对初学者来说，这个问题涉及的物理过程比较复杂，不妨让学生动手做一做：在铁架台上悬挂好小球，用一根细筷子在悬点的正下方不同位置（自上而下）挡住细线，观察小球的运动情况，并用刻度尺测量筷子到悬点的距离。这样，学生不仅可以粗略测出小球刚好通过最高点时筷子到悬点的距离，而且经过观察筷子在这个临界点上下移动时小球的行为，还能弄清楚小球刚好通过最高点的含义。通过观察分析，物理情境清楚了，运用相应的物理知识解决这类问题也就得心应手了。

再如，直径为 12 cm、高为 16 cm 的不透明圆筒内盛满透明液体，长为 25 cm 的直尺 AB 紧贴筒壁插入该液体中。人站在 AB 对面某处时，见到尺上端 A 在液体中的倒影恰好与筒底部的 B 端的像重合，求该液体的折射率。

要解决这个问题，首先要知道“尺上端 A 在液体中的倒影”和“筒底部 B 端的像”是什么意思，之后还要想象出这两个像重合的情境，这对初学者来说不是一件容易的事。教师可以让学生亲自动手做一做这个小实验：如图 3－12 所示，在广口瓶内盛满水，把直尺 AB 紧挨着瓶口的 C 点竖直插入瓶内。从尺的对面一点 P 观察水面，可以同时看到直尺在水中的部分和露出水面的部分在水中的像。读出看到的直尺水下部分最低点的刻度 S_1，以及跟这个刻度相重合的、水上部分刻度 S_2 的像 S_2'，量出广口瓶瓶口的内径 d，就能算出水的折射率。在实验中，学生经过观察分析，两像重合的物理情境清楚了，类似的问题便迎刃而解了。

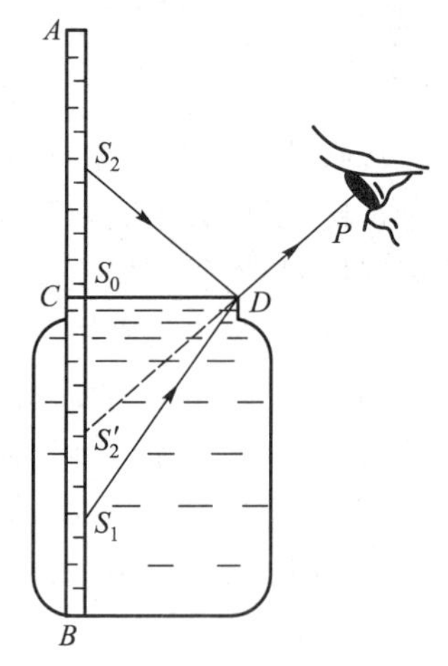

图 3－12　测定水的折射率的实验装置

随着高考的改革，命题已由知识立意逐步转向能力立意，联系实际、联系实验的题目越来越多，因此，在教学中多指导学生做一些小实验，让学生在探究中构建好物理情境，有利于找到解决问题的途径，提高学生运用所学知识解决实际问题的能力。

3. 在实验探究中训练创造性思维

随着素质教育的全面展开，培养学生的创造性思维能力，已成为当前教学改革的热门话题。心理学研究表明：好奇心是激发创造性思维的一种动力，它可以促使学生去思考、去求索。在中学物理教学中，教师应该把握好学生的这种心理，多为他们创设良好的实验情境，激发他们的求知欲，让学生参与设计实验，以达到训练学生创造性思维的目的。

例如，在研究平行板电容器的电容跟哪些因素有关时，教师一般都借助静电计做定性的演示实验，得出的结论是：平行板电容器的电容，随两极板距离的增大而减小，随两极板正对面积的减小而减小，由于插入电介质而增大。之后，大都话锋一转：由于我们所学知识不足，进一步理论分析证明，平行板电容器的电容，跟介电常量成正比，跟正对面积成正比，跟极板的距离成反比。如果到此为止，学生只能兴致索然地生硬接受这个正比、反比关系结论。倘若教师接着指出：虽然我们不能从理论上推出上述结论，但是能否设计一个实验，进一步研究平行板电容器的电容与三个因素的定量关系呢？学生会产生浓厚的兴趣，在好奇心的驱使下热烈讨论起来。教师认真聆听学生的多种方案后，指导他们筛选出可行的优秀方案来，根据学校实验设备状况，向学生提供器材，让他们进行实验探究。

根据学生的方案，我准备了如下分组实验器材：①用复铜板（两个表面为铜板，中间为介质）裁成的大小相等的平行板电容器，②用有机玻璃板裁成的大小、形状跟电容器一样的介质板，③能直接测量电容器电容的数字多用电表。学生根据自己的想法开始了实验探索：第一步，先用多用电表测出一个电容器（一块复铜板）的电容，而后并联一块相同的复铜板，即面积加倍，再测出这个大电容器的电容……根据实验取得的多组数据，就能得出平行板电容器的电容跟两极板的正对面积成正比的结论。第二步，利用两块复铜板正对的两个表面组成一个可改变极板间距的电容器，在两极板间添加有机玻璃介质板，介质板的块数决定了两极板的距离，测出相应的电容，根据实验数据可以得出平行板电容器的电容跟两极板间的距离成反比的结论。由于介电常量的概念在中学不讲，平行板电容器的电容与介电常量的关系可以作为课外研究的问题。

由上例可见，教师要善于抓住契机，创设实验情境，诱发学生产生研究问题的激情，激励他们展开创造性的发散思维，提出各种实验方案；而后指导学生把多种方案进行归纳，收敛到切实可行的方案上来。动手操作的过程中，学生还会在具体实验方法上不断创新、探索，从 45 分钟的课内一直延伸到课外，学生的创造性思维得到了很好的训练。

通过实验探索让学生在研究中学习，是我近几年来一直研究的课题。迫于高考的压力，课内教学时间紧、任务重，教师的指导常常带有强制性，无疑束缚了学生的创新意识。在选修课、课外活动中开设课题型实验，让学生拥有更广阔的设计、探索、研究空间，是我进一步研究的新课题，这将更加有助于培养学生的自学能力和创新意识，也是我们教学的真正目的所在。

【案例 3】 给学生提供自主和选择的机会

在传统的教学中，教师常常把课堂控制得过死，不顾及学生的感觉和认知规律，总是不折不扣地引导学生按教师设计好的路子走，千方百计地启发学生按教师的想法回答问题。这种控制欲过强的教师常常运用细致入微的指导，再配以奖赏、分数和威胁，过度管理学生。久而久之，这样的教学会让学生觉得他们在学校学习是工具性的（比如，学习是取得好成绩的手段），而不是自我决定的，渐渐地丧失了内在的学习动机，失去继续学习的兴趣。

高中物理新课程标准建议教师在课堂中给学生提供自主和选择的机会，促进学生独立思考，吸引学生主动参与到学习过程中来，鼓励学生用自己的方式解决问题。

下面，我结合物理教学案例，从两个方面谈谈在课堂教学中如何给学生提供自主和选择的机会，鼓励学生成为自主的学习者。

1. 激发学生的前认识，帮助学生自主建构物理概念

建构主义认为，学习是学生主动建构知识的过程，学生是利用已有的知识经验积极建构新知识的。因此，教师在进行物理教学时应该了解学生现有哪些知识经验，联系来自学生身边的事例，让他们基于以往的经验进入学习的情境，在过去知识经验的基础上自主建构新的物理知识。

瞬时速度和加速度是很重要的物理概念，也是学生很难建立起来的概念。这就需要教师创设情境，激发学生的前认识，鼓励学生积极思考，引导学生自己建立新概念，从而内化为自身的科学知识。以下是这两个概念的教学片断。

（1）瞬时速度

创设情境，激发学生的前认识：站在马路边，你能看出马路上的物体在先后经过你时哪个运动得快、哪个运动得慢吗？

学生都能清楚地分辨出，在一般情况下，小客车很快，大公共汽车慢些，自行车更慢，行人最慢。

提出问题，促进学生独立思考：想想看，你是怎样判断他们运动得有快有慢呢？

学生通过思考能够认识到，在视野所及的一段距离内，不同的物体通过这段距离所用的时间不同，根据时间的长短能够辨别他们运动的快慢情况。可见，学生下意识地在运用平均速度的概念描述物体在某一位置的运动快慢了。

渗透极限的思想，帮助学生从平均速度自然过渡到瞬时速度：一般来说，当你站在马路边时，在你的视野范围内（十几米的距离），汽车的运动快慢几乎不变，这段距离上的平均速度可以描述汽车经过你所在位置时的运动快慢。可是，如果有一位拄着拐杖的老人气喘吁吁、走走停停地在你视野范围内通过时，在这段距离上的平均速度还能很好地描述他经过你所在位置时的运动快慢吗？

学生能够认识到：不能了。

启发学生：如何更精确地描述老人经过你所在位置的运动快慢呢？

学生自然而然地认识到，需要在这个位置附近取更小一段的距离，用这一小段距离上的平均速度来描述。

进一步启发：那么，这一段距离多小才行呢？

引导学生理解：必须小到在这段距离上老人运动的快慢几乎不变。

通过以上教学片断不难看出，教师循着学生的认知过程，激发出学生的前认识，不断鼓励学生独立思考，帮助学生在头脑中自主建立起瞬时速度的概念：所谓某个位置（或某个时刻）的瞬时速度可以这样认识，在这个位置（或这个时刻）附近取一小段位移 Δx（或一小段时间 Δt），当 Δx（或 Δt）小到在这段距离（或这段时间）内物体的运动快慢几乎不变时，就可以认为$\frac{\Delta x}{\Delta t}$表示的是这个位置（或这个时刻）的瞬时速度。

（2）加速度

加速度的概念离学生的生活经验更远了，有不少教师甚至认为学生的前认识里根本没有加速度的概念。其实，学生的潜意识里有，不过很模糊，常常是速度（位置变化的快慢）和加速度（速度变化的快慢）分辨不清。

为了激发学生的前认识，可以创设这样的情境：变速运动很常见，如蝴蝶、苍蝇的运动，乌龟、兔子的运动，铅球、乒乓球的运动，载重汽车、小客车的运动（红灯变绿灯后的快速启动、遇到紧急情况下的急刹车），等等。一般情况下，他们都在做变速运动，速度都在变化，那么，他们的速度变化有什么特点呢？

在教师创设的情境里，在教师设问的启发下，通过独立思考，不少学生能认识到这些物体在运动的过程中速度有增大有减小，变化趋势不同。即使变化趋势一样，变化的快慢也常常不一样：如，苍蝇比蝴蝶速度变化快，因此，扑蝶可以徒手，而打苍蝇不仅要用苍蝇拍，动作还必须敏捷；乒乓球比铅球速度变化快，因此，乒乓球可以单打、双打，发球、接球有多种方式（削、旋、扣等），而铅球只能向无人处投掷。

通过联系实际，把“速度变化有快有慢”从学生的潜意识中激发出来后，再围绕“如何描述速度变化的快慢”这个主题展开教学过程，学生就能水到渠成地自主建构加速度的概念了。

2. 给学生提供选择的机会，引导学生自主探究物理规律

学生学习物理知识的过程，跟前人探索物理知识的过程有很多相似之处。因此，在进行物理规律教学时，应该引领学生自主探究规律。物理课程标准指出了科学探究的 7 个要素，这些要素是科学探究的标志，一个具体的教学过程只要具有一两个这样的要素，就有了探究性。也就是说，学习时的科学探究不一定是“完整”的。另外，在学习过程中只要包含了科学探究的若干要素，即使没有包含学生实验或演示实验的教学过程，也是科学探究。

在探究规律的过程中，教师应该创设条件，循着学生认知的规律去引导。由于课时的限制，适当的控制是难免的，但不宜过度控制。探究的过程应该是学生自愿参与的自主学习过程，因此，在探究过程中应该给学生提供选择的机会，让学生体会到学习的自我决定感，这也符合以人为本、因材施教的教学理念。下面是体现“给学生提供选择的机会，引导学生自主探究物理规律”的两个教学案例。

（1）在进行“实验设计”时给学生提供选择的机会

在“自由落体运动”教学过程中，研究自由落体运动的规律时，学生能够很容易猜想到自由落体运动可能是初速度为 0 的匀加速直线运动。这一猜想是否正确呢？可以通过实验来验证。在设计实验时，教师应该给学生提供选择的机会，倡导学生制定不同的实验方案，鼓励他们用自己的方法解决问题。下面是这段教学过程的课堂实录。

师：下面，我们就用伽利略的科学研究方法研究自由落体运动的性质。首先，通过观察，不难发现：做自由落体运动的物体，从静止开始，运动得越来越快。可见，自由落体运动是加速直线运动，而且初速度为零。这就会引起我们猜想：是初速度为零的匀加速直线运动吗？要是的话该多好啊！我们的猜想到底对不对，可以通过实验去研究。请同学们说说实验方案。

生：让物体带着纸带下落，借助打点计时器可以研究自由落体运动的规律。

师：这个方案同学们都很熟悉，还有别的方案吗？

生：也可以借助光电计时装置研究，前面我们在气轨上利用光电计时装置研究过滑块的运动。教科书的“做一做”栏目也介绍了利用光电计时装置研究自由下落物体的运动。

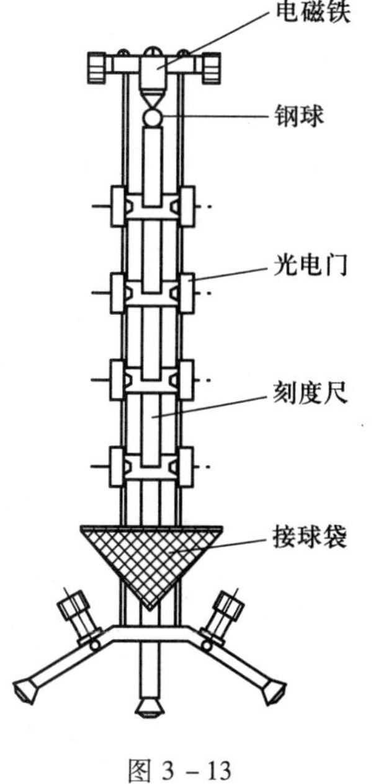

图 3 – 13

师：这种实验装置我们学校也有（教师展示带光电计时的自由落体实验仪，如图 3 – 13 所示）。大家看，立柱的上端有一个电磁铁，通电，小钢球就被吸引住，断电，小球做自由落体运动。在立柱上有 4 个光电门，它们的位置可以从刻度尺上读出，由此就能得到小球下落到每个光电门时的位移 x；当小球经过某一光电门时，利用光电计时装置就能测出小球下落的时间 t。那么，利用这套实验装置，如何研究呢？

生：根据 $x \propto t^2$。

师:很好！还有其他方案吗?

生:书上有闪光照片,利用闪光照片也可以研究。就是不知道闪光照片是怎么拍出来的。

师:我这儿有一个电脑动画,是介绍闪光照片拍摄过程的,同学们注意看。(教师展示闪光照片拍摄过程的电脑动画,展示完以后,)看清楚了吗?哪位同学说说?

生:在暗室里,闪光灯每闪一次光,就给小球照一次像。闪光的时间间隔相同,因此,胶片上相邻两个像的时间间隔相同。各个时刻的像是在同一张胶片上曝光的,经过冲洗、放大就能得到闪光照片,处理数据的方法跟处理纸带差不多。

师:其实,利用数字相机可以拍出类似的照片,省去了洗印照片的过程,对数字相机有研究的同学不妨试一试。

通过以上教学片段不难看出,在教师的倡导下,学生提出了 3 种实验方案。根据学校的实验条件,可以在课内外给学生提供的相应的实验仪器,进行分组实验,研究自由落体运动的规律。

(2) 在进行“分析与论证”时给学生提供选择的机会

在研究“匀变速直线运动的位移与时间的关系”时,可以引导学生自主探究,下面展现的是相应教学片断。

创设情境,引发猜想:做匀速直线运动的物体在时间 t 内的位移 $x=vt$,在它的 $v-t$ 图像(图 3-14)中,物体的位移对应着图线与横轴所夹阴影部分的面积。那么,对于匀变速直线运动,它的位移与它的 $v-t$ 图像是不是也有类似的结论呢?

可以通过逻辑推理(包括数学推演)来论证上述猜想是否正确。在进行推理论证的过程中,教师应该给学生提供选择的机会,让学生按着自己的认知规律选择不同的推理过程进行论证。

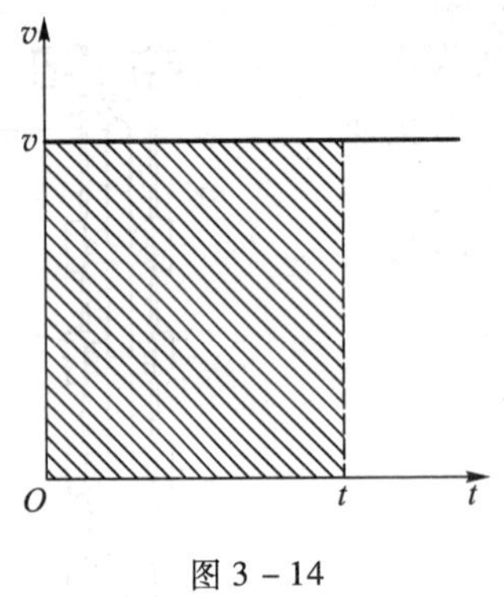

图 3-14

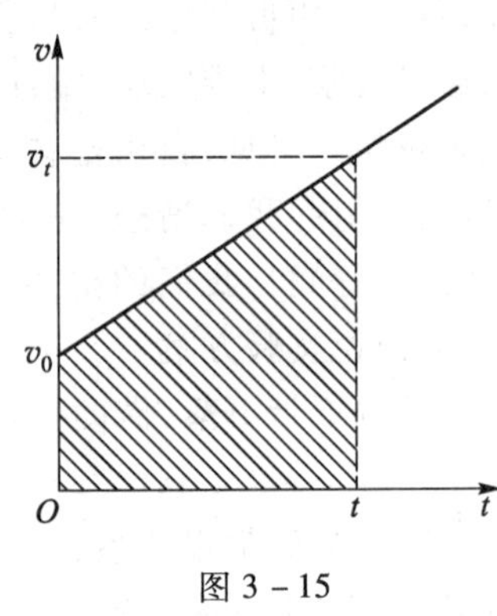

图 3-15

推理思路一:

有的学生从 $v-t$ 图像(图 3-15)看出,速度在均匀的变化,因此,物体在时间 t 内的平均速度应该等于这段时间内初速度和末速度的算术平均值,即 $\bar{v}=\frac{v_0+v_t}{2}$。再根据平均速度的概念可知,这段时间内的匀变速直线运动可以等效地看成以这个平均速度做匀速运动。那么,$x=\bar{v}t=\frac{v_0+v_t}{2}t$,由此可知,做匀变速直线运动的物体的位移同样对应着它的 $v-t$ 图像与横轴所夹梯形的面积。

推理思路二:

也有些学生已经自学了教科书中的这部分内容,虽然不一定真正理解“微积分”的思想,但还是能够指出存在一种把梯形分成许多矩形的思路。教师可以深入浅出地帮助学生按这种思路进行推理论证。

把物体的运动过程分成几小段，每小段的时间为 Δt，每小段起始时刻的物体的瞬时速度由相应的纵坐标表示。以每小段起始时刻的速度乘以时间 Δt，近似地当作各小段中物体的位移，各小段的位移都可以用一个小矩形的面积代表。如图 3－16 所示，4 个矩形的面积之和近似地代表物体在时间 t 内做匀变速直线运动的位移。

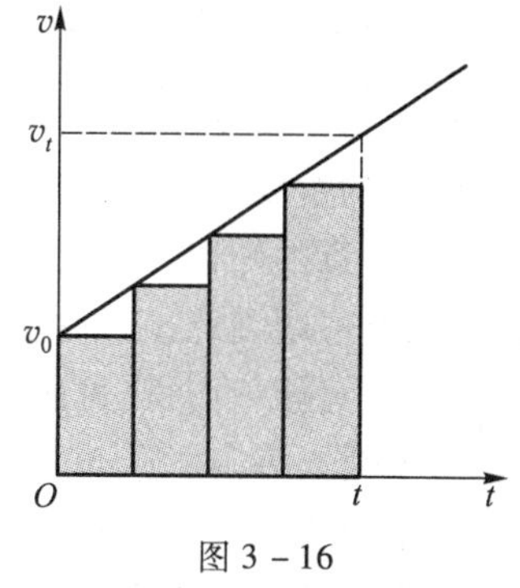

图 3－16

可以看出，这些矩形面积之和比梯形的面积小。不过，只要缩短每小段的时间 Δt，把运动过程划分成更多的小段，如图 3－17 所示，矩形的面积之和就更接近梯形的面积。不难想象，当 Δt 很小很小（小到在这段时间内物体的速度几乎不变）时，就可以认为这些很多很多小矩形的面积之和等于梯形的面积了。所以，梯形的面积可以表示物体在时间 t 内做匀变速直线运动的位移。

多数学生会感觉前一种思路更清楚些。为了让学生进一步熟悉后一种思路，不妨让学生对比这两种思路，思考他们的相同点和不同点：相同之处是这两种思路都是把变速运动等效为匀速运动。不同之处在于前者把整个匀变速直线运动过程等效为一段匀速运动，后者把匀变速直线运动过程等效为很多段匀速运动。

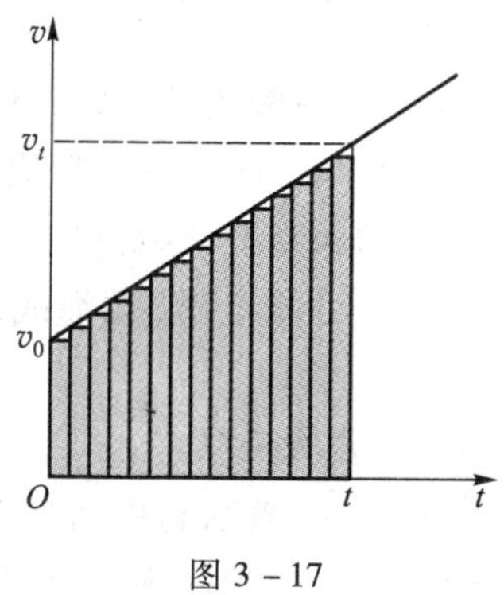

图 3－17

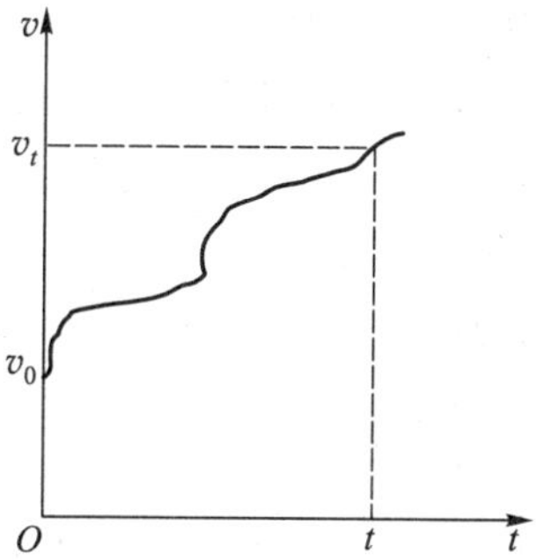

图 3－18

教师可以进一步创设情境引发学生思考，对于如图 3－18 所示的变速直线运动，它的 $v-t$ 图像与横轴所夹的面积也表示时间 t 内物体运动的位移吗？多数学生对此毫无疑义。

那么，要想通过推理论证这一猜想，以上两种思路都行吗？

显然第二种思路没问题，可是第一种思路不能用了，因为物体在时间 t 内的平均速度等于这段时间内初速度和末速度的算术平均值$\left(即\bar{v}=\dfrac{v_0+v_t}{2}\right)$这一结论，只适用于匀变速直线运动。

到此为止，绝大多数学生豁然开朗了，对教科书上给出的“微积分”思路有了更深的理解。

以上通过几个教学案例，从“激发学生的前认识，帮助学生自主建构物理概念”，“给学生提供选择的机会，引导学生自主探究物理规律”两个角度，浅谈了在课堂教学中如何给学生提供自主和选择的机会。事实上，这种教学理念对教学的影响远不止这些，我还会继续学习，不断研究。

希望通过我的教学,鼓励学生自己把内在的学习动机与学习的成就联系起来,体验到学习物理的乐趣,对自己的学习过程主动调控,成为自主的学习者。

【案例4】学生自主阅读教材构建知识体系

高考物理总复习的主要任务是:构建知识体系,整合解题思路和积累解题方法。其中,构建知识体系的重要性不言而喻。然而,教师却大多不愿在这上面花时间、精力。他们采取的措施是,或每一章的知识用一点儿时间串一遍,其结果是学生原来不会的串讲后还是不理解;或以题带知识,重习题训练,不重视知识的来龙去脉。这样的教学常常造成基础不牢,学生越做题越糊涂。于是,只能一而再、再而三地加大习题量和日常考试频度,学生、教师都苦不堪言,最终教学效益也不会太好。

为了改变这种教学状况,近几年,我们在北京市西城区20多所中学进行了研究、试验,越来越感觉到以下两点举措对高三学生构建物理知识体系非常有效:

(1) 指导学生阅读教材

在西城区物理室的主持下,吸收各层面学校的优秀物理教师参加,组成高考物理核心备课组,研制《学生自主阅读教材提纲》。对于学生群体水平比较好的学校,可以在进行每一部分复习之前,将该部分“阅读提纲”直接印发给学生,让学生根据提纲在课外自主阅读教材,自主建构知识体系。同时将感觉有困难的知识点标记下来,反馈给教师,课内重点讲解。对于学生水平比较差的学校,可以将每一章的提纲再次拆解细分,印成学案,融入课堂教学中的知识复习。课内,在教师的监督指导下,将学生的自主阅读与教师的重点讲解有机结合。

(2) 加强对重点、难点知识的复习

高考物理的知识复习课不仅要有,而且要非常重视。根据学生自主阅读教材的具体情况,教师要对重点知识、难点知识精讲、细讲。尤其对一些重要的概念、规律、二级结论的形成过程和方法,包括新课教学中涉及的一些重要的演示实验,都要在知识复习的课堂教学中再现。只有在学生对物理知识理解透的基础上,教师再精选习题去训练、检测,才有可能走出“题海战术”,实现高考前的有效复习。

以下提供的是印发给高三学生的《学生自主阅读教材提纲》,仅供大家参考。

说明:“(B1,10)”“(X1,10)”中的“B1”表示高中物理必修1,“X1”表示高中物理选修3-1,“10”表示第10页;所用教材为《普通高中课程标准实验教科书 物理》,人民教育出版社,2010年。

《必修1》

1. (B1,9)图1.1-2,什么情况下火车可以看作质点?

2. (B1,10)图1.1-4,从匀速平飞的飞机上释放物体,飞机上的人看来,物体做什么运动?地面静止的人看来,物体做什么运动?若先后释放物体1、2,1落地前的任一时刻1、2物体的相对位置,在2看来,1做什么运动?

3. (B1,21)图1.4-5,从瞬时速度的概念出发理解如何求E点的速度。

4. (B1,23)图1.4-7、9,了解用传感器测速度的原理。

5. (B1,27—28)图1.5-2、3,(平均)加速度的方向,从$v-t$图像看加速度。

6. (B1,29)第4题,测定气垫导轨上滑块的加速度。

7. (B1,32)图 2.1-2,如何描点做出匀变速直线运动的 $v-t$ 图像。

8. (B1,33)第 4 题,如何用剪贴纸带的方法作出 $v-t$ 图像?

9. (B1,35)图 2.2-5,这个 $v-t$ 图像表示的运动情况(加速度、位移)?

10. (B1,38)图 2.3-2,用几何法图解微积分的思想,领悟了吗?

11. (B1,44)从"一些地点的重力加速度"表格中,发现了什么规律,现在能解释其原因了吗?

12. (B1,45)做一做,可以做一把"一捏就知道"的"反应时间测量尺"吗?

13. (B1,45)第 3 题,估测照相机的曝光时间;第 4 题,估算井口到水面的距离,若考虑声音在空气中传播的时间,以上估算结果偏大还是偏小?第 5 题,用频闪照片研究自由落体运动(联系第 49 页的"做一做")。

14. (B1,46—48)逻辑的力量;图 2.6-3,斜面实验;伽利略开创的科学研究方法是什么?

15. (B1,52)四种基本相互作用;请将高中阶段学习过的各种力进行归类。

16. (B1,54、56)图 3.2-2,图 3.2-7,显示微小形变的实验方法。

17. (B1,56)图 3.2-6,弹力与弹簧伸长的关系;由 $F-x$ 图像如何求弹力功。

18. (B1,61)第 2、3 题,静摩擦力、最大静摩擦力、滑动摩擦力的方向判断、大小计算。

19. (B1,64)第 4 题,两力的合力 F 与其分力 F_1 和 F_2,以及分力间夹角 θ 的关系。

20. (B1,64)图 3.5-2,对于已知力 F,如何确定其两个分力的唯一解?

21. (B1,66)说一说,由三角形定则求速度的变化量。

22. (B1,68)图 4.1-1,由现代人所做的伽利略的斜面实验的频闪照片(组合图),理解伽利略的"理想实验"的科学方法。

23. (B1,70)科学漫步,了解惯性系和非惯性系,知道牛顿运动定律的适用范围。

24. (B1,72—73)比较图 4.2-2、3,体会探究 a 与 m 的关系的数据处理方法;结合图 4.2-6,理解实验原理。

25. (B1,77)科学漫步,用动力学方法测质量。

26. (B1,78—80)物理中的基本量,国际单位制中的基本单位;结合"说一说",体会"量纲法"的应用。

27. (B1,82)图 4.5-7,这辆汽车的前、后轮哪个是驱动轮?

28. (B1,84)第 2 题,证明物体对弹簧秤的压力等于物体的重力。

29. (B1,88)例题 1,三角形支架的三力平衡问题,还能想到几种解法?

30. (B1,89)图 4.7-4,人站在体重计上,下蹲、起立过程中,体重计示数如何变化?在运行的电梯中称体重,体重计示数又如何变化?

31. (B1,90)例题 3,竖直上抛运动。

32. (B1,90)第 4 题,联系实际的超重、失重问题。

33. (B1,98)了解误差和有效数字。

《必修 2》

1. (B2,3)图 5.1-4、5,曲线运动的速度方向(实验探究,理论推导)。

2. (B2,5)图 5.2-9,若玻璃管由静止开始向右匀加速运动,请画出蜡块的轨迹。

3. (B2,6)由物体做曲线运动的条件,思考物体做直线运动的条件。

4. (B2,7)第 5 题,通过画轨迹理解运动和力的关系。

5. (B2,10)做一做,由该实验,我们能得出什么结论?

6. (B2,11)例题 2,知道抛物线的轨迹方程。

7. (B2,12)第 2 题,判断汽车超速的方法。

8. (B2,12)第 3 题,想想只用一把刻度尺是否能测动摩擦因数。

9. (B2,13)图 5.3-1,如何判断平抛运动的轨迹是不是抛物线?

10. (B2,13)如何计算平抛物体的初速度? 分两种情况讨论:做实验时在纸上(1)记录下了抛出点的位置;(2)忘了记录抛出点的位置。

11. (B2,14)参考案例,确定平抛轨迹的常用方法。

12. (B2,15)第 1、2 题,实验原理要真懂;第 3 题,"频闪"照片研究平抛运动。

13. (B2,18)转速的物理意义。

14. (B2,19)第 3 题,靠轮传动,考虑向心加速度的关系。

15. (B2,21)做一做,推出来的是瞬时加速度。

16. (B2,22)第 2 题,联系后面的"月-地检验";第 3 题,皮带传动。

17. (B2,23)用圆锥摆粗略验证向心力表达式的实验原理,体会实验中从哪两个角度求向心力;另外,推导圆锥摆的周期公式,与单摆周期公式作对比。

18. (B2,24)图 5.6-3、4,一般曲线运动的研究方法,知道曲率半径的概念。

19. (B2,25)做一做,感受向心力;问题与练习第 1、2、3 题中的三种圆周运动的情境。

20. (B2,26)第 4 题,物理图景;第 5 题,变速率的圆周运动。

21. (B2,26、29)图 5.7-1、2、3 和图 5.7-10,火车转弯和汽车转弯。

22. (B2,27、28)图 5.7-4、5 拱形桥和凹形桥。设拱形桥截面是半圆形,若在桥顶点,车速达到 $v=\sqrt{gR}$,汽车的运动情况;图 5.7-7,思考与讨论,地球可以看做一个巨大的拱形桥。

23. (B2,28)航天器中失重现象的原因。

24. (B2,29)图 5.7-8,从向心力的供、需关系理解离心、向心的原因;无缝钢管的离心制管技术、洗衣机的脱水筒工作原理。

25. (B2,32、33)结合"科学足迹"了解人类对行星运动规律的认识的发展史,知道开普勒三定律。

26. (B2,36)第 4 题,估算哈雷彗星下次飞近地球将在哪一年。

27. (B2,36—40)牛顿发现万有引力定律的过程和方法。

28. (B2,40)卡文迪许测定了引力常量;引力常量的物理意义、数量级和单位。

29. (B2,41)如何计算地球质量(为什么"科学真是迷人")?

30. (B2,42)如何计算天体的质量? 如何计算天体的平均密度?

31. (B2,40)图 6.5-1,推导第一宇宙速度;图 6.5-2,了解第二宇宙速度和第三宇宙速度。

32. (B2,46)科学漫步,了解黑洞的相关知识。

33. (B2,48)知道经典力学的适用范围。

34. (B2,58)正功和负功的数学、物理意义。

35. (B2,61)公式 $P=Fv$ 和 $P=Fv\cos\theta$(θ 是力、速度的夹角)的关系。

36. (B2,62)汽车上坡时,为得到更大牵引力,司机一般会采取哪两种手段?

37. (B2,64)图 7.4-1、2、3,重力做功的特点,重力做功与重力势能变化的关系。

38. (B2,66)知道"势能"的概念。

39. (B2,67—69)探究弹性势能表达式的过程和方法。

40. (B2,69)"探究功与速度变化的关系"的实验,原理要真懂。

41. (B2,72)会用牛顿第二定律推导出动能定理。

42. (B2,75-76)图 7.8-1 的物理情境;例题,注意:列"初=末"时,要规定零势能位置。

43. (B2,78)第 2 题,人造飞船发射、运行、返回过程中的能量转化问题。

44. (B2,80)第 1 题,弹性势能;第 2 题,过山车的模型。

45. (B2,82、84)第 2 题,水力发电;潮汐发电;再想想风力发电。

《选修 3-1》

1. (X1,3)图 1.1-1,感应起电实验。

2. (X1,4)元电荷、比荷的概念。

3. (X1,5)图 1.2-1,影响电荷间作用力的因素,想想如何定量计算?

4. (X1,6)图 1.2-2,库仑扭秤,库仑是如何做到定量改变小球的电荷量的? 静电力常量 k 的数值和单位。

5. (X1,7)例题 1,比较氢核与核外电子间的库仑力和万有引力。

6. (X1,10)电场的概念最先是由谁提出的,他还创造出用场线来描述场的方法。

7. (X1,11)比值定义的方法。

8. (X1,12)图 1.3-4,会计算一个半径为 R 的均匀带电球体或球壳外部的场强。

9. (X1,19)图 1.3-6、7、10,常见电场的电场线。

10. (X1,16)图 1.4-1、2、3,电场力做功的特点,电场力做功与电势能变化的关系。

11. (X1,19)图 1.4-5,电场线与等势面;关注乙图中电荷的分布。

12. (X1,21)例题,电场力做功,电势差,电势高低。

13. (X1,22—23)推导电势差与场强的关系,并用微分思想推广到非匀强电场。

14. (X1,23)第 2 题,匀强电场中电势的变化,电场力做功。

15. (X1,24—28)静电现象的应用,静电平衡状态,导体上的电荷分布,尖端放电,静电屏蔽等。

16. (X1,28)第 2、3、4 题,解决实际问题。

17. (X1,30)演示实验,探究平行板电容器电容大小的因素。

18. (X1,32)做一做,知道图 1.8-9 图像中面积的物理意义。

19. (X1,35—36)示波管的工作原理,弄懂"思考与讨论"。

20. (X1,39)第 2 题,光能转化为电能;第 4 题,加速、偏转。

21. (X1,41)电源;恒定电场。

22. (X1,42)例题 1,金属导体中电流的微观解释。

23. (X1,43)第 3 题,等效电流的计算。

24. （X1,43—44）电源的作用，电动势的定义，非静电力的概念。

25. （X1,47）图 2.3－3、4、5，导体的伏安特性曲线；测绘小灯泡伏安特性曲线的电路图（分压电路）；晶体二极管的伏安特性曲线。

26. （X1,51）例题 1、2，改装电表。

27. （X1,52）第 1 题，分压电路；第 2 题，电流表内外接；第 4、5 题，多量程电表。

28. （X1,54）例题 1，含电动机电路。

29. （X1,58）思考与讨论，了解电路元件的微型化。

30. （X1,60—62）由能量守恒定律推导闭合电路欧姆定律；比较图 2.7－1、2，弄清楚闭合回路中电势的变化情况；电源的电动势、内阻的实验求法。

31. （X1,63）第 2、3、5 题，解决实际问题。

32. （X1,65）思考与讨论，说一说，多用电表、多量程多用电表的示意图。

33. （X1,67—69）实验，第 1、2、3、4 题，练习使用多用电表。

34. （X1,70—72）实验，第 1、2、3 题，测定电池的电动势和内阻。

35. （X1,81）图 3.1－2，奥斯特实验，注意导线的摆放位置；图 3.1－4，地磁场的分布。

36. （X1,84）磁感应强度的定义式、单位、方向规定；思考还可以怎样定义磁感应强度。

37. （X1,86）第 3 题，理解磁感应强度的定义式。

38. （X1,86—87）磁感线；安培定则（右手螺旋定则）；了解安培分子电流假说。

39. （X1,88）图 3.3－8（亥姆霍兹线圈）；磁通量的概念、单位。

40. （X1,91—92）图 3.4－1、4，用左手定则判断安培力的方向（空间想象）。

41. （X1,93）图 3.4－7，磁电式电流表中的辐向分布的磁场；图 3.4－8，液体向哪个方向旋转？

42. （X1,94）第 3 题，电流天平；第 4 题，通电后会出现什么现象？

43. （X1,95）图 3.5－1，阴极射线管。

44. （X1,96）图 3.5－2，用左手定则判断洛伦兹力的方向（空间想象）；图 3.5－3，推导运动电荷所受洛伦兹力的矢量和在宏观上表现为安培力。

45. （X1,97）思考与讨论，电视显像管的结构和工作原理。

46. （X1,98）第 3 题，速度选择器；第 4 题，磁流体发电；第 5 题，解决实际问题。

47. （X1,99—102）洛伦兹力演示仪；质谱仪；回旋加速器。

48. （X1,103）霍尔效应。

49. （X1,104—106）游标卡尺、螺旋测微器的说明书。

《选修 3－2》

1. （X2,3）法拉第把引起感应电流的原因概括为哪五类？

2. （X2,5—7）图 4.2－1、2、3，三个实验；图 4.2－6，如何将导体切割磁感线等效为磁通量变化？ 图 4.2－7，摇绳发电（再次关注地磁场）。

3. （X2,8—9）第 2 题，磁场不变，面积变化；第 6 题，可进一步思考线圈 B 中产生的感应电流的变化情况；第 7 题，注意从两个角度思考该问题——感生、动生电动势大小和方向；磁通量变化。

4. (X2,10)图 4.3-2,探究感应电流方向。

5. (X2,13)图 4.3-7,右手定则。

6. (X2,13)第 1 题,超导体中的感应电流。

7. (X2,14)第 6 题,楞次环实验。思考:当磁铁 N 极移近 B 环时,B 环中缺口处哪端电势高?

8. (X2,14)第 7 题,法拉第圆盘发电机的工作原理。

9. (X2,16)图 4.4-1,由法拉第电磁感应定律推导 $E=Blv$。

10. (X2,16)反电动势,联系电动机输出的机械功率与反电动势的关系。

11. (X2,17)第 3 题,航天飞机、绳系卫星利用地磁场发电,思考:缆绳两端的电势高低。

12. (X2,18)第 4 题,动圈式扬声器;第 7 题,电磁流量计。

13. (X2,19)感生电场;"感生"现象中的非静电力;了解电子感应加速器。

14. (X2,20)思考与讨论,"动生"现象中的非静电力。

15. (X2,20)第 1 题,估算飞机两翼尖间的电势差,以及电势高低。

16. (X2,22—23)图 4.6-2,定性画出通过 A_1 的电流随时间变化的图线;图 4.6-4,回答思考与讨论中的问题。

17. (X2,24)图 4.6-6 中产生电火花的原因?如何避免?自感系数;磁场的能量。

18. (X2,25)第 1 题,延时继电器;第 2 题,断路自感。

19. (X2,26)图 4.7-1,涡流的产生;图 4.7-2,真空冶炼,注意对电源的要求;图 4.7-3,减小涡流的方法;图 4.7-4,探雷器、安检门探测人是否携带金属制品的原理。

20. (X2,27—28)图 4.7-6、7,电磁阻尼;4.7-8、9,电磁驱动。

21. (X2,28—29)第 1、2、3、4、5 题,电磁阻尼和电磁驱动。

22. (X2,32)图 5.1-3,交流发电机的示意图;推导 $e=NBS\omega\sin\omega t$。

23. (X2,35)思考与讨论,计算有效值。

24. (X2,37—40)图 5.3-1、4,第 1 题,电感器、电容器对交变电流的影响。

25. (X2,43—44)科学漫步,电压互感器、电流互感器、钳式电流表的工作原理。

26. (X2,44)第 5 题,用电器增加时各电表读数如何变化?

27. (X2,45)思考与讨论,高压输电电路图。

28. (X2,47)科学漫步,了解直流输电和超导电缆输电。

29. (X2,50)第 2 题,第 5 题,高压输电问题。

30. (X2,52—55)图 6.1-2,干簧管;图 6.1-5,光敏电阻;图 6.1-6,半导体的导电机理;图 6.1-7,电阻—温度特性图线;图 6.1-8,电容式位移传感器;图 6.1-9,霍尔元件的工作原理;图 6.1-11,电感式位移传感器。

31. (X2,56—64)力传感器,温度传感器,光传感器;图 6.2-10,加速度计;图 6.2-11,恒温箱温控电路。

《选修 3-3》

1. (X3,2—4)实验,第 2 题,用油膜法测分子的大小。

2. (X3,6—7)图 7.2-5、6,第 2 题,布朗运动。

3. (X3,8)图 7.3-2,分子间的作用力与距离的关系。

4. (X3,11)热力学温度与摄氏温度的关系。

5. (X3,14)分子动能,分子势能,物体的内能。

6. (X3,27—29)温度和气体压强的微观解释。

7. (X3,50)图 10.1-1,压缩空气,棉花被点燃;图 10.1-2,焦耳热功当量实验装置。

8. (X3,51)做一做,观察什么现象?解释原因。

9. (X2,54—56)热力学第一定律;能量守恒定律;为什么永动机(第一类永动机)不可能制成?

《选修 3-4》

1. (X4,2—3)弹簧振子;简谐运动。

2. (X4,4)图 11.1-4,记录振动的方法。

3. (X4,10—11)简谐运动的回复力和能量。

4. (X4,12)图 11.3-3、4、5,三种简谐运动。

5. (X4,13)单摆;图 11.4-2,画出振动图像。

6. (X4,14—16)单摆的回复力由谁提供;探究单摆周期与摆长的关系;单摆的周期公式;用单摆测重力加速度;第 2 题,秒摆。

7. (X4,18—19)图 11.5-1,阻尼振动的图像;图 11.5-2,研究受迫振动的频率;图 11.5-3、4,共振。

8. (X4,21)第 1、2、3、4 题,受迫振动、共振。

9. (X4,24)图 12.1-3,默画此图,理解横波的形成过程。

10. (X4,25)弹簧波、声波是纵波;波传播振动,传递能量,传递信息。

11. (X4,27)波的图像,与振动图像比较。

12. (X4,29)波的公式,机械波速由介质本身的性质决定,思考:电磁波速与什么因素有关?

13. (X4,30)例题 2,波的周期性。

14. (X4,31)第 5 题,测定水中声速。

15. (X4,32)图 12.4-1、2,发生明显衍射的条件。

16. (X4,23)图 12.4-3,波的叠加

17. (X4,34)图 12.4-4、5,水波的干涉;做一做,声音的干涉。

18. (X4,35—36)第 1、2、3、4、5 题,波的衍射、干涉。

19. (X4,36—39)图 12.5-1、2,第 2 题,多普勒效应。

20. (X4,38)了解超声波的应用。

21. (X4,44)光的本性发展简史:牛顿、惠更斯、托马斯·杨、菲涅耳、麦克斯韦、爱因斯坦、康普顿等科学家的贡献。

22. (X4,46—47)实验:测定玻璃的折射率;例题,测油的折射率。

23. (X4,48)第 5 题,水中的鱼看到小昆虫的位置是在实际昆虫的上方还是下方?小昆虫看到的水中鱼的位置在实际鱼的位置的上方还是下方?第 6 题,实验后的思考。

24. (X4,49)图 13.2-1,发生全反射的条件。

25. (X4,50)例题,在潜水员看来,为什么岸上所有景物都出现在一个倒立的圆锥里?

26. (X4,51)图 13.2 -4,全反射棱镜;图 13.2 -6、7,光导纤维,其外套和内芯的折射率必须满足什么条件?

27. (X4,57)干涉条纹的相邻两个亮条纹或暗条纹的中心间距 $\Delta x=\frac{l}{d}\lambda$;实验:用双缝干涉测量光的波长。

28. (X4,58)图 13.4 -3,三个图比较,验证了 $\Delta x=\frac{l}{d}\lambda$。

29. (X4,60)图 13.5 -2,两图比较,可知条纹与单缝宽度的关系,

30. (X4,61)图 13.5 -5,泊松亮斑。

31. (X4,62)第 1、2 题,自主观察光的衍射现象。

32. (X4,64)图 13.6 -2,光是一种横波,光的偏振。

33. (X4,66)了解立体电影。

34. (X4,67)白光的双缝干涉条纹;图 13.7 -1,太阳光谱是吸收光谱(联系选修 3 -5 第 63 页第 4 题)。

35. (X4,68)图 13.7 -3、4,肥皂膜的干涉现象。

36. (X4,69)图 13.7 -6、7,相干光是哪两列光? 弯曲的干涉条纹说明被检查的平面是凹还是凸?

37. (X4,69)白光的单缝衍射条纹。

38. (X4,70)图 13.7 -8,光线通过棱镜的光路。

39. (X4,70—71)第 3 题,了解“牛顿环”;第 4 题,等高线、等势线、等厚线比较;第 5 题,白光通过半圆玻璃砖后发生色散。

40. (X4,71)激光的特点及应用。

41. (X4,72)了解全息照相。

42. (X4,75)麦克斯韦的电磁场理论;图 14.1 -1 乙中的磁场是如何变化的?

43. (X4,76)图 14.1 -3,电磁波是横波。

44. (X4,77)赫兹通过实验首先捕捉到了电磁波。

45. (X4,78—80)了解 *LC* 振荡电路产生电磁振荡的过程,知道周期公式。

46. (X4,81—82)了解电磁波的发射和接收。

47. (X4,90—93)电磁波谱;电磁波是一种物质,电磁波传递能量。

《选修 3 -5》

1. (X5,8)利用牛顿运动定律推导动量定理。
2. (X5,9)科学漫步,汽车碰撞实验中,如何计算模拟乘员在碰撞过程中受到的平均作用力?
3. (X5,10)科学足迹,从学史的角度理解动能、动量的联系。
4. (X5,11—12)第 1、2、3、4、5、6 题,动量定理的应用。
5. (X5,13)利用牛顿运动定律推导动量守恒定律。
6. (X5,15)了解动量守恒定律的普适性。
7. (X5,16—17)第 1、2、3、4、5、6、7 题,动量守恒定律的应用。

8. (X5,18)推导(1)、(2)式,分情况讨论碰撞结果。

9. (X5,20)图16.4-5,散射;科学足迹,中子的发现。

10. (X5,21)第1、2、3、4、5、6题,机械能和动量综合应用。

11. (X5,24—25)第1、2、3题,反冲运动。

12. (X5,28)能量子,普朗克常量。

13. (X5,30)演示,观察光电效应。

14. (X5,31)图17.2-2,研究光电效应的实验电路;实验规律。

15. (X5,32—33)光的电磁理论解释光电效应遇到了什么困难?爱因斯坦的光子说,光电效应方程。

16. (X5,35)康普顿效应,光子的动量。

17. (X5,37)物质波,及其实验验证。

18. (X5,40—44)光具有波粒二象性;光是一种概率波;不确定性关系。

19. (X5,48、51)图18.1-2、3,利用此装置如何测电子的比荷?

20. (X5,52)α粒子散射实验;原子的核式结构模型。

21. (X5,57)玻尔原子理论的基本假设;图18.4-2,氢原子的能级图。

22. (X5,60)科学足迹,了解弗兰克-赫兹实验。

23. (X5,63)第1、2、3题,玻尔理论。

24. (X5,66)三种射线的电离作用、穿透本领。

25. (X5,69)第3题,验电器的张角如何变化?为什么?

26. (X5,70-73)原子核的三种衰变;半衰期;了解C-14测年技术、C-13与胃病检测。

27. (X5,74)了解探测射线的方法。

28. (X5,76)原子核的人工转变;人工放射性同位素及其应用。

29. (X5,79)了解核力的基本特点。

30. (X5,82)图19.5-3,此图可解释为什么轻核聚变和重核裂变能释放核能。

31. (X5,83—87)核裂变,链式反应;原子弹与核电站。

32. (X5,88—90)核聚变,热核反应;氢弹与受控热核反应。

33. (X5,91—94)了解“粒子与宇宙”。

参考文献

[1] 冯华．以物理观念统领物理教学．课程·教材·教法，2014(8)．

[2] 张维善．牛顿运动定律的历史追问与现实教学//北京物理学会高中物理专题组．高中物理教学深层研究．北京：首都师范大学出版社，2013．

[3] 梁树森．论科学精神的培养．教育研究，2000(6)．

[4] 郑渊芳，陈峰，等．子课题《高中学生学习心理研究》研究报告．教育部基础教育司，2002．

[5] 朱锡民．展现物理教学的魅力．北京：北京师范大学出版社，1997．

[6] 普通高等学校招生全国统一考试北京卷考试说明(理科)．北京：开明出版社，2015．

[7] 续佩君．物理能力测量研究．南宁：广西教育出版社，1996．

[8] 郭奕玲，沈慧君．物理学史．2版．北京：清华大学出版社，2006．

[9] 赵凯华，张维善．新概念高中物理读本．北京：人民教育出版社，2006．

[10] 向义和．大学物理导论——物理学的理论与方法、历史与前沿．北京：清华大学出版社，1999．

[11] 赵峥．物理学与人类文明十六讲．北京：高等教育出版社，2010．

[12] 杜和戎．讲授学．北京：华语教学出版社，2007．

[13] 陶昌宏．高中物理教学理论与实践．北京：北京师范大学出版社，2008．

[14] 王晶莹．科学探究论．上海：华东师范大学出版社，2011．

[15] 郭玉英．用科学探究思想指导高中物理教学改革．中国基础教育，2003(4)．

[16] 卞秀静．高中物理小组合作学习常态化教学策略的研究．硕士学位论文，2010．

[17] 中国名校丛书——北京四中．北京：人民教育出版社，1997．

[18] 倪三好．优秀教师的语言艺术．合肥：安徽师范大学出版社，2013．

[19] (美)霍勒曼，耶茨．老师怎么说学生才会听．魏蓝，沈冰洁，田丽，译．北京：中国青年出版社，2013．

[20] (美)罗思坦，桑塔纳．老师怎么教学生才会提问．李晨，译．北京：中国青年出版社，2013．

[21] 曹婧．课堂教学节奏的生成与调控探析．硕士学位论文，2011．

[22] 张丽萍，鲁增贤，陈爱华．中学物理教学论研究．北京：中国石化出版社，2000．

[23] 张爱卿．动机论——迈向二十一世纪的动机心理学研究．武汉：华中师范大学出版社，1999．

[24] 余文森，等．让学生发挥自学潜能，让课堂焕发生命力．教育研究，1999(3)．

[25] 董奇，周勇．论学生学习的自我监控．北京师范大学学报(社科版)，1994(1)．

[26] 庞维国．论学生的自主学习．华东师范大学学报(教育科学版)，2001(2)．

[27] 林崇德，辛涛．智力的培养．杭州：浙江教育出版社，1996．

[28] 单志艳．中学生自主学习及教师相应行为的评价研究．博士学位论文，2002．

[29] 孟庆茂．素质教育与教育目标//江明．教育质量的永恒话题．北京：语文出版社，2001．

[30] Meichenbaum D. Cognitive-behavior modification: An integrative. New York: Plenum, 1977.

[31] McCombs B L. Self-regulated learning and academic achievement: a phenomenological view. New Yock: Springer-Verlag Inc. , 1989.

[32] Zimmerman B J. A social cognitive view of self-regulated learning: a theoretical sythesis. Review of Educational Research, 1989, 65.

[33] Zimmerman B J. Attaining self-regulation: A social cognitive view // Boekaets M, Pintrich P, Zeidner M. Handbook of self-regulation. Academic Press, 2000.

[34] Schunk D H. Self-efficacy and achievement behaviors. Educational Psychology Review, 1989, 1 (3).

[35] Corno L. Self-regulated learning: A volitional analysis // Zimmerman B J, Schunk D H. Self-regulated learning and academic achievement. New York: Springer-Verlag Inc. , 1989.

[36] Multon K D, et al. Reflection of self-efficacy beliefs to academic outcomes. Journal of Counselling Psychology, 1990, 38(1): 30.

[37] Smith Pamela A. Understanding self-regulated learning and its implications for accounting educators and researchers. Accounting Education, 2001(11): 14.

[38] Lindner Reinhard W. Self-Regulated Learning, Metacognition and the Problem of Transfer. Paper presented at the 48th International Correctional Education Association Annual Conference, July 12, 1993, Chicago, IL.